CAROLI FRANCISCI LHOMOND

EPITOME HISTORIAE SACRAE

BREVI CHRISTI VITAE NARRATIONE ADDITA

Integrum opus ad ūsum discipulōrum ēdidit
Robertus Carfagni
paucissimīs verbīs mūtātīs

focus an imprint of
Hackett Publishing Company, Inc.
Indianapolis/Cambridge

EPITOME HISTORIAE SACRAE
Ēdidit
Roberto Carfagni

Recēnsuit
Luigi Miraglia

In pāginā dīgessit
Sergio Scala

Imāginēs nōnnūllās dēlīneāvit
Nadia Marano

© Edizioni Accademia *Vivarium novum* 2009.

Previously distributed by Focus Publishing/R. Pullins Company

Focus an imprint of
  Hackett Publishing Company, Inc.
  P.O. Box 44937
  Indianapolis, Indiana 46244-0937

  www.hackettpublishing.com

ISBN: 978-1-58510-425-3

The paper used in this publication meets the minimum requirements of
American National Standard for Information Sciences—Permanence of
Paper for Printed Library Materials, ANSI Z39.48–1984.
∞

RES QVAE HOC LIBRO CONTINENTVR

NOTAE

=	idem atque	*Gr*	Graecē
:	id est	*imperf*	imperfectum
↔	contrārium	*ind*	indicātīvus
<	factum/ortum est	*indēcl*	nōn dēclīnātur
/	sīve	*m*	masculīnum
+	cum, atque, additur	*n*	neutrum
a. Chr. n.	ante Chrīstum nātum	*nōm*	nōminātīvus
abl	ablātīvus	*pāg.*	pāgina
acc	accūsātīvus	*part*	participium
adi	adiectīvum	p. Chr. n.	post Chrīstum nātum
adv	adverbium	*pass*	passīvum
coni	coniūnctīvus	*perf*	perfectum
dat	datīvus	*pl*	plūrālis
dēcl	dēclīnātiō	*praes*	praesēns
dēp	dēpōnēns	*prp*	praepositiō
f	fēminīnum	*sg*	singulāris
fut	futūrum	*sup*	superlātīvus
gen	genetīvus	*voc*	vocātīvus

Ad pāginārum latera explānantur vocābula quae nōn reperiuntur in librō cui titulus est FAMILIA ROMANA. Vocābula quae in Vetere Testāmentō reperiuntur, sī forte inveniantur in Novō Testāmentō, iterum explānantur, ut utraque librī pars per sē legī possit. Nōmina hominum et locōrum quae sunt in īmīs pāginīs explānantur in indicibus.

PRAEFATIO

praefātiō -ōnis *f* < *prae-fārī*

Carolus Franciscus Lhomond in parvō quōdam Galliae oppidō, quod eius cīvium linguā *Chaulnes* appellātur, annō MDCCXXVII p. Chr. n. pauperibus parentibus nātus est, quī eum litterīs studēre volentem pecūniā adiuvāre nōn potuērunt. Cum autem iam ā puerō pius et discendī cupidus esset, in seminārium missus est, ubi et linguam Latīnam et litterās sīve sacrās sīve nōn sacrās tam bene didicit, ut prīmum sacerdōs, deinde etiam rēctor eiusdem semināriī factus sit.

Semināriō autem clausō, litterās in lūdō docuit. Librum scrīpsit *Dē virīs illūstribus urbis Rōmae*, quō ostendit Rōmā-nōrum antīquōrum virtūtēs discipulīs suīs imitandās, et *Epi-tomēn historiae sacrae*, quā nārrāvit ea, quae in Vetere Testā-mentō continentur: rēs gestās Iūdaeōrum scīlicet, ā tempore antīquissimō, quō Deus fēcerat terrārum orbem, ūsque ad Iēsū Chrīstī nātīvitātem; cui librō ignōtus quīdam scrīptor epi-tomēn addidit Novī Testāmentī, quā Iēsū, dīvīnī hominis, vīta et mors eiusdemque mīrābilia facta nārrantur.

Cum vērō annō MDCCXCII fidem pollicērī nōluisset ho-minibus et mīlitibus quī intereā rēgem occīsūrī erant atque rēs in Galliā iam mūtāverant, in carcerem est coniectus, unde paulō post, līberātus ā Iōanne Lambertō Tallien – ōlim eius discipulō quī semper grātus fuit magistrō ob ea omnia quae ille magnō cum amōre docuerat – exiit.

Duōbus post annīs tranquillē, ut vīxerat, mortuus est.

p. Chr. n. : post Chrīstum nātum
ā pauperibus parentibus

pius -a -um = quī Deum et hominēs dīligit

seminārium -ī *n* : locus ubi puerī vīvunt et student ut sacerdōtēs fīant
sacer -cra -crum : quī ad Deum spectat

rēctor -ōris *m* = quī regit

illūstris -e = clārus, nōbilis

epitomē -ēs *f Gr* (*acc* -ēn) = brevis nārrātiō
historia -ae *f* = nārrātiō rērum gestārum
testāmentum -ī *n* (< testis) = lēx inter Deum et hominēs statūta

nātīvitās -ātis *f* = tempus quō aliquis nāscitur
scrīptor -ōris *m* = quī (librōs) scrībit
dīvīnus -a -um (< deus) = sacer

con-icere -iēcisse -iectum (< cum-) = iacere

Iūdaeī -ōrum *m pl*, Carolus (-ī) Franciscus -ī *m*, Iōannes (-is) Lambertus -ī *m*

VETVS
TESTAMENTVM

Ex una Adami costarum Eva creatur

PRIMA AETAS

TERRARVM ORBEM ET OMNIA QVAE
IN EO INSVNT DEVS CREAT

1. Deus sex diēbus orbem terrārum creat

Deus creāvit caelum et terram intrā sex diēs. Prīmō diē fēcit lūcem. Secundō diē fēcit firmāmentum, quod vocāvit 'caelum'. Tertiō diē coēgit aquās in ūnum locum, et ēdūxit ē terrā plantās et arborēs. Quārtō diē fēcit sōlem et lūnam et stellās. Quīntō diē, avēs quae volitant in āere, et piscēs quī natant in aquīs. Sextō diē fēcit omnia animantia, postrēmō hominem, et quiēvit diē septimō.

aetās-ātis f : tempus
creāre = facere

intrā sex diēs : sex diēbus
firmāmentum -ī n = caelum
cōgere coēgisse coāctum = in eundem locum agere
planta -ae f = herba
volitāre = hūc illūc volāre
animāns -antis n = animal

2. Deus fingit corpus hominis ē līmō terrae

Deus fīnxit corpus hominis ē līmō terrae: dedit illī animam vīventem: fēcit illum ad similitūdinem suam, et nōmināvit illum Ādāmum. Deinde immīsit sopōrem in Ādāmum et dētrāxit ūnam ē costīs eius dormientis. Ex eā fōrmāvit mulierem, quam dedit sociam Ādāmō, sīcque īnstituit mātrimōnium. Nōmen prīmae mulieris fuit Eva.

fingere fīnxisse fictum = efficere (fōrmam dandō)
līmus -ī m = pars terrae ūmida et mollis
similitūdō -inis f < similis; fēcit illum ad s. suam : fēcit illum sibi similem
im-mittere (< in-) | sopor -ōris m = somnus
costae -ārum f pl = ossa pectoris
fōrmāre (< fōrma) = fōrmam dare, cōnficere
socia -ae f = fēmina quae commūnī fortūnā coniungitur cum aliquō; comes
īn-stituere -uisse -ūtum = (novam rem) prīmum statuere | mātrimōnium -ī n = coniugum vīta commūnis

3. Deus pōnit Ādāmum et Evam in Paradīsō terrestrī

Deus posuit Ādāmum et Evam in hortō amoenissimō, quī solet appellārī Paradīsus terrestris.

Ingēns fluvius irrigābat hortum: erant ibi omnēs arborēs iūcundae aspectū, et frūctūs gustū suāvēs.

terrestris -e < terra

ir-rigāre = rigāre
aspectus -ūs m < aspicere
frūctus -ūs m = frūgēs | gustus -ūs m < gustāre
suāvis -e = dulcis, grātus

Ādāmus -ī m, Eva -ae f, Paradīsus -ī m

inter eās *erat* | scientia -ae *f* < sciēns

Inter eās arbor scientiae bonī et malī.

(Deus dīxit) hominī: "Ūtere frūctibus (omnium arborum) Paradīsī, praeter frūctum arboris scientiae bonī et malī; nam sī comedās illum frūctum, moriēris."

com-edere -ēdisse = ēsse

4. Ādāmus et Eva Deō nōn oboediunt

callidus -a -um = prūdēns ac sciēns

serpēns -entis *m*

Serpēns, quī erat callidissimus omnium animantium, dīxit mulierī: "Cūr nōn comedis frūctum istīus arboris?" Mulier respondit: "Deus id prohibuit. Sī tetigerimus illum, moriēmur." "Minimē" inquit serpēns, "Nōn moriēminī; sed eritis similēs Deō, scientēs bonum et malum."

Mulier, dēcepta hīs verbīs, dēcerpsit frūctum et comēdit: deinde obtulit virō, quī pariter comēdit.

dē-cipere -cēpisse -ceptum = fallere
dē-cerpere -cerpsisse -cerptum = carpere
pariter = aequē, eōdem modō

abs-condere = occultāre

5. Ādāmus et Eva, quōs maleficiī pudet, sē abscondunt

Ādāmus, fugiēns cōnspectum Deī, sē abscondit. Deus vocāvit illum: "Ādāme, Ādāme." Quī respondit: "Timuī cōnspectum tuum, et abscondī mē." "Cūr timēs" inquit Deus, "nisi quia comēdistī frūctum vetitum?" Ādāmus respondit: "Mulier (quam dedistī mihi sociam) porrēxit mihi frūctum istum, ut ederem." Dominus dīxit mulierī: "Cūr fēcistī hoc?" (Quae respondit) "Serpēns mē dēcēpit."

vetāre -uisse -itum

por-rigere -ēxisse -ēctum = offerre (manū extendendā)
ederem : ēssem

6. Deus serpentī maledīcit

male-dīcere + *dat*

Dominus dīxit serpentī: "Quia dēcēpistī mulierem, eris odiōsus et exsecrātus inter omnia animantia: reptābis super pectus, et comedēs terram. Inimīcitiae erunt inter tē et mulierem; ipsa ōlim conteret caput tuum." Dīxit etiam mulierī: "Afficiam tē multīs malīs; pariēs līberōs in dolōre, et eris in potestāte virī."

odiōsus -a -um (< ōdisse) ↔ amātus
exsecrātus -a -um = cui Deus īrātus maledīxit
reptāre: homō ambulat, serpēns reptat
in-imīcitia -ae *f* ↔ amīcitia
ōlim = aliquandō post
con-terere = pedibus premere

carduus

7. Ādāmus ēicitur ē Paradīsō terrestrī

spīna

gerere mōrem alicui : agere ex alicuius voluntāte, facere ut aliquis vult
fundere : ferre
spīna -ae *f* / carduus -ī *m*
vīctus -ūs *m* (< vīvere) = rēs necessāriae ad vīvendum, cibus

Deinde Deus dīxit Ādāmō: "Quia gessistī mōrem (uxōrī tuae) habēbis terram īnfēstam: ea fundet tibi spīnās et carduōs. Quaerēs ex eā vīctum cum multō

Adamus et Eva e Paradiso terrestri eiciuntur

labōre, dōnec abeās in terram, ē quā ortus es."

Tum ēiēcit Ādāmum et Evam ex hortō, ut ille coleret terram, et collocāvit angelum, quī praeferēbat manū gladium igneum, ut cūstōdīret aditum Paradīsī.

dōnec... ortus es = dōnec in terram mūtātus eris, ē quā ortus es (Deus enim corpus Ādāmī ē līmō terrae fīnxerat) | ille : Ādāmus
col-locāre (< locus) = pōnere
angelus -ī *m* = nūntius Deī
prae-ferre = ante sē ferre | **igneus -a -um** < ignis | **ad-itus -ūs** *m* (< ad-īre) ↔ exitus

8. Caīnus et Abēl, Ādāmī līberī

Ādāmus habuit multōs līberōs, inter quōs Caīnus et Abēl numerantur: hic fuit pāstor, ille agricola.

Dominus -ī *m* = Deus

Uterque obtulit dōna Dominō: Caīnus quidem frūctūs terrae; Abēl autem, ovēs ēgregiās. Dōna Abēlis placuērunt Deō, nōn autem dōna Caīnī; quod Caīnus aegrē tulit.

aegrē ferre aliquid = īrātus esse ob aliquid

Dominus dīxit Caīnō: "Cūr invidēs frātrī? Sī rēctē faciēs, recipiēs mercēdem; sīn autem male, luēs poenam peccātī."

poenam luere (reī) = pūnīrī (ob rem)
peccātum -ī *n* = maleficium

9. Caīnus interficit Abēlem

Caīnus nōn pāruit Deō monentī, dissimulāns īram, dīxit frātrī suō: "Age, eāmus deambulātum".

dissimulāre = occultāre

de-ambulāre = hūc illūc ambulāre

Itaque ūnā ambō abiērunt forās, et cum essent in agrō, Caīnus irruit in Abēlem, et interfēcit illum.

ambō -ae -ō = duo simul (et ūnus et alter), uterque
ir-ruere -ruisse = impetum facere

Deus dīxit Caīnō: "Ubi est tuus frāter?" Caīnus respondit: "Nesciō; num ego sum cūstōs frātris meī?"

cūstōs -ōdis *m* = quī cūstōdit

10. Caīnus pūnītur

Deus dīxit Caīnō: "Caīne, quid fēcistī? Sanguis frātris tuī, quem ipse fūdistī manū tuā, clāmat ad mē. Īnfēsta tibi erit terra, quae bibit sanguinem Abēlis: cum coluerīs eam longō et dūrō labōre, nūllōs feret frūctūs. Eris vagus in orbe terrārum." Caīnus, dēspērāns veniam, fūgit.

cum coluerīs (*coni perf*) : quamquam colueris (*fut perf*)
vagus -a -um = errāns

venia -ae *f* ↔ poena

Caīnus -ī *m*, Abēl -ēlis *m*

Abel a Caino interficitur

PENSA (§ 1-10)

Pēnsum I

Inter multa ūnum ēlige.

1. Prīmō diē Deus creāvit:
   - ☐ fīrmāmentum
   - ☐ stēllās
   - ☑ lūcem

2. Deus quiēvit:
   - ☐ sextō diē
   - ☐ octāvō diē
   - ☑ septimō diē

3. Deus nōmināvit prīmum hominem:
   - ☐ Caīnum
   - ☑ Ādāmum
   - ☐ Evam

4. Deus posuit prīmōs hominēs in:
   - ☑ hortō amoenō
   - ☐ pulchrā īnsulā
   - ☐ magnā silvā

5. Serpēns erat:
   - ☑ callidus
   - ☐ fortis
   - ☐ stultus

6. Ādāmō Eva porrigit:
   - ☐ carnem
   - ☐ piscem
   - ☑ frūctum

7. Serpentī Deus:
   - ☐ grātiās agit
   - ☑ maledīcit
   - ☐ invidet

8. Angelus manū praefert:
   - ☐ baculum
   - ☑ gladium
   - ☐ hastam

9. Abēl fuit:
   - ☐ agricola
   - ☑ pāstor
   - ☐ piscātor

10. Caīnus:
    - ☐ mercēdem recipit
    - ☐ Deō monentī pāret
    - ☑ poenam peccātī luit

Pēnsum II

Interrogā id, quod ad haec respōnsa convenit.

1. Nōn quīntō, sed quārtō diē Deus sōlem, lūnam et stēllās fēcit.
2. Eva vocābātur.
3. Erat in paradīsō terrestrī inter aliās arborēs.
4. Frūctum illīus arboris tangere.
5. Quia timuit cōnspectum Deī.
6. Cum frūctum vetitum dēcerpsisset ac virō obtulisset, Deus eam hōc modō pūnīre cōnstituit.
7. Quod mōrem uxōrī gesserat.
8. Quia Abēlis dōna Deō placuerant.
9. Ut cēterīs absentibus frātrem interficere posset.
10. Quia terra erit Caīnō īnfēsta.

14

Pēnsum III

Vocābula in fōrmā pōne. Litterae, quae in quadrātīs nigriōribus positae erunt, sententiam effi-cient ex sacrīs librīs prōmptam.

☐ quadrātum -ī n

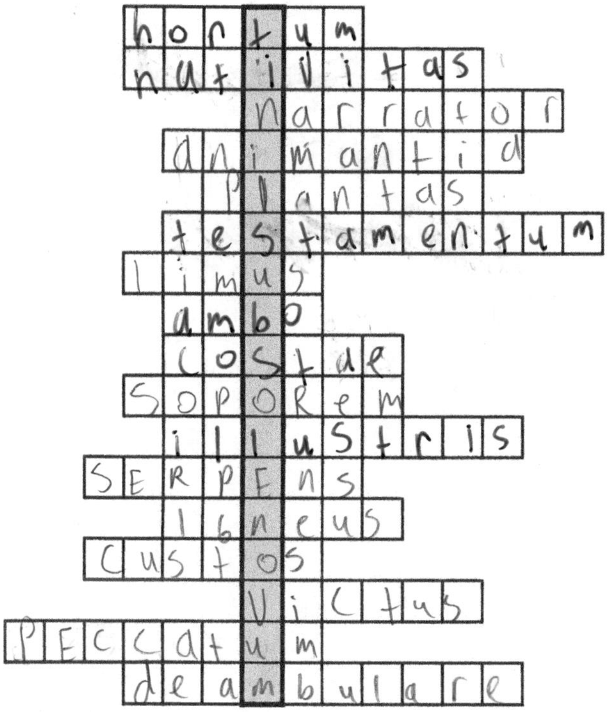

Crossword (filled in):

- hortum
- nativitas
- narrator
- animalia
- plantas
- testamentum
- limus
- ambo
- costae
- soporem
- illustris
- SERPENS
- igneus
- custos
- victus
- PECCATUM
- deambulare

1. Eās terra fundet Ādāmō.
2. = tempus quō aliquis nāscitur.
3. = nārrātiō rērum gestārum.
4. Ea sextō diē Deus fēcit.
5. Eās tertiō diē Deus ēdūxit ē terrā.
6. < testis.
7. Māteria, ex quā Deus hominis corpus fīnxit.
8. = uterque.
9. Ex eīs Ādāmō dētractīs fōrmāvit Evam.
10. Immīsit Deus Ādāmō.
11. = clārus, nōbilis.
12. Dēcēpit Evam.
13. Tālis erat gladius quem angelus ferēbat.
14. = is quī cūstōdit.
15. = rēs necessāriae ad vīvendum, cibus.
16. = maleficium.
17. = hūc illūc ambulāre.

Pēnsum IV

Scrībe verba idem aut contrārium significantia.

- _____ = brevis nārrātiō
- _____ = sacer
- _____ = dulcis, grātus
- _____ = ēsse
- _____ = prūdēns ac sciēns
- _____ = occultāre (I)
- _____ = occultāre (II)

- _____ = pōnere
- _____ = hūc illūc ambulāre
- _____ = errāns
- _____ ↔ poena
- _____ ↔ amātus
- _____ ↔ amīcitia
- _____ ↔ exitus

Pēnsum V

Scrībe verbōrum fōrmās.

- _____ _____ fictum
- īnstituere _____ _____
- _____ _____ dēceptum
- _____ dēcerpsisse _____
- vetāre _____ _____
- _____ _____ porrēctum
- _____ irruisse

Homines et bestiae inter diluvium

SECVNDA AETAS

HOMINES DILVVIO PVNIVNTVR

dīluvium -ī *n* = ingēns imber

11. Exstruitur arca

ex-struere -ūxisse -ūctum = aedificāre
arca -ae *f* : magna nāvis

Postquam numerus hominum crēvit, omnia vitia invaluēre. Quārē offēnsus Deus statuit perdere hominum genus
dīluviō. Attamen pepercit Nōēmō et līberīs eius, quī colēbant
virtūtem.

in-valēscere -uisse = crēscere, validior fierī;
invaluēre = invaluērunt; -ēre = -ērunt
offēnsus -a -um = quī iniūriam accēpit

at-tamen = tamen | parcere pepercisse
colere = dīligenter cūrāre

Nōēmus, admonitus ā Deō, exstrūxit
ingentem arcam in modum nāvis: linīvit
eam bitūmine, et in eam indūxit pār ūnum
omnium avium et animantium.

bitūmen

ad-monitus -a -um = monitus
in modum nāvis : ut nāvis exstruitur
linere lēvisse/linīvisse litum = operīre mā-
teriā mollī | bitūmen -minis *n* = color niger-
rimus quō lignum linītur servandī causā
in-dūcere | pār paris *n* = ūnum et alterum, duo
eiusdem generis

12. Dīluvium māximum fit

Postquam Nōēmus ipse ingressus est in arcam cum
coniuge, tribus fīliīs et totidem nuribus, aquae maris et
omnium fontium ērūpērunt. Simul pluvia ingēns cecidit per
quadrāgintā diēs et totidem noctēs. Aqua operuit ūniversam
terram, ita ut superāret quīndecim cubitīs altissimōs montēs.

in-gredī -gressum esse = intrāre
tot-idem *indēcl* = īdem numerus
nurus -ūs *f* = uxor fīliī
fōns fontis *m* = aqua ē terrā ērumpēns
pluvia -ae *f* = imber

cubitum

ita ut superāret montēs : ita ut altior esset
montibus | cubitum -ī *n* = 44,4 cm

Omnia absūmpta sunt dīluviō; arca autem sublevāta aquīs
fluitābat in altō.

ab-sūmere = perdere | sub-levāre = sustinēre;
sublevāta aquīs : super aquās
fluitāre < fluere

fōns

13. Post quadrāgintā diēs totidemque noctēs dīluvium dēsinit

Deus immīsit ventum vehementem, et sēnsim aquae
imminūtae sunt. Tandem mēnse ūndecimō postquam dīluvium coeperat, Nōēmus aperuit fenestram arcae, et ēmīsit

vehemēns -entis
= validus
sēnsim ↔ subitō
im-minuere = minuere
ē-mittere

Nōēmus -ī *m*

columba -ae *f*　　corvus -ī *m*

īn-ferre

virēns -entis = herbae colōre

altāre -is *n*
āra -ae *f*

ē-rigere -rēxisse -rēctum = tollere; aedificāre
sacrificium -ī *n*; s. offerre = bēstiam occīdere
　quae Deō offe-rātur
deinceps *adv* = deinde, posthāc
arcus -ūs *m* : arcus ex septem colōribus cōn-
　fectus quī post imbrem interdum appāret
foedus -eris *n* = lēx inter duōs statūta
ob-dūcere = operīre; o. nūbēs caelō (*dat*) :
　operīre caelum nūbibus
re-cordārī + *gen/acc* = meminisse

contāmināre = indignā rē afficere
flāgitium -ī *n* = turpe factum

propāgāre = augēre, plūrēs facere

vitium -ī *n* ↔ virtūs

creātor -ōris *m* < creāre

verēbantur : colēbant, cūrābant
mendācium -ī *n* = falsum dictum
fraus -audis *f* = cōnsilium fallendī
homicīdium -ī *n* = nex hominis
ut ūnō verbō *dīcam*

corvum, quī nōn est reversus. Deinde ēmīsit columbam. Cum ea nōn invēnisset locum ubi pōneret pedem, reversa est ad Nōēmum, quī extendit manum, et intulit eam in arcam.

Columba rūrsus ēmissa attulit in ore suō rāmum olīvae virentis, quō fīnis dīluviī significābātur.

olīva -ae *f*

14. Nōēmus ex arcā exit

Nōēmus ēgressus est ex arcā, postquam ibi inclūsus erat per annum tōtum ipse et familia eius: ēdūxit sēcum avēs, cēteraque animantia. Tum ērēxit altāre, et obtulit sacrificium Dominō. Deus dīxit illī: "Nōn dēlēbō deinceps genus homi-num: pōnam arcum meum in nūbibus, et erit signum foederis quod faciō vōbīscum. Cum obdūxerō nūbēs caelō, arcus meus appārēbit, et recordābor foederis meī, nec umquam dīluvium erit ad perdendum orbem terrārum."

15. Hominēs sē contāminant omnibus flāgitiīs

Omnēs gentēs propāgātae sunt ā fīliīs Nōēmī: Sēmus incoluit Asiam, Chāmus Āfricam, Iaphētus Eurōpam.

Poena dīluviī nōn dēterruit hominēs ā vitiīs, sed brevī factī sunt pēiōrēs quam prius. Oblītī sunt Deī creātōris: adōrābant sōlem et lūnam, nōn verēbantur parentēs, dīcēbant mendā-cium, faciēbant fraudem, fūrtum, homicīdium: ūnō verbō, sē contāminābant omnibus flāgitiīs.

Sēmus -ī *m*, Chāmus -ī *m*, Iaphētus -ī *m*

Columba a Noemo ex arca emittitur

PENSA (§ 11-15)

Pēnsum I

Sententiās in quibus est 'cum' et coniūnctīvus in ablātīvōs absolūtōs verte; ablātīvōs vērō absolūtōs cum vidēs, mūtā in sententiās in quibus sit 'cum' et coniūnctīvus.

> *Exemplum:* Homine creātō, diē septimō Deus quiēvit.
> *Cum hominem creāvisset*, diē septimō Deus quiēvit.

1. Vitiīs validiōribus factīs, Deus hominum genus dīluviō perdere statuit.
2. Cum Nōēmus ā Deō esset admonitus, arca exstrūcta est.
3. Nōēmō cum familiā in arcam inclūsō, omnia maris aquīs atque ingentī pluviā coepta sunt operīrī.
4. Cum dīluvium omnia absūmeret, arca in marī fluitābat.
5. Nūllō locō inventō ubi pedem pōneret, columba ad Nōēmum revertitur.
6. Cum rāmum olīvae virentis columba attulerit, Nōēmus dīluvium dēsiisse intellegit.
7. Altārī ērēctō, sacrificium Dominō oblātum est.
8. Cum ā Nōēmō sacrificium oblātum esset, Deus cum hominibus foedus fēcit.
9. Gentibus ā Nōēmī fīliīs propāgātīs, hominēs peiōrēs quam anteā factī sunt.
10. Cum hominēs adōrārent sōlem et lūnam omnibusque flāgitiīs sē contāminārent, Deus offēnsus est.

Pēnsum II

Errāta invenī. XXIII verba sunt mūtanda.

Cum hominum vitia validiōrēs fierent, Deus eōrum generem pluviā dē caelō cadente perdere statuit; eōs tamen, quī bonōs erant, parcere voluit. In arcā, quam exstrūxerat, Nōēmus avia et animālia indūxit, atque cum tribus fīliīs, totidemque nurīs, ibi inclūsum mānsit per ūndecim mēnsēs. Post hunc temporem, quō intereā aquae sēnsim erant imminūtae, Nōēmus corvum ēmīsit ut videat num terram arboremve inveniat. Ille vērō nōn rediit. Nōēmus igitur columbam ēmīsit, quī prīmum reversa est nihil ferēns; posteā tamen, iterum missa, rāmum olīvae portāvit, quō cōnspectō, Nōēmus dīluvius esse dēsitus intellēxit. Hāc rē laetus ex arcā ēgredere cōnstituit cum familiā, avibus cēterīsque animantīs, ut altārem exstrueret et sacrificium Deō offerret, quī foederem cum hominibus facere voluit. Gentibus iterum propāgandīs ā Nōēmī fīliīs, etiam vitia iterum invaluērunt. Hominēs enim mentiēbant, fūrtum et homicīdium faciēbant, mendācium dīcēbant; falsōs deōs ita adōrābant ut oblīvīscantur Deum.

Pēnsum III

Scrībe verba idem aut contrārium significantia.

_____ = ingēns imber _____ = īdem numerus

_____ = monitus _____ = imber

- _____ = validus
- _____ = falsum dictum
- _____ = deinde

- _____ = meminisse
- _____ ↔ virtūs
- _____ ↔ subitō

Pēnsum IV

Vocābula in fōrmā pōne. Litterae, quae in quadrātīs nigriōribus positae erunt, sententiam effi-cient ex sacrīs librīs prōmptam.

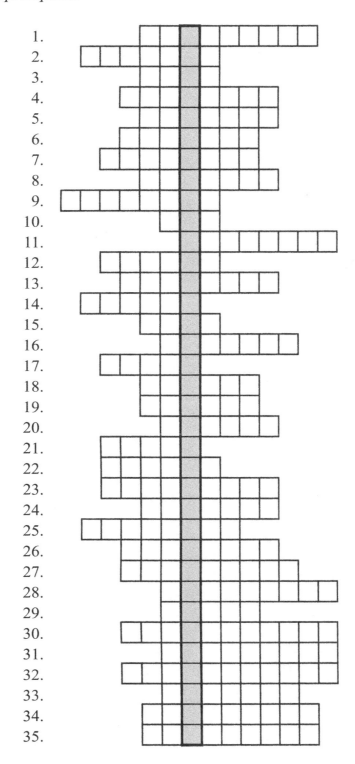

1. = aedificāre.
2. Hōc modō Deus hominum genus perdere statuerat.
3. In eā inclūsus Nōēmus sē servāvit.
4. : dūcere in.
5. = tamen.
6. Māteria quā Nōēmus arcam linīvit.
7. = perdere.
8. Corporis pars.
9. < fluere.
10. = ūnum et alterum.
11. = deinde.
12. Ita aquae imminūtae sunt.
13. Tālis fuit ventus quem Deus immīsit.
14. Prīma avis quam Nōēmus ēmīsit.
15. = aqua ē terrā ērumpēns.
16. Attulit rāmum olīvae.
17. Signum foederis.
18. Illud ērēxit Nōēmus ad sacrificium faciendum.

19. Tālis erat rāmus quem attulit columba.
20. = operīre māteriā mollī.
21. = uxor fīliī.
22. Fēcit Deus cum hominibus.
23. = minuere.
24. = īdem numerus.
25. Tālis erat Deus cum hominēs perdere statuit.
26. = operīre.
27. = plūrēs facere.
28. = meminisse.
29. = cōnsilium fallendī.
30. Omnibus flāgitiīs hominēs coepērunt sē...
31. = falsum dictum.
32. Quod fēcit Nōēmus statim post dīluvium.
33. Est Deus.
34. Id quō hominēs sē contāmināvērunt.
35. Faciēbant hominēs paulō post dīluvium.

Pēnsum V

Ubi verba crassiōribus litterīs scrīpta vidēs, pōne alia vocābula (singula aut iūncta) idem significantia, quae in indice sunt.

Cavē tamen: nam cum verba in sententiā mūtāveris, fierī poterit ut alia quoque vocābula, ut syntaxis postulat, sint mūtanda.

abscondere
absūmere
aegrē ferre
ambō
animāns
arca
callidus
cōgere
colere
collocāre
comedere
costae
cūstōs
dēcerpere
dēcipere
dīluvium
dissimulāre
ērigere

Deus, quī omnia potest, sex diēbus orbem terrārum fēcit atque ea quae in eō sunt. Lūcem enim prīmum fēcit, quā, quae factūrus erat, illūstrārentur. Postquam diē sequentī caelum creāverat, tertiō diē aquās, quae tōtam terram operiēbant, **in ūnum locum ēgit**, atque **herbās** et arborēs ēdūxit, quae redderent terram pulchrum et magnum hortum. In caelō tamen nōndum quidquid erat, sed cum Deus omnem pulchritū-dinem amāret, stēllās ibi posuit quae id ōrnārent, quaeque, cum ā quibusdam hominibus "fīxae" sint exīstimātae, causa sunt cūr caelum etiam 'fīrmāmentum' vocētur. Imperiō diēī sōlī, noctis vērō lūnae trāditō, Deus quīntō diē avēs et piscēs fēcit, sextō dēnique **animālia** omnia.

Deus gaudēbat, cum pulchrum vidēret esse quod fēcerat; sed aliquid deesse sentiēbat. Līmō ergō terrae sūmptō hominem **effēcit** sibi **similem**, cui, animā vīvente datā, **somnum** immīsit. Dormientī ūnum ex pectore **os** dētrāxit quō **cōnfēcit** Evam, quam uxōrem Ādāmō dedit. Hoc fuit prīmum mātrimōnium quod Deus **statuit**.

Coniugibus in **hortō amoenissimō** positīs Deus permīsit sūmere, facere, **esse** omnia quae vellent, dummodo nē tangerent arborem scientiae bonī et malī quae ibi erat. Ādāmus et Eva oboediēbant Deī

exstruere
fingere
flāgitium
foedus
fōrmāre
homicīdium
īnstituere
irruere
mendācium
mōrem gerere
nurus
offēnsus
pār
paradīsus
peccātum
planta
poenam luere
porrigere
praeferre
recordārī
sacrificium
similitūdō
sopor
vagus

verbīs et beātē vīvēbant. Quōdam autem diē Eva accessit ad illam arborem, cuius frūctūs Deus **carpere** vetuerat, atque cum serpente, quī in arbore erat, loquī coepit. Ille, quī **prūdēns ac sciēns** erat, falsīs dictīs mulierem **fefellit** (*perf* < fallere), quae frūctum vetitum cum virō suō comedit. Paulō post Deus Ādāmum, quī intereā sē **occultāverat**, invēnit eumque interrogāvit cūr latēret. Ādāmus, quem suī maleficiī pudēbat, Deō nārrāvit Evam sibi frūctum vetitum **obtulisse**, atque sē **ex eius voluntāte ēgisse** ac frūctum comēdisse. Deus **iniūriā acceptā īrātus** serpentī maledīxit, atque Ādāmō et Evā ex paradīsō terrestrī ēiectīs, angelum apud aditum **posuit** quī hortum illum amoenissimum, gladium igneum **ante sē ferēns, cūstōdīret**.

Ādāmō et Evae Caīnus et Abēl fīliī fuērunt. **Uterque** ōlim dōna obtulerat Deō: Caīnus frūctūs terrae, et Abēl ovēs ēgregiās. Huius dōna Deō placuērunt, illīus vērō nōn placuērunt. **Īrātus** igitur quod Deō nōn fuerant grāta dōna sua, atque crēdēns frātrem huius reī causam fuisse, **maleficium** excōgitāvit quō Abēlem, Deō frūstrā monente, occīderet. Īrā igitur **occultātā** Caīnus frātrem vocāvit et cum eō agrōs petīvit, ibique **impetū factō** Abēlem interfēcit. Tantō scelere nōn prius audītō valdē Deus doluit et Caīnō dīxit terram fore eī īnfēstam, neque ūllum lātūram esse frūctum etiam post dūrum et longum labōrem, atque eum ipsum **errātūrum esse** in orbe terrārum. Sīc Caīnus **prō peccātō est pūnītus**.

Sed etiam aliī hominēs, plūrēs factī, tam multīs vitiīs sunt affectī ut Deus offēnsus eōs **ingentī imbre perdere** statuerit. Ex illīs Nōēmō tantum eiusque familiae pepercit, quia virtūtem **dīligenter cūrābant. Magnam** igitur **nāvem** Deō iubente Nōēmus **aedificāvit**, in quam **ūnum et alterum** omnium animantium indūxit. Tum ipse cum coniuge, līberīs **eōrumque uxōribus** ingressus est ibique per ūnum annum, quamdiū aquae ūniversam terram operiēbant, inclūsus mānsit. Post hoc tempus anteā corvum, quī nōn est reversus, deinde columbam ēmīsit quae prīmum nihil tulit, tum vērō, rāmum olīvae virentis portāns, dīluviī fīnem significāvit. Ex arcā ēgressus Nōēmus statim altāre **aedificāvit**, ut **bēstiam occīderet Deō offerendam** quā eī grātiās ageret. Postrēmō, arcū in nūbibus positō, Deus et hominēs **lēge** sunt coniūnctī cuius Deus dīxit 'sē semper **memoriam servātūrum esse**, nec umquam iterum fore dīluvium ad perdendum terrārum orbem.'

Hominēs vērō, voluntāte dēbilēs, sē iterum **turpibus factīs** contāminā-vērunt: **verba falsa** dīcēbant, fraudem, fūrtum, **alterīus hominis necem** excōgitābant.

Abrahamus et Isaacus ligna ad hostiam immolandam portant

TERTIA AETAS

(I) ABRAHAMVS ET ISAACVS

16. Abrāhāmus ā Deō vocātur

Quīdam tamen sānctī virī coluērunt vēram religiōnem et virtūtem, inter quōs fuit Abrāhāmus ē genere Sēm. Deus fēcit foedus cum illō hīs verbīs: "Exī ē domō paternā, dēsere patriam, et pete regiōnem quam datūrus sum posterīs tuīs: augēbō tē prōle numerōsā, eris pater multārum gentium, ac per tē omnēs orbis nātiōnēs erunt bonīs cumulātae. Aspice caelum: dīnumerā stellās, sī potes: tua prōgeniēs eās aequābit numerō."

sānctus -a -um = iūstus et probus
religiō -ōnis f = cūra rērum dīvīnārum, metus Deī | ē genere : ē gente

paternus -a -um < pater

posterī -ōrum m pl = fīliī et eōrum fīliī et cēt.
prōlēs -is, prōgeniēs -ēī f = fīliī, līberī
numerōsus -a -um < numerus
orbis = orbis terrārum
nātiō -ōnis f = gēns, populus
cumulāre = augēre | dī-numerāre
aequāre = aequus esse (atque)

17. Nāscitur Isaacus

Abrāhāmus iam senuerat, et Sāra eius uxor erat sterilis. Quibus tamen Deus prōmīsit fīlium ex eīs nāscitūrum. "Habēbis" inquit, "fīlium ex Sārā coniuge tuā." Quod audiēns Sāra rīsit, nec statim adhibuit fidem prōmissīs Deī, et idcircō reprehēnsa est ā Deō. Abrāhāmus autem crēdidit Deō pollicentī. Et vērō, ūnō post annō, fīlius nātus est Abrāhāmō, quī vocāvit eum Isaācum.

senēscere -nuisse = senex fierī | sterilis -e ↔ fertilis: (mulier) s. = quae parere nōn potest
nāscitūrum esse < nāscī

adhibēre -uisse -itum + acc = ūtī + abl
a. fidem = fīdere | id-circō = ideō

18. Deus Abrāhāmō imperat ut fīlium suum immolet

Postquam Isaacus adolēvit, Deus temptāns fidem Abrāhāmī, dīxit illī: "Abrāhāme, tolle fīlium tuum ūnicum quem amās, et immolā eum mihi in monte quem ostendam tibi." Abrāhāmus nōn dubitāvit parēre Deō iubentī: imposuit ligna

im-molāre = sacrificiī causā occīdere

adolēscere -lēvisse = adulēscēns fierī
temptāre fidem = rē difficilī patiendā cognōscere num quis fidem habeat
ūnicus -a -um = ūnus et sōlus

Abrāhāmus -ī m, Isaacus -ī m, Sāra -ae f

Isaacō, ipse vērō portābat ignem et gladium.

Cum iter facerent simul, Isaācus dīxit patrī: "Mī pater, ecce ligna et ignis; sed ubinam est hostia immolanda?" Cui Abrāhāmus: "Deus" inquit, "sibi prōvidēbit hostiam, filī mī."

ubi-nam
hostia -ae *f* = bēstia quae immolātur
prō-vidēre = cūrāre, parāre

19. Angelus Deī clāmat ut Abrāhāmus contineat manum suam

veprēs

con-tinēre; c. manum : retinēre manum (: impetum) cōnstitendō

Ubi pervēnērunt ambō in locum dēsignātum, Abrāhāmus exstrūxit āram, disposuit ligna, alligāvit Isaacum super struem lignōrum, deinde arripuit gladium.

ubi + *perf* = cum prīmum, postquam
dē-signāre = statuere | āra -ae *f* = altāre
dis-pōnere = suō locō pōnere
al-ligāre (< ad-) = vincīre | struēs -is *f* ; s.
  lignōrum: ligna alia in aliīs posita
ar-ripere (< ad + rapere) = celeriter prehendere

Tum angelus clāmāvit dē caelō: "Abrāhāme, continē manum tuam, nē noceās puerō. Iam fidēs tua mihi perspecta est, cum nōn peperceris filiō tuō ūnicō; et ego favēbō tibi: remūnerābō splendidē fidem tuam." Abrāhāmus respexit, et vīdit arietem haerentem cornibus inter veprēs, quem immolāvit locō filiī.

per-spectus -a -um = nōtus

re-mūnerāre (aliquem) = (alicui) mūnus dare
splendidus -a -um = magnificus; *adv* -ē
re-spicere ↔ prō-spicere
ariēs -etis *m*
haerēre = fīxus esse, movērī nōn posse
veprēs -ium *m pl*
in locō filiī = prō filiō

ariēs

20. Eliezer, Abrāhāmī servus, in Mesopotamiam mittitur ut inde Isaacō uxōrem addūcat

ad-dūcere ↔ abdūcere

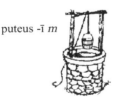
camēlus -ī *m*

Posteā Abrāhāmus mīsit servum suum Eliezērem ad cognātōs suōs quī erant in Mesopotamiā, ut inde addūceret uxōrem filiō suō Isaacō. Eliezer sūmpsit decem camēlōs dominī suī, et profectus est, portāns sēcum

co-gnātus -ī *m* = vir sanguine coniūnctus

mūnera magnifica, quibus dōnāret puellam dēstinātam Isaacō, et eius parentēs.

aliquem rē dōnāre = alicui rem d.
dēstināre = statuere; puella dēstināta Isaacō :
  puella quam uxōrem Isaacus ductūrus erat

Ubi pervēnit in Mesopotamiam, cōnstitit cum camēlīs prope puteum aquae ad vesperum, quō tempore mulierēs solēbant convenīre ad hauriendam aquam.

puteus -ī *m*

ad vesperum
  : circiter vesperī

21. Eliezer ōrat Deum ut indicium ab Eō habeat quō cognōscat puellam Isaacō dēstinātam

indicium -ī *n* = id quod aliquid nōtum facit

Eliezer ōrāvit Deum hīs verbīs: "Domine, Deus Abrāhāmī, fac ut puella, quae dabit pōtum mihi petentī, ea sit quam

pōtus -ūs *m* = pōtiō

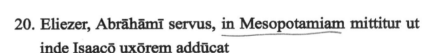

Mesopotamia -ae *f*, Eliezer -ēris *m*

Isaacō dēstinās." Ecce statim Rebecca, virgō eximiā pulchritūdine, prōdiit, gerēns urnam umerīs, quae dēscendit ad puteum, et implēvit urnam. Tunc Eliezer prōgressus obviam puellae: "Dā" inquit, "pōtum mihi." Cui Rebecca: "Bibe" ait, "domine mī; et simul dēmīsit urnam." Cum ille bibisset, Rebecca obtulit etiam aquam camēlīs. Hōc indiciō cognōvit Eliezer quod scīre cupiēbat.

eximius -a -um = ēgregius

prōd-īre = prōcēdere

urna -ae f

ob-viam īre/prōgredī + *dat* = occurrere

dē-mittere ↔ tollere

22. Eliezer interrogat Rebeccam dē eius familiā

Eliezer prōtulit inaurēs aureās et armillās, quās dedit Rebeccae. Tum interrogāvit illam cuius esset fīlia, num in domō patris esset locus ad commorandum. Cui Rebecca respondit: "Ego sum fīlia Bathūēlis: avus meus est frāter Abrāhāmī. Est domī locus ad commorandum amplissimus; est etiam plūrimum foenī et paleārum ad ūsum camēlōrum." Quod audiēns Eliezer ēgit grātiās Deō, quī tribuisset iter prosperum sibi.

foenum -ī *n*

inauris -is f   armilla -ae f
= ōrnāmentum auris

com-morārī (< mora) = diūtius in locō manēre

avus -ī *m* = pater patris/mātris

amplus -a -um = magnus, lātus et altus

plūrimum (*sup*) < multum
palea -ae f = herba sicca quae bēstiīs sternitur ut cubent | ūsus -ūs *m* < ūtī

tribuere -uisse -ūtum = dare
quī tribuisset : quem sentiēbat tribuisse
prosperus -a -um = secundus, fēlīx

23. Eliezērī hospitium parātur apud Rebeccae parentēs

Rebecca properāvit domum, et nārrāvit mātrī suae ea quae sibi contigerant. Lābānus, frāter Rebeccae, cum audīvisset sorōrem nārrantem, adiit hominem, quī stābat ad fontem cum camēlīs, et compellāns eum: "Ingredere" inquit, "domine mī. Cūr stās forīs? Parāvī hospitium tibi et locum camēlīs." Dein dēdūxit eum domum, eīque cibum apposuit.

hospitium -ī *n* = domus hospitis

con-tingere -tigisse (< cum + tangere) = accidere, fierī

com-pellāre = appellāre, vocāre

dē-dūcere = comitārī

24. Rebeccae parentēs Eliezēris postulātiōnī annuunt

Continuō Eliezer exposuit parentibus Rebeccae causam itineris susceptī, rogāvitque ut annuerent postulātiōnī suae. Quī respondērunt: "Ita voluntās Deī fert, nec possumus Deō obsistere. Ēn Rebecca: proficīscātur tēcum, nūptūra Isaācō." Tum Eliezer dēprōmpsit vāsa aurea et argentea, vestēsque pretiōsās, quās dedit Rebeccae; obtulit etiam mūnera mātrī eius et frātrī, et iniērunt convīvium.

Rebecca -ae f, Bathūēl -is *m*, Lābānus -ī *m*

postulātiō -ōnis f < postulāre
annuere = significāre sē idem velle/sentīre caput movendō
ex-pōnere = nārrāre

sus-cipere (< -capere); iter suscipere : iter facere

ob-sistere = resistere, repugnāre

dē-prōmere

in-īre -iisse -itum = incipere

Eliezer et Rebecca

25. Rebecca proficīscitur

Postrīdiē Eliezer surgēns māne, dīxit parentibus Rebeccae: postrī-diē ↔ prīdiē
"Erus meus mē exspectat: dīmittite mē, ut redeam ad illum."
Quī respondērunt: "Vocēmus puellam, et percontēmur eius
sententiam."   per-contārī = interrogāre

Cum Rebecca vēnisset, scīscitātī sunt an vellet discēdere   scīscitārī = quarere
cum homine. "Volō" inquit illa. Dīmīsērunt ergō Rebeccam
et nūtrīcem illīus, precantēs eī omnia prospera.

26. Isaacus Rebeccam uxōrem dūcit

Isaacus forte tunc deambulābat rūrī: vīdit camēlōs venien-
tēs. Simul Rebecca, cōnspicāta virum deambulantem, dēsiluit   cōnspicārī -ātum esse = cōnspicere
ē camēlō et interrogāvit Eliezērem: "Quis est ille vir?" Eliezer
respondit: "Ipse est erus meus." Illa statim operuit sē palliō.
Eliezer nārrāvit Isaacō omnia quae fēcerat.
Isaacus intrōdūxit Rebeccam in tabernāculum mātris suae, et   intrō-dūcere ↔ ē-dūcere
lēnītus est dolor quem capiēbat ex morte mātris.   tabernāculum -ī *n*

lēnīre -īvisse/-iisse -ītum = mollīre

PENSA (§ 16-26)

Pēnsum I

Estne vērum an falsum?

	V.	F.
1. Deus dīxit Abrāhāmō: "Tua prōgeniēs stēllās augēbit numerō".	☑	☐
2. Sāra fertilis erat, sed eam Deus fēcit sterilem.	☐	☑
3. Sāra fidem Deō adhibuit.	☐	☑
4. Abrāhāmus multōs habēbat fīliōs.	☑	☐
5. Isaacus fīlius Sārae et Abrāhāmī fuit.	☑	☐
6. Inter veprēs ariēs haerēbat.	☐	☑
7. Māne Eliezer in Mesopotamiam pervēnit.	☑	☐
8. Rebecca Eliezērī postulantī pānem dedit.	☐	☑
9. Eliezer Rebeccae ānulōs et armillās dōnāvit.	☑	☐
10. Eliezērī hospitium parātur apud Rebeccae avunculum.	☐	☑
11. Parentibus scīscitantibus Rebecca sē proficīscī velle dīxit.	☑	☐

Pēnsum II

Coniunge sententiās.

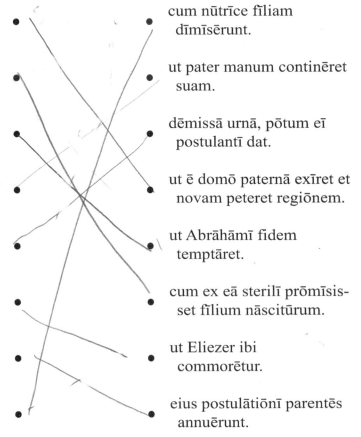

1. Deus cum Abrāhāmō foedus fēcit eīque imperāvit

2. Sāra rīsit neque fidem Deī verbīs adhibuit,

3. "Tolle fīlium ūnicum et mihi immolā" dīxit Deus,

4. Isaacō super struem lignōrum alligātō, angelus effēcit

5. Eliezer obviam puellae prōgreditur, quae,

6. Hospitium apud Rebeccae parentēs parātur,

7. Cum Eliezer causam itineris susceptī exposuisset,

8. Postquam parentēs eius sententiam percontātī sunt,

cum nūtrīce fīliam dīmīsērunt.

ut pater manum continēret suam.

dēmissā urnā, pōtum eī postulantī dat.

ut ē domō paternā exīret et novam peteret regiōnem.

ut Abrāhāmī fidem temptāret.

cum ex eā sterilī prōmīsisset fīlium nāscitūrum.

ut Eliezer ibi commorētur.

eius postulātiōnī parentēs annuērunt.

Pēnsum III

Sententiās fīnālēs cōnfice, omnibus modīs quibus potes.

Exemplum:

Deus, offēnsus vitiīs quae invaluerant, mīsit dīluvium (hominēs perdere)

Deus, offēnsus vitiīs quae invaluerant, mīsit dīluvium {

- *ut hominēs perderet*
- *hominēs perdendī causā*
- *hominum perdendōrum causā*
- *ad hominēs perdendōs*
- *hominēs perditum*

1. Deus Abrāhāmum iussit Isaacum immolāre (eius fidem temptāre)
2. Abrāhāmus servum suum mīsit in Mesopotamiam (inde uxōrem Isaacō addūcere)
3. Eliezer obviam puellae prōgreditur (pōtum postulāre)
4. Eliezērī hospitium parātur (commorārī)
5. Rebecca cum Eliezēre ā parentibus dīmittitur (Isaacō nūbere)

Pēnsum IV

Ex hīs verbīs sententiās cōnfice, quibus epitomēn scrībās rērum quae in hōc capitulō nārrātae sunt.

Exemplum: Deus cum Abrāhāmō facere foedus
Prōmittere eī numerōsam prōlem

Deus cum Abrāhāmō, cui numerōsam prōlem prōmīserat, foedus fēcit...

Sāra uxor sterilis esse
Deus Sārae et Abrāhāmō fīlium pollicērī
Iī fidem Deō nōn adhibēre
Post ūnum annum Isaacus nāscī
Adulēscentem Deus iubēre immolāre
Eius fidem temptāre
Angelus manum continēre iubēre
Ariēs inter veprēs invenīrī et Isaacī locō immolārī
Eliezer Mesopotamiam petere
Uxōrem Isaacō addūcere
Deum precārī puellam pōtum dare
Isaacō uxor esse dēstināta
Rebecca urnam dēmittere et pōtiōnem dare
Eliezer inaurēs et armillās prōferre et Rebeccae dare
Dēdūcī Rebeccae parentum domum
Ubi locus esse commorārī
Eliezer expōnere itineris susceptī causam
Postulāre Rebeccam sēcum proficīscī
Eius sententiam percontārī
Ambō proficīscī

TERTIA AETAS
(II) IacObvs

27. Ēsāus iūs prīmōgenitī Iacōbō concēdit

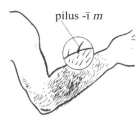
pilus -ī m

Rebecca ēdidit ūnō partū duōs fīliōs, Ēsāum et Iacōbum. Quī prior ēditus est pilōsus erat, alter vērō lēvis. Ille fuit vēnātor strēnuus, hic autem placidus et simplex mōribus.

Quādam diē, cum Iacōbus sibi parāvisset pulmentum ex lente, vēnit Ēsāus fessus dē viā, et dīxit frātrī: "Dā mihi hoc pulmentum; nam redeō rūre exanimātus lassitūdine." Cui Iacōbus: "Dabō, sī concēdās mihi iūs prīmōgenitī." "Faciam libenter" inquit Ēsāus. "Iūrā ergō" ait Iacōbus. Ēsāus iūrāvit et vēndidit iūs suum.

lēns lentis f

prīmō-genitus -a -um = quī prīmus est genitus; prīmōgenitus -ī m
iūs prīmōgenitī : iūs quō pātris mortuī opēs et potestās prīmōgenitō relinquuntur
con-cēdere = dare
ē-dere -didisse -ditum (< ē + dare); partū ē. = parere | partus -ūs m < parere

pilōsus -a -um = quī multōs *pilōs* habet
lēvis -e ↔ pilōsus
vēnātor -ōris m = quī ferās persequitur et occīdit | strēnuus -a -um = impiger
placidus -a -um = quiētus
simplex -icis : probus et pudēns
pulmentum -ī n = pōtiō cum carne aut cum holeribus
fessus dē viā : f. ob viam (quam percurrerat)

ex-animātus -a -um = ferē sine animā

lassitūdō -inis f < *lassus -a -um* = fessus

iūrāre = Deō teste affīrmāre

28. Isaacus Ēsāum vēnātum mittit

Isaacus, quī dēlectābātur vēnātiōne, amābat Ēsāum; Iacōbus vērō erat cārior Rebeccae.

Cum Isaacus iam senuisset et factus esset caecus, vocāvit Ēsāum: "Sūmitō" inquit, "pharetram, arcum et sagittās; affer mihi et parā dē vēnātiōne pulmentum, ut comedam et precer tibi fausta omnia, antequam moriar." Ēsāus itaque profectus est vēnātum.

vēnārī -ātum esse < vēnātor

vēnātiō -ōnis f < vēnārī

sūmitō! = sūme!
pharetra -ae f

faustus -a -um = fēlīx

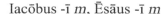

Iacōbus -ī *m*, Ēsāus -ī *m*

capra -ae *f*

indignātiō -ōnis *f* = īra
(ob rem indignam)

affertō! = affer! | haedus -ī *m* = pullus *caprae*
opīmus -a -um = crassus

ausim (= ausus sim) : audērem
at-trectāre = tangere
suscēnsēre -uisse + *dat* = īrātus fierī
damnum -ī *n* : malum | ē-venīre = accidere,
fierī | bene-volentia -ae *f* < bene-volēns

ēsca -ae *f* (< ēsse) = cibus

īn-stāre -stitisse = ācriter pergere
nē timeās! : nōlī timēre!
sī quid adversī : sī quid adversum, īnfēlīx
nē dubitēs! : nōlī dubitāre!

quod iussus es : quod tē iussī

palātum -ī *n* = quod in ōre suprā linguam est;
palātō suāvis = suāvis gustātū
aptāre + *dat* = idōneum, convenientem facere

ap-petere (< ad-) = cupidē petere, cupere

ante-pōnere = praeferre

citō = celeriter

amplexārī -ātum esse = complectī

bona -ōrum *n pl* = opēs

29. Rebecca, quae nōn timet marītī indignātiōnem, Isaacum Ēsāō praeferrī vult

Rebecca audierat Isaacum loquentem; vocāvit Iacōbum, et: "Affertō" inquit, "mihi duōs haedōs opīmōs: cōnficiam pulmentum, quō pater tuus valdē dēlectātur. Appōnēs eī cibum, et bene precābitur tibi." Iacōbus respondit: "Ego nōn ausim id facere, māter. Ēsāus est pilōsus, ego sum lēvis: sī pater mē attrectāverit, suscēnsēbit mihi. Ita indignātiō patris et damnum mihi ēvenient prō eius benevolentiā."

30. Rebecca Isaacō ēscam parat

Rebecca īnstitit: "Nē timeās" inquit, "fīlī mī. Sī quid adversī inde sequātur, id tōtum sūmō mihi. Tū vērō nē dubitēs facere quod iussus es." Itaque Iacōbus abiit, et attulit mātrī duōs haedōs. Illa parāvit senī cibum, quem nōverat suāvem esse palātō eius. Deinde induit Iacōbum vestibus frātris; aptāvit pellem haedī manibus eius et collō. Tum: "Adī" inquit, "patrem tuum, et offer illī ēscam quam appetit."

pellis -is *f*

31. Isaacus nesciēns Ēsāō Iacōbum antepōnit

Iacōbus attulit patrī suō ēscam parātam ā mātre. Cui Isaacus dīxit: "Quisnam es tū?" Iacōbus respondit: "Ego sum Ēsāus prīmōgenitus tuus; fēcī quod iussistī, pater; surge, et comede dē vēnātiōne meā." "Quōmodo" ait Isaacus, "potuistī invenīre tam citō?" "Invēnī, pater: Deus ita voluit." Isaacus rūrsus: "Tūne es Ēsāus prīmōgenitus meus? Accēde propius ut attrectem tē."

Ille accessit ad patrem, quī dīxit: "Vōx quidem est Iacōbī, sed manūs sunt Ēsāī."

32. Ēsāus redit atque intellegit Iacōbum sibi esse antepositum

Isaacus, amplexātus Iacōbum, anteposuit eum frātrī, et tribuit illī omnia bona prīmōgenitī.

Isaacus omnia fausta Iacobo precatur

Iacobi somnium

Nōn multō post Ēsāus rediit ā vēnātiōne, et ipse obtulit patrī pulmentum quod parāverat.

Cui Isaacus mīrāns dīxit: "Quis est ergō ille, quī modo attulit mihi cibum, et cui precātus sum omnia fausta, tamquam prīmōgenitō?" Quod audiēns Ēsāus ēdidit magnum clāmōrem, et implēvit domum lāmentīs.

ēdidit clāmōrem : clāmāvit

lāmenta -ōrum *n pl* = clāmor plōrantium

33. Iacōbus proficīscitur ut frātris īram vītet

Ēsāus ārdēns īrā minābātur mortem Iacōbō. Quārē Rebecca māter, timēns dīlectō fīliō suō: "Fuge" inquit, "fīlī mī; abī ad Lābānum avunculum tuum, et commorāre apud eum dōnec īra frātris tuī dēfervēscat." Iacōbus, dīmissus ā patre et mātre, profectus est in Mesopotamiam. Iter faciēns pervēnit ad quendam locum, ubi, fessus dē viā, pernoctāvit: supposuit lapidem capitī suō et obdormīvit.

ārdēre = ūrī; ā. īrā = valdē īrātus esse
quā-rē = quamobrem, ergō
timēre + *dat* = timēre prō
dīlēctus -a -um = quī dīligitur, cārus

dē-fervēscere = ūrere dēsinere; dōnec īra d. = dōnec īra minuātur

per-noctāre = noctem agere
sup-pōnere (< sub-) + *dat*
ob-dormīre

lapis -idis *m*

34. Iacōbī somnium

somnium -ī *n* = quod in somnō vidētur

Iacōbus vīdit in somnīs scālās, quae innīxae terrae pertinēbant ad caelum, atque angelōs Deī ascendentēs et dēscendentēs. Audīvit Dominum dīcentem sibi: "Ego sum Deus patris tuī; dabō tibi et posterīs tuīs terram cui incubās: nōlī timēre, ego favēbō tibi: erō cūstōs tuus quōcumque perrēxeris, et redūcam tē in patriam, ac per tē omnēs orbis nātiōnēs erunt bonīs cumulātae."

Iacōbus expergēfactus adōrāvit Dominum.

in-nītī -nīxum esse + *dat* : quī claudus est baculō i. solet | per-tinēre = ex-tendī; pertinēbant ad caelum : extendēbántur ūsque ad caelum

in-cubāre + *dat* = cubāre super

quō-cumque *adv* = in quem libet locum
pergere perrēxisse = īre
per tē : propter tē

expergēfacere -fēcisse -factum = ē somnō excitāre

scālae -ārum *f pl*

35. Iacōbus pervenit in Mesopotamiam

Iacōbus, iter persecūtus, pervēnit in Mesopotamiam. Vīdit trēs pecorum gregēs propter puteum cubantēs, nam ex eō puteō gregēs solēbant aquārī. Ōs puteī claudēbātur ingentī lapide. Iacōbus accessit illūc, et dīxit pāstōribus: "Frātrēs, unde estis?" Quī respondērunt: "Ex urbe Harān."

Quōs interrogāvit iterum: "Nōstisne Lābānum?" Dīxērunt:

propter = prope, iuxtā

aquārī = aquam haurīre

unde estis? : unde venītis?

nōvistisne

Harān *indēcl*

"Nōvimus." "Valetne?" "Valet" inquiunt, "ecce Rāchēl, fīlia eius, venit cum grege suō."

36. Iacōbus ā Lābānō recipitur quī fīliam suam in mātrimōnium eī dat

in mātrimōnium dare = uxōrem dare

Cum Iacōbus loquerētur cum pāstōribus, Rāchēl, fīlia Lābānī, vēnit cum pecore paternō: nam ipsa pāscēbat gregem. Cōnfestim Iacōbus, vidēns cognātam suam, āmōvit lapidem ab ōre puteī. "Ego sum" inquit, "fīlius Rebeccae"; et ōsculātus est eam. Rāchēl festīnāns id nūntiāvit patrī suō, quī agnōvit fīlium sorōris suae, deditque eī Rāchēlem in mātrimōnium.

cōnfestim = statim
co-gnāta -ae f = fēmina sanguine coniūncta (ut avunculī fīlia) | ā-movēre = abdūcere

festīnāre = properāre
agnōscere = recognōscere

37. Iacōbus redit in patriam suam

Iacōbus diū commorātus est apud Lābānum. Intereā mīrē auxit rem suam, et factus est dīves.

auxit rem suam : auxit dīvitiās suās

Longō post tempore, admonitus ā Deō, rediit in patriam suam. Extimēscēbat īram frātris suī: ut plācāret animum eius, praemīsit ad eum nūntiōs, quī offerrent eī mūnera. Ēsāus mītigātus occurrit obviam Iacōbō advenientī: īnsiluit in collum eius, flēnsque ōsculātus est eum, nec quidquam illī nocuit.

ex-timēscere = timēre
plācāre, mītigāre = tranquillum facere, mol-līre | prae-mittere
quī offerrent : ut offerrent
īn-silīre -uisse < in + salīre

nec quidquam : nec ūllō modō

Rāchēl -is f

PENSA (§ 27-37)

Pēnsum I

Ad interrogāta respondē.

- 1. Cūr Sāra est ā Deō reprehēnsa?
- 2. Cūr Deus Abrāhāmō imperāvit ut fīlium ūnicum immolāret?
- 3. Quis dē caelō clāmāvit et cūr?
- 4. Quō indiciō Eliezer cognōvit puellam Isaacō uxōrem dēstinātam?
- 5. Quibus rēbus Eliezer dōnāvit Rebeccam?
- 6. Quid Eliezer Rebeccae parentibus expōnit?
- 7. Rebecca adveniente, ubi erat Isaacus?
- 8. Quid, postquam eam vīderat, Isaacus fēcit?
- 9. Erantne Ēsāus et Iacōbus fīliī geminī?
- 10. Quōmodo Iacōbō Ēsāus vēndidit iūs prīmōgenitī?
- 11. Ēsāō ab Isaacō vēnātum missō, quid suādet Rebecca alterī fīliō?
- 12. Quōmodo ab Iacōbō Isaacus dēcipitur?
- 13. Quid Ēsāus fēcit cum sē ab Iacōbō dēceptum esse intellēxit?
- 14. Cūr Rebecca Iacōbō suādet ut fugiat?
- 15. Quid Iacōbus in somnīs vīdit?
- 16. Quō perrēxit Iacōbus postquam ē somnō expergēfactus est?
- 17. Quid apud puteum Iacōbus fēcit?
- 18. Eratne Ēsāus Iacōbō in patriam redeuntī īrātus?

Pēnsum II

Scrībe verba idem aut contrārium significantia.

_____	= iūstus et probus	_____	= nārrāre
_____	= fīliī et eōrum fīliī et cēt.	_____	= resistere, repugnāre
_____	= prōgeniēs	_____	= incipere
_____	= gēns, populus	_____	= scīscitārī
_____	= augēre	_____	= cōnspicere
_____	= senex fierī	_____	= crassus
_____	= ideō	_____	= tangere
_____	= adulēscēns fierī	_____	= īrātus fierī
_____	= cūrāre, parāre	_____	= cibus
_____	= nōtus	_____	= cupidē petere, cupere
_____	= mūnus dare	_____	= praeferre
_____	= magnificus	_____	= celeriter
_____	= prōcēdere	_____	= complectī
_____	= magnus, lātus et altus	_____	= quamobrem, ergō
_____	= secundus, fēlīx	_____	= quī dīligitur, cārus
_____	= accidere, fierī	_____	↔ tollere
_____	= appellāre, vocāre	_____	↔ prīdiē
_____	= comitārī	_____	↔ ēdūcere

Pēnsum III

Vocābula in fōrmā pōne. Litterae, quae in quadrātīs nigriōribus positae erunt, sententiam efficient ex sacrīs librīs prōmptam.

1 2 3 4 5 6 7 8 9 10 11 12 13 14 15 16 17 18 19 20 21 22 23 24 25 26 27 28 29 30

1. Eā Abrāhāmum Deus augēbit.
2. = ideō.
3. Super eam Abrāhāmus Isaacum alligāvit.
4. Eās dedit Eliezer Rebeccae.
5. = pater patris/mātris.
6. < mora.
7. ↔ prōspicere.
8. Inter veprēs haerēbat.
9. Id comedunt bovēs.
10. Eliezērī parātur.
11. Iter facere = iter _____
12. Umerīs gerēbātur ā Rebeccā.
13. Eās vīdit Iacōbus in somnīs.
14. ↔ lēvis.
15. Quī bēstiās persequitur et capit.

16. = impiger.
17. Duōs attulit Iacōbus Rebeccae postulantī.
18. In eā īnsunt sagittae.
19. Ex illā cōnstābat pulmentum quod Ēsāō Iacōbus dedit.
20. = tangere.
21. = īrātus fierī.
22. Erat Ēsāī iūs.
23. Eum supposuit Iacōbus capitī suō.
24. Eam exstrūxit Abrāhāmus.
25. = celeriter.
26. Quod aliquid nōtum facit.
27. Iīs Ēsāus domum implēvit.
28. = opēs.
29. = properāre.
30. = statim.

Pēnsum IV

Verba, quae dēsunt, scrībe.

addūcere
adhibēre
agnōscere
alligāre
amplexārī
antepōnere
aptāre

Deus cum Abrāhāmō fēcit _____, et prōmīsit eī eiusque uxōrī, quae _____ erat, fīlium nāscitūrum esse. Haec audiēns Sāra rīsit neque Deī verbīs fidem _____. Ūnō vērō post annō fīlius nātus est quem, cum adolēvisset, Deus _____ iussit, ut Abrāhāmī fidem _____. Cum Isaacus et Abrāhāmus ad locum dēsignātum pervēnissent, pater _____ exstrūxit et, lignīs dispositīs, super _____ fīlium _____, tamquam _____sacrificiō Deō

aquārī
āra
ārdēre
arripere
attrectāre
bona
cognāta
cōnfestim
continēre
dēdūcere
dēmittere
dēstināre
ēsca
exanimātus
eximius
extimēscere
faustus
festīnāre
foedus
foenum
haedus
hostia
immolāre
inauris
indicium
indignātiō
innītī
īnstāre
iūrāre
lāmenta
lapis
lēns
lēvis
mītigāre
obviam
opīmus
palātum
partus
pellis
percontārī
pertinēre
pilōsus
pōtus
prīmōgenitus
prosperus
pulmentum
puteus
quōcumque

offerendam; gladiō dēnique _____ immolātūrus erat Isaacum, cum subitō angelus, magnō clāmōre dē caelō ēditō, effēcit ut Abrāhāmus manum _____.

Post aliquot annōs servum suum, nōmine Eliezērem, in Mesopotamiam Abrāhāmus mittit ut inde puellam _____ Isaacō _____, quam iubet splendidīs mūneribus dōnārī. Nesciēbat tamen quō _____ Eliezer cognōsceret puellam; ōrāvit igitur Deum ut, quae Isaacō dēstināta esset, sibi petentī _____ daret. Nōndum tālia dīxerat cum Rebecca, virgō _____ pulchritūdine, accessit, _____ umerīs gerēns, quā _____, pōtum dedit Eliezērī postulantī, quī intereā eī _____ prōgressus erat. _____ ille et armillīs _____ (= statim) eam dōnat, quae sine morā eum domum _____ ubi locus ad commorandum parātur eī eiusque camēlīs, ad quōrum _____ plūrimum _____ et paleārum concēditur. Postquam Eliezer grātiās ēgerat Deō quī _____ iter sibi _____, Rebeccae parentibus exposuit causam itineris, quod _____. Illī eius postulātiōnī annuentēs dīxērunt opus esse Rebeccae sententiam _____, quae sē cum Eliezēre discēdere velle affirmāvit.

Cum in mātrimōnium eam Isaacus dūxisset, ūnō _____ duo fīliī nātī sunt: Ēsāus, quī _____ erat, et Iacōbus, quī vērō _____ erat. Isaacō, quī dēlectābātur _____, cārior erat Ēsāus, cum bonus esset et strēnuus _____, Rebeccae vērō magis placēbat Iacōbus, adulēscēns placidus et _____ mōribus. Diē quādam, cum Isaacus iam caecus esset factus et mortem sibi impendēre sentīret, Ēsāum vocāvit ut eī, quī prior nātū erat, omnia _____ fēlīciaque precārētur postquam comēdisset _____ dē vēnātiōne quod Ēsāum iusserat parāre. Ille – oblītus sē frātrī iam vēndidisse iūs _____, eō tempore quō, rediēns rūre exanimātus, ā frātre postulāverat pulmentum ex _____, quod ille nōn dedit antequam Ēsāus _____ sē suum iūs datūrum esse – _____, ut pater dīxerat, pergit. Rebecca intereā, quae Isaacum loquentem audīverat, statim iussit Iacōbum sibi duōs _____ _____ afferre, ut _____ cōnficeret Isaacī _____ grātam, quam ille patrī offerret ante Ēsāum. Hōc enim modō māter volēbat Ēsāō Iacōbum _____. Iacōbus vērō patris _____ valdē timēbat, praecipuē quia sciēbat eum fīliōs _____ solēre, ut intellegeret uter esset: Ēsāus pilōsus an Iacōbus lēvis. Māter tamen _____, eīque nē timēret suādēbat, cum bonum cōnsilium ad Isaacum dēcipiendum excōgitāvisset; quō ille, tangēns Iacōbum, cui māter cuiusdam haedī _____ _____, crēderet sē Ēsāum attrectāre. Omnia ita facta sunt ut māter dīxerat: Isaacus Iacōbum _____ omnia prīmōgenitī _____ eī tribuit.

Paulō post Ēsāus rediit, quī, rē cognitā, domum implēvit _____. Īrā _____, mortem frātrī minābātur, cui timēns, māter suāsit ut fugeret. Sine morā ille profectus est in Mesopotamiam, ubi avunculus

- scālae
- simplex
- sterilis
- struēs
- suscipere
- temptāre
- tribuere
- urna
- ūsus
- vēnārī
- vēnātiō
- vēnātor

habitābat. In itinere, quod breve nōn erat, apud quendam locum, _____ capitī suppositō, pernoctāvit. In somnīs tunc _____ vīdit quae, terrae _____, ūsque ad caelum _____, atque Deī angelōs per eās ascendentēs et dēscendentēs; atque audīvit Deum, quī dīcēbat sē auxilium ipsī lātūrum esse _____ perrēxisset.

Ubi in Mesopotamiam pervēnit, propter quendam _____, ex quō gregēs _____ solēbant, cōnstitit ut pāstōrēs, quī ibi erant, interrogāret. Tunc accēdere vīdit Rāchēlem, suam _____, quae ovēs pāscēbat quaeque, cum audīvisset eum Rebeccae fīlium esse, statim ad patrem id nūntiātum _____ quī eum _____. Rāchēle in mātrimōnium acceptā, Iacōbus, dīves intereā factus, quamquam frātris īram _____, ā Deō admonitus in patriam rediit, ubi bene est acceptus ā frātre, cuius intereā dolor _____.

TERTIA AETAS
(III) IOSEPHVS

38. Nāscitur Iōsēphus, fīlius quem Iacōbus prae cēterīs amāvit

prae cēterīs : magis quam cēterōs

Iacōbus habuit duodecim fīliōs, inter quōs erat Iōsēphus: hunc pater amābat prae cēterīs, quia senex genuerat eum. Dederat illī togam textam ē fīlīs variī colōris. Quam ob causam Iōsēphus erat invīsus suīs frātribus, praesertim postquam nārrāverat eīs duplex somnium, quō futūra eius magnitūdō portendēbātur. Ōderant illum tantopere, ut nōn possent cum eō amīcē loquī.

gignere genuisse genitum : māter līberōs parit, pater gignit
texere -uisse -xtum = ē fīlīs vestem cōnficere
invīsus -a -um ↔ cārus
praesertim = praecipuē
duplex -icis (< duo) = ūnum et alterum
magnitūdō -inis f < magnus
portendere = rem futūram ostendere
tantopere adv = tam valdē
amīcē adv

39. Iōsēphī somnia

Haec porrō erant Iōsēphī somnia: "Ligābāmus" inquit, "simul manipulōs in agrō. Ecce manipulus meus surgēbat et stābat rēctus; vestrī autem manipulī circumstantēs venerābantur meum. Posteā vīdī in somnīs sōlem, lūnam et ūndecim stēllās adōrantēs mē." Cui frātrēs respondērunt: "Quōrsum spectant ista somnia? Num tū eris rēx noster? Num subiciēmur diciōnī tuae?" Frātrēs igitur invidēbant eī; at pater rem tacitus cōnsīderābat.

porrō : igitur
ligāre = vincīre
manipulus -ī m

circum-stāre

venerārī = adōrāre

quōrsum = quem ad fīnem, ad quid

diciō -ōnis f : potestās

cōnsīderāre (rem) = cōgitāre (dē rē)

40. Iōsēphī frātrēs cōnsilium capiunt eius occīdendī

cōnsilium capere = cōnstituere

Quādam diē, cum frātrēs Iōsēphī pāscerent gregēs procul, ipse remānserat domī. Iacōbus mīsit eum ad frātrēs, ut vidēret quōmodo sē habērent. Quī, videntēs Iōsēphum venientem, cōnsilium cēpērunt illīus occīdendī. "Ecce" inquiēbant,

---

Iōsēphus -ī m

somniātor -ōris *m* = quī in somnīs aliquid videt

sua : eius (: Iōsēphī)

māior/māximus nātū (*abl*) = māior/māximus aetāte

fovea -ae *f* = fossa

habēre in animō = velle

ex-trahere | reāpse = vērē

dē-dūcere = trahere
mītis -e ↔ ferōx

ubi + *perf* = cum prīmum, postquam

dē-trūdere -sisse -sum = deorsum pellere (magnā vī)

arōma -atis *n* = quod per nāsum dulce sentītur

tingere tīnxisse tīnctum = mergendō ūmidum facere

cilicium -ī *n* = vestis molesta quā animī dolor significātur

cōnsōlātiō -ōnis *f* < cōnsōlārī

sepulcrum -ī *n* = locus ubi homō mortuus terrā aut lapide operītur

Aegyptius -a -um; A.ius -ī *m* < Aegyptus

causā Iōsēphī = Iōsēphī causā

"somniātor venit. Occīdāmus illum et prōiciāmus in puteum; dīcēmus patrī: 'fera dēvorāvit Iōsēphum.' Tunc appārēbit quid sua illī prōsint somnia."

41. Rūbēn, quī est nātū māximus, frātrēs ā tantō scelere dēterrēre cōnātur

Rūbēn, quī erat nātū māximus, dēterrēbat frātrēs ā tantō scelere. "Nōlīte" inquiēbat, "interficere puerum; est enim frāter noster: dīmittite eum potius in hanc foveam." Habēbat in animō līberāre Iōsēphum ex eōrum manibus, et illum extrahere ē foveā, atque ad patrem redūcere. Reāpse hīs verbīs dēductī sunt ad mītius cōnsilium.

42. Frātrēs Iōsēphum mercātōribus vēndunt

Ubi Iōsēphus pervēnit ad frātrēs suōs, dētrāxērunt eī togam quā indūtus erat, et dētrūsērunt eum in foveam. Deinde cum cōnsēdissent ad sūmendum cibum, cōnspexērunt mercātōrēs quī petēbant Aegyptum cum camēlīs portantibus varia arōmata. Vēnit illīs in mentem Iōsēphum vēndere illīs mercātōribus; quī ēmērunt Iōsēphum vīgintī nummīs argenteīs, eumque dūxērunt in Aegyptum.

43. Ad patrem mittunt togam sanguine tīnctam

Tunc frātrēs Iōsēphī tīnxērunt togam eius in sanguine haedī, quem occīderant, et mīsērunt eam ad patrem cum hīs verbīs: "Invēnimus hanc togam: vidē an toga fīliī tuī sit." Quam cum agnōvisset, pater exclāmāvit: "Toga fīliī meī est: fera pessima dēvorāvit Iōsēphum." Deinde scidit vestem, et induit cilicium.

Omnēs līberī eius convēnērunt ut lēnīrent dolōrem patris. Sed Iacōbus nōluit accipere cōnsōlātiōnem, dīxitque: "Ego dēscendam maerēns cum fīliō meō in sepulcrum."

44. Pūtiphar Aegyptius Iōsēphum emit

Pūtiphar Aegyptius ēmit Iōsēphum ā mercātōribus. Deus autem fāvit Pūtiphārī causā Iōsēphī: omnia eī prosperē

Rūbēn -is *m*, Pūtiphar -āris *m*

Fratres mercatoribus Iosephum vendunt

suc-cēdere = fierī
benignus -a -um = quī alicui bene vult; *adv* -ē
prae-ficere = praepōnere
ad-ministrāre = regere
familiāris -e < familia; rēs f. = pecūnia
nūtus -ūs *m* = signum agendī quod datur
  caput movendō | cūram gerere (reī) = cūrāre
  (rem)

con-icere (< cum-) = iacere

īnsignis -e = ēgregius
pel-licere = allicere
as-sentīrī + *dat* = idem sentīre (atque); a.
  mulierī : facere quod mulier petit

ōra palliī

in-clāmāre : clāmandō vocāre

crēdulus -a -um = quī facile alicui crēdit

minister -trī *m* = servus

pharaō -ōnis *m* : commūnis titulus rēgum
  Aegyptiōrum
pincerna -ae *f* = minister pōculī
pistor -ōris *m* = quī pānem cōnficit
ob-venīre
dīvīnitus *adv* = a Deō, dīvīnō modō

solitus -a -um = quī solet esse; trīstiōrēs s.ō =
  trīstiōrēs quam esse solēbant
maestitia -ae *f* < maestus

interpretārī -ātum esse = explānāre

sōlīus *gen* < sōlus -a -um (*gen* -īus, *dat* -ī)
prae-nōscere = nōscere ante

priōris ministrī : ministrī quī pincernīs praeerat

in quiēte : in somnīs
palmes -itis *m* = vītis rāmus
paulātim = paulum ac paulum
  (↔ subitō)
mātūrēscere
  = mātūrus fierī incipere

gemma -ae *f*

ex-primere < ex + premere
re-stituere = reddere | tē restituet .... prīstinum
  : tē iterum pincernīs praepōnet
gradus -ūs *m* : officium pūblicum
prīstinus -a -um = quī anteā fuit

---

succēdēbant. Quam ob rem Iōsēphus benignē habitus est ab erō, quī praefēcit eum domuī suae. Iōsēphus ergō administrābat rem familiārem Pūtiphāris: omnia fīēbant ad nūtum eius, nec Pūtiphar ūllīus negōtiī cūram gerēbat.

45. Pūtiphāris uxor Iōsēphum accūsat, quī in carcerem conicitur

Iōsēphus erat īnsignī et pulchrā faciē: uxor Pūtiphāris eum pelliciēbat ad flāgitium. Iōsēphus autem nōlēbat assentīrī improbae mulierī. Quādam diē mulier apprehendit ōram palliī eius, at Iōsēphus relīquit pallium in manibus eius, et fūgit. Mulier īrāta inclāmāvit servōs et Iōsēphum accūsāvit apud virum, quī, nimium crēdulus, coniēcit Iōsēphum in carcerem.

46. Somnia duōrum rēgis ministrōrum quī in carcere cum Iōsēphō sunt

Erant in eōdem carcere duo ministrī rēgis pharaōnis: alter praeerat pincernīs, alter pistōribus.

Utrīque obvēnit dīvīnitus somnium eādem nocte. Ad quōs cum vēnisset Iōsēphus māne, et animadvertisset eōs trīstiōrēs solitō, interrogāvit quaenam esset maestitiae causa. Quī respondērunt: "Obvēnit nōbīs somnium, nec quisquam est quī illud nōbīs interpretētur." "Nōnne" inquit Iōsēphus, "Deī sōlīus est praenōscere rēs futūrās? Nārrāte mihi somnia vestra."

47. Iōsēphus priōris ministrī somnium interpretātur

Tum prior sīc exposuit Iōsēphō somnium suum: "Vīdī in quiēte vītem in quā erant trēs palmitēs: ea paulātim prōtulit gemmās: deinde flōrēs ērūpērunt, ac dēnique ūvae mātūrēscēbant. Ego exprimēbam ūvās in scyphum pharaōnis, eīque porrigēbam." "Estō bonō animō" inquit Iōsēphus, "post trēs diēs pharaō tē restituet in gradum prīstinum; tē rogō ut meministeris meī."

scyphus -ī *m*

48. Iōsēphus alterīus ministrī somnium interpretātur

Alter quoque nārrāvit somnium suum Iōsēphō: "Gestābam in capite tria canistra, in quibus erant cibī, quōs pistōrēs solent cōnficere. Ecce autem avēs circumvolitābant, et cibōs illōs comedēbant." Cui Iōsēphus: "Haec est interpretātiō istīus somniī: tria canistra sunt trēs diēs, quibus ēlāpsīs, pharaō tē feriet secūrī, et affīget ad pālum, ubi avēs pāscentur carne tuā."

canistrum -ī *n*

secūris -is *f*

49. Rēs somnium comprobant

Diē tertiō, quī diēs nātālis pharaōnis erat, splendidum convīvium parandum fuit. Tunc rēx meminit ministrōrum suōrum, quī erant in carcere. Restituit praefectō pincernārum mūnus suum; alterum vērō secūrī percussum suspendit ad pālum. Ita rēs somnium comprobāvit.

Tamen praefectus pincernārum oblītus est Iōsēphī, nec illīus in sē meritī recordātus est.

50. Pharaōnis somnia

spīca -ae *f*

culmus -ī *m*

Post biennium rēx ipse habuit somnium. Vidēbātur sibi adstāre Nīlō flūminī; et ecce ēmergēbant dē flūmine septem vaccae pinguēs, quae pāscēbantur in palūde. Deinde septem aliae vaccae macilentae exiērunt ex eōdem flūmine, quae dēvorārunt priōrēs. Pharaō experrēctus rūrsus dormīvit, et alterum habuit somnium. Septem spīcae plēnae ēnāscēbantur in ūnō culmō, aliaeque totidem exīlēs succrēscēbant, et spīcās plēnās cōnsūmēbant.

vacca -ae *f*

51. Praefectus pincernārum dē Iōsēphō rēgī nārrat

Ubi illūxit, pharaō perturbātus convocāvit omnēs coniectōrēs Aegyptī, et nārrāvit illīs somnium; at nēmō poterat illud interpretārī. Tum praefectus pincernārum dīxit rēgī: "Cōnfi-

alterīus ministrī : ministrī quī pistōribus praeerat

gestāre = gerere

circum-volitāre = volāre circum
interpretātiō -ōnis *f* < interpretārī
istīus *gen* < iste -a -um (*gen* -īus, *dat* -ī)
ē-lābī -lāpsum esse; diēbus ēlāpsīs : postquam diēs cōnsūmptī erunt
ferīre = percutere; f. secūrī = capite pūnīre
af-fīgere < ad-fīgere

pālus -ī *m*

com-probāre
    = vērum esse ostendere

nātālis -e < nātus

praefectus -ī *m* = is quī praefectus est
mūnus -eris *n* = officium
sus-pendere -pendisse -pēnsum = fīgere (in locō altō)

meritum -ī *n* (< merēre) = beneficium, prō quō aliquis praemium merētur

biennium -ī *n* = duo annī
ad-stāre + *dat* = stāre prope
pinguis -e (↔ *macilentus -a -um*) = crassus
palūs -ūdis *f* = locus ūmidus

dēvorāvērunt | ex-pergīscī -perrēctum esse = ē somnō excitārī

ē-nāscī

exīlis -e = gracilis, tenuis
suc-crēscere (< sub-)

ubi + *perf* = cum prīmum, postquam
il-lūcēscere -ūxisse = lūcēre incipere
coniector -ōris *m* = vir quī somnia explānat

47

teor peccātum meum: cum ego et praefectus pistōrum essē-
mus in carcere, uterque somniāvimus eādem nocte. Erat ibi
puer Hebraeus, quī nōbīs sapienter interpretātus est somnia;
rēs enim interpretātiōnem comprobāvit."

uterque somniāvimus : u. somniāvit

Hebraeus -a -um; H.us -ī *m* = Iūdaeus

52. Iōsēphus pharaōnis somnia interpretātur

Rēx arcessīvit Iōsēphum, eīque nārrāvit utrumque somnium. Tum Iōsēphus pharaōnī: "Duplex" inquit, "somnium
ūnam atque eandem rem significat. Septem vaccae pinguēs et
septem spīcae plēnae sunt septem annī ūbertātis mox ventūrae;
septem vērō vaccae macilentae et septem spīcae exīlēs sunt
totidem annī famis, quae ūbertātem secūtūra est. Itaque, rēx,
praefice tōtī Aegyptō virum sapientem et industrium, quī
partem frūgum recondat in horreīs pūblicīs, servetque dīligenter in subsidium famis secūtūrae."

ūbertās -ātis *f* = cōpia frūgum
ventūrus -a -um *part fut* < venīre

re-condere = repōnere | horreum -ī *n* = aedifi-
cium ubi frūmentum servātur
subsidium -ī *n* = auxilium

53. Iōsēphus tōtīus Aegyptī praefectus creātur

Rēgī placuit cōnsilium; quārē dīxit Iōsēphō: "Num quis
est in Aegyptō sapientior? Nēmō certē fungētur melius illō
mūnere: ēn tibi trādō cūram rēgnī meī." Tum dētrāxit ē manū
suā ānulum, et Iōsēphī digitō īnseruit; induit illum veste
pretiōsā, collō torquem aureum circumdedit, eumque in currū
suō secundum collocāvit.

Iōsēphus erat trīgintā annōs nātus, cum summam potestātem ā rēge accēpit.

fungī + *abl* = praestāre + *acc*

īn-serere -uisse -tum; ī. digitō (*dat*) = pōnere
in digitō
torquem collō (*dat*) circumdare = collum
torque c.

torquis -is *m*

54. Iōsēphus frūmentum congestum recondit quod egestātis tempore vēndat

Iōsēphus perlūstrāvit omnēs Aegyptī regiōnēs, et per
septem annōs ūbertātis congessit māximam frūmentī cōpiam.
Secūta est inopia septem annōrum, et in orbe ūniversō famēs
ingravēscēbat.

Tunc Aegyptiī, quōs premēbat egestās, adiērunt rēgem
postulantēs cibum. Quōs pharaō remittēbat ad Iōsēphum. Hic
autem aperuit horrea, et Aegyptiīs frūmenta vēndidit.

con-gerere (< cum-) = in eundem locum
portāre | egestās -ātis *f* (↔ ūbertās) = inopia
rērum necessāriārum

per-lūstrāre = percurrere

in-gravēscere = gravior/māior fierī

———————————————

Aegyptiī -ōrum *m pl*

48

Iosephus pharaonis somnia interpretatur

PENSA (§ 38-54)

Pēnsum I

Ad interrogāta respondē.

- 1. Cūr Iōsēphus erat frātribus invīsus?
- 2. Nārrā duplex somnium quō Iōsēphī futūra magnitūdō portendēbātur.
- 3. Frāter nātū māximus dissuāsit cēterīs frātribus ā cōnsiliō Iōsēphī occīdendī. Quid ille habēbat in animō?
- 4. Cum Iōsēphum mercātōribus vēndidissent, quid cēterī Iacōbī fīliī fēcērunt?
- 5. Quid vērō fēcit Iacōbus, nūntiō dē Iōsēphī morte audītō?
- 6. Iōsēphus initiō ā Pūtiphāre benignē erat habitus, sed posteā in carcerem est coniectus. Cūr?
- 7. In carcere cum Iōsēphō quī aderant?
- 8. Quid illī Iōsēphō, interrogantī quae esset maestitiae causa, respondērunt?
- 9. Quae fuit Iōsēphī interpretātiō utrīusque somniī?
- 10. Quamdiū Iōsēphus in carcere mānsit?
- 11. Quōmodo inde exiit?
- 12. Quid significant septem vaccae pinguēs et septem macilentae?
- 13. Quod cōnsilium rēx cēpit, postquam Iōsēphī interpretātiōnem audīverat?
- 14. Quibus rēbus Iōsēphum induit et ōrnāvit?

Pēnsum II

Sententiās cōnsecūtīvās cōnfice.

> *Exemplum:* Ēsāus tam īrātus erat ut (Iacōbum interficere velle)
> Ēsāus tam īrātus erat ut *Iacōbum interficere vellet*

- 1. Iacōbus tantopere Iōsēphum amābat, ut _____
     (eum togā ē fīlīs variī colōris textā dōnāre).
- 2. Cēterī Iacōbī fīliī ita Iōsēphō invidēbant, ut _____
     (cōnsilium illīus occīdendī capere).
- 3. Rūbēn tam multum Iōsēphum dīligēbat, ut _____
     (eum cum aliīs frātribus interficere nōn posse).
- 4. Tantus fuit dolor quī prō fīliō āmissō Iacōbum cēpit, ut _____
     (cilicium induere velle).
- 5. Ita crēdulus fuit Pūtiphar, ut _____
     (mulierī mentientī assentīrī et Iōsēphum in carcerem conicere).
- 6. Tam trīstēs sunt ministrī in carcere cum Iōsēphō inclūsī, ut _____
     (causam ille rogāre tantae maestitiae).
- 7. Tālis fuit somniī interpretātiō, ut _____
     (rēs posteā factae somnium comprobāre)

8. Iōsēphus tam bene pharaōnis somnium interpretātur, ut _____
(ab illō līberārī)

9. Pharaō tantopere Iōsēphum dīligit, ut _____
(eī rēgnī cūram trādere)

Pēnsum III
Errāta invenī. XXX verba sunt mūtanda.

Iacōbus prae cēterīs fīliīs Iōsēphum amābat, quia eum senex gignerat. Ille vērō frātribus cārus nōn erat, quod pater eum magis dīligēbat, immō invīsus factus est postquam frātribus duplicem somnium exposuit quō sē ab iīs adōrātūrum esse affirmābat.

Cōnsilium igitur carpsērunt eum interficiendī atque in puteum dētrūdendum. Frāter tamen nātus māximus, quī in animō habēbat Iōsēphum līberāre, eōs ad mītius cōnsilium hīs verbīs dēdūxit: "Nōlīte occīdere puerum, sed eum in hāc foveā dīmittite." Ita igitur fēcērunt ut Rūbēn dīxerat: prīmum Iōsēphum, veste dētractā, in foveā dētrūsērunt, et deinde eum quibusdam mercātōribus in Aegyptum euntibus vēndērunt. Oportēbat tamen aliquō mendāciō patrem dēcipere; togam igitur Iōsēphī ad eum mīsērunt in sanguine cuiusdam haedī tīncta, quam cum agnōverit, lāmentīs implēvit domum, atque tantō animī dolōre affectus est, ut cōnsōlārī ā fīliīs nōn posset.

Iōsēphum intereā ā mercātōribus ēmerat Pūtiphar, vir Aegyptius, quī eum praefēcit domuae suae. Iōsēphus Pūtiphāris rem familiārem dīligenter administrābat, et ab erō suō benignē habēbātur; uxor vērō illīus, Iōsēphī pulchritūdine capta, eum amāre coepit, quī nōlēbat improbam mulierem assentīrī. Ea ergō Iōsēphum accūsāvit atque effēcit ut in carcerem coniciātur. In carcere cum Iōsēphō duo erant ministrī, quōs cum ille vīderit solitō trīstiōrēs, statim interrogāvit ut maestitiae causam cognōscat. Utrīusque somniī Iōsēphus interpretātiōnem dedit, quam rēs comprobāvērunt; nam alter ē ministrīs secūrim percussus ad pālum est suspēnsus, alter vērō, quam Iōsēphus rogāverat ut suī meminerit, tribus diēbus ēlāpsibus, in prīstinum gradum est restitūtus. Duōbus post annīs ipse pharaō somnium habuit, quod nēmō interpretārī poterat; minister igitur quī in carcere cum Iōsēphō fuerat tunc cōnfessus est sē Iōsēphī, quī rēctam somniī interpretātiōnem dederat, oblīvīscisse. Iōsēphō arcessītō rēx utrumque somnium nārrāvit quō, ut explānāvit Iōsēphus, portendēbātur ūbertās ventūra et egestās eam secūtūram, quam ne patitūrī essent Aegyptiī, Iōsēphus suāsit ut in horreīs pūblicīs pars frūgum recondita esset. Cōnsilium rēgem placuit, quī nēminem putāvit melius posse hoc mūnus fungī quam ipse Iōsēphus, cui tōtīus rēgnī cūram trādidit.

Pēnsum IV
Scrībe verba idem aut contrārium significantia.

_____ = praecipuē		_____ = ēgregius
_____ = tam valdē		_____ = allicere
_____ = vincīre		_____ = explānāre
_____ = adōrāre		_____ = reddere
_____ = quem ad fīnem, ad quid		_____ = gerere
_____ = fossa		_____ = percutere
_____ = vērē		_____ = duo annī
_____ = fierī		_____ = ē somnō excitārī

- _____ = gracilis, tenuis
- _____ = repōnere
- _____ = auxilium
- _____ = praestāre
- _____ = officium

_____ ↔ cārus
_____ ↔ ferōx
_____ ↔ subitō
_____ ↔ macilentus
_____ ↔ ūbertās

Pēnsum V

Scrībe verbōrum fōrmās.

- _____ _____ genitum
- texere _____ _____
- dētrūdere _____ _____
- _____ tīnxisse _____
- _____ _____ suspēnsum
- expergīscī _____
- _____ illūxisse
- _____ _____ īnsertum

TERTIA AETAS

(IV) IOSEPHVS

55. Iacōbus fīliōs suōs in Aegyptum mittit ad emendam annōnam, sed fīlium minimum nātū sēcum retinet

Ex aliīs quoque regiōnibus conveniēbātur in Aegyptum ad emendam annōnam. Eādem necessitāte compulsus Iacōbus mīsit illūc fīliōs suōs. Itaque profectī sunt frātrēs Iōsēphī; sed pater retinuit domī nātū minimum, quī vocābātur Beniāmīnus. Timēbat enim nē quid malī eī accideret in itinere.

Beniāmīnus ex eādem mātre nātus erat quā Iōsēphus, ideōque eī longē cārior erat quam cēterī frātrēs.

56. Iōsēphus frātribus recognitīs nōn vult statim indicāre quis ipse sit

Decem frātrēs, ubi in cōnspectum Iōsēphī vēnērunt, eum prōnī venerātī sunt. Agnōvit eōs Iōsēphus, nec ipse est cognitus ab eīs. Nōluit indicāre statim quis esset, sed eōs interrogāvit tamquam aliēnōs: "Unde vēnistis, et quō cōnsiliō?" Quī respondērunt: "Profectī sumus ē regiōne Chanaan ut emāmus frūmentum." "Nōn est ita" inquit Iōsēphus, "sed vēnistis hūc animō hostīlī: vultis explōrāre nostrās urbēs et loca Aegyptī parum mūnīta." At illī: "Minimē" inquiunt, "nihil malī meditāmur: duodecim frātrēs sumus: minimus retentus est domī ā patre, alius vērō nōn superest."

Beniāmīnus -ī *m*, Chanaan *indēcl*

annōna -ae *f*: frūmentum

minor/minimus nātū (*abl*) = minor/minimus aetāte

conveniēbātur (ab iīs) = (iī) conveniēbant
necessitās -ātis *f* < necesse
com-pellere -pulisse -pulsum (< cum-) = cōgere

ideō-que
longē + *comp* = multō

in-dicāre = nōtum facere

prōnus -a -um = iacēns faciē ad solum conversā

hostīlis -e < hostis
ex-plōrāre = rem dīligenter aspicere ut quaerātur quālis sit | mūnītus -a -um = tūtus

meditārī = cōgitāre (dē)

superesse = vīvere

obses -idis *m* = homō quī alicui trāditur nē condiciōnēs rumpantur

angere = cūrā afficere, excruciāre

ex-perīrī (rem) = cognōscere quālis sit (rēs)

minimus *nātū*

meritō *adv* = ut meritum est, iūre

poenam luere (reī) = pūnīrī (ob rem)

interpres -etis *m* = homō quī variīs linguīs loquitur ac sermōnem in alteram linguam vertit

trīticum -ī *n* = frūmentī genus ex quō pānis albus fit

īn-super = praetereā

cibāria -ōrum *n pl* = cibus
cibāria in viam : c. ad iter necessāria

ōs saccī

ut + *perf* = cum prīmum, postquam
gemitus -ūs *m* < *gemere* = querī
orbus -a -um = quī līberōs āmīsit

re-cidere (in aliquem) = accidere (alicui)
si quid adversī : si quid adversum, īnfēlīx
superstes -stitis = salvus, incolumis; nōn poterō eī s. vīvere : eō perditō vīvere nōn poterō | op-primere (< ob + premere); dolōre opprimī = valdē dolēre

57. Iōsēphus ūnum ex frātribus obsidem retinet, dōnec Beniā-mīnus ad sē addūcātur

Illud Iōsēphum angēbat quod Beniāmīnus cum cēterīs nōn aderat. Quārē dīxit iīs: "Experiar an vērum dīxeritis: maneat ūnus ex vōbīs obses apud mē, dum addūcātur hūc frāter vester minimus. Cēterī, abīte cum frūmentō." Tunc coepērunt inter sē dīcere: "Meritō haec patimur: crūdēlēs fuimus in frā-trem nostrum, nunc poenam huius sceleris luimus." Putābant haec verba nōn intellegī ā Iōsēphō, quia per interpretem cum iīs loquēbātur.

58. Iōsēphī frātrēs dīmittuntur

Iōsēphus iussit frātrum saccōs implērī trīticō, et pecūniam quam attulerant repōnī in ōre saccōrum; addidit īnsuper cibāria in viam. Deinde dīmīsit eōs, praeter Simeōnem, quem retinuit obsidem.

Itaque profectī sunt frātrēs Iōsēphī, et cum vēnissent ad patrem, nārrāvērunt eī omnia quae sibi acciderant. Cum ape-ruissent saccōs, ut effunderent frūmenta, mīrantēs repperē-runt pecūniam.

59. Iacōbus Beniāmīnum dīmittere nōn vult

Iacōbus, ut audīvit Beniāmīnum arcessī ā praefectō Aegyptī, cum gemitū questus est: "Orbum mē līberīs fēcistis: Iōsēphus mortuus est; Simeōn retentus est in Aegyptō; Beniāmīnum vultis abdūcere. Haec omnia mala in mē recidunt: nōn dīmittam Beniāmīnum, nam sī quid eī adversī acciderit in viā, nōn poterō eī superstes vīvere, sed dolōre oppressus moriar."

60. Iacōbī fīliī patrī dīcunt sē praefectum Aegyptī sine Beniā-mīnō adīre nōn posse

Postquam cōnsūmptī sunt cibī quōs attulerant, Iacōbus dīxit fīliīs suīs: "Proficīsciminī iterum in Aegyptum ut emātis

---

Simeōn -ōnis *m*

cibōs." Quī respondērunt: "Nōn possumus adīre praefectum Aegyptī sine Beniāmīnō: ipse enim iussit illum ad sē addūcī." "Cūr" inquit pater, "mentiōnem fēcistis dē frātre vestrō minimō?" "Ipse" inquiunt, "nōs interrogāvit an pater vīveret, an alium frātrem habērēmus. Respondimus ad ea quae scīscitābātur; nōn potuimus praescīre eum dictūrum esse: 'addūcite hūc frātrem vestrum'."

prae-scīre = scīre ante

61. Iacōbus tandem eōrum precibus flectitur et Beniāmīnum iīs committit

com-mittere = trādere, crēdere

Tunc Iūdās, ūnus ē fīliīs Iacōbī, dīxit patrī: "Committe mihi puerum: ego illum recipiō in fidem meam: ego servābō, ego redūcam illum ad tē; nisi fēcerō, huius reī culpa in mē residēbit. Sī voluissēs eum statim dīmittere, iam secundō hūc rediissēmus." Tandem victus pater annuit: "Quoniam necesse est" inquit, "proficīscātur Beniāmīnus vōbīscum. Dēferte virō mūnera et duplum pretium, nē forte errōre factum sit ut vōbīs redderētur prior pecūnia."

culpa -ae *f* = causa accūsandī/pūniendī

re-sidēre; culpa in mē r. : ego erō in culpā (: ego pūniar) | secundō *adv* = iterum

dē-ferre

duplus -a -um (< duo) = bis tantus
error -ōris *m* < errāre

62. Iōsēphus iubet lautum convīvium frātribus parārī

lautus -a -um = ōrnātus, magnificus

Nūntiātum est Iōsēphō eōsdem virōs advēnisse, et cum iīs parvulum frātrem. Iussit Iōsēphus eōs intrōdūcī domum, et lautum parārī convīvium. Illī porrō metuēbant nē arguerentur dē pecūniā quam in saccīs reppererant: quārē pūrgāvērunt sē apud dispēnsātōrem Iōsēphī. "Iam semel" inquiunt, "hūc vēnimus: reversī domum, invēnimus pretium frūmentī in saccīs. Nescīmus quōnam cāsū id factum sit; sed eandem pecūniam reportāvimus." Quibus dispēnsātor ait: "Bonō animō estōte." Deinde addūxit ad illōs Simeōnem, quī retentus erat.

arguere = accūsāre

pūrgāre = excūsāre

dispēnsātor -ōris *m* = quī dominī negōtia cūrat

(quōnam) cāsū = quō modō forte

re-portāre

63. Frātrēs ad Iōsēphum addūcuntur

Deinde Iōsēphus ingressus est in conclāve, ubi suī eum frātrēs exspectābant, quī eum venerātī sunt offerentēs mūnera. Iōsēphus eōs clēmenter salūtāvit, interrogāvitque:

conclāve -is *n* : locus in domō intrā quattuor mūrōs | ubi suī eum frātrēs : ubi eius frātrēs eum

---

Iūdās -ae *m*

"Salvusne est senex ille quem vōs patrem habētis? Vīvitne adhūc?" Quī respondērunt: "Salvus est pater noster, adhūc vīvit."

Iōsēphus autem, coniectīs in Beniāmīnum oculīs, dīxit: "Iste est frāter vester minimus, quī domī remānserat apud patrem?" Et rūrsus: "Deus sit tibi propitius, fīlī mī." Et abiit festīnāns, quia commōtus erat animō, et lacrimae ērumpēbant.

64. Iōsēphus dispēnsātōrem iubet scyphum suum argenteum in saccō Beniāmīnī occultē pōnere

Iōsēphus, lōtā faciē, regressus continuit sē, et iussit appōnī cibōs. Tum distribuit ēscam ūnīcuique frātrum suōrum: sed pars Beniāmīnī erat quīnquiēs tantō māior quam cēterōrum. Perāctō convīviō, Iōsēphus dat negōtium dispēnsātōrī ut saccōs eōrum impleat frūmentō, pecūniam simul repōnat, et īnsuper scyphum suum argenteum in saccō Beniāmīnī recondat. Ille fēcit dīligenter quod iussus fuerat.

65. Iōsēphus dispēnsātōrī mandāta dat ut frātrēs modo profectōs assequātur

Frātrēs Iōsēphī sēsē in viam dederant, necdum procul ab urbe aberant. Tunc Iōsēphus vocāvit dispēnsātōrem domūs suae, eīque dīxit: "Persequere virōs, et cum eōs assecūtus eris, illīs dīcitō: quārē iniūriam prō beneficiō rependistis? Surripuistis scyphum argenteum quō dominus meus ūtitur: improbē fēcistis." Dispēnsātor mandāta Iōsēphī perfēcit: ad eōs cōnfestim advolāvit; fūrtum exprobrāvit; reī indignitātem exposuit.

66. Scyphus in Beniāmīnī saccō dēprehenditur

Frātrēs Iōsēphī respondērunt dispēnsātōrī: "Istud sceleris longē ā nōbīs aliēnum est: nōs, ut tūte scīs, rettulimus bonā fidē pecūniam repertam in saccīs; tantum abest ut fūrātī sīmus scyphum dominī tuī. Apud quem fūrtum dēprehēnsum erit, is morte multētur."

propitius -a -um = favēns

com-movēre -mōvisse -mōtum = permovēre (animum)

occultus -a -um = quī occultātur, latēns; *adv* -ē
lōtus -a -um (*part* < lavāre) = lautus
re-gredī -gressum esse ↔ prōgredī
continuit sē = sē (: animum suum) retinuit
dis-tribuere -uisse -ūtum = dīvidere

per-agere = perficere, ad fīnem agere

quod iussus fuerat : quod eum Iōsēphus iusserat

mandātum -ī *n* = imperium

as-sequī (< ad-)

sēsē in viam dederant : iter facere coeperant
nec-dum = et nōndum

dīcitō! = dīc!
re-pendere = reddere, referre

ad-volāre; advolāvit : celeriter cucurrit
exprobrāre = reprehendere
indignitās -ātis *f* = factum indignum

dē-prehendere = (inexspectātum) invenīre

istud sceleris = istud scelus

tūte = tū

tantum abest ut = tam multum abest, tam longē ā nōbīs est ut | fūrārī = fūrtum facere
is, apud quem ...

multāre = pūnīre; morte m. = capite pūnīre

Continuō dēpōnunt saccōs et aperiunt, quōs ille scrūtātus invēnit scyphum in saccō Beniāmīnī.

scrūtārī -ātum esse = dīligenter aspicere

67. Frātrēs Iōsēphī maerōre oppressī in urbem revertuntur

maeror -ōris *m* < maerēre

Tunc frātrēs Iōsēphī maerōre oppressī revertuntur in urbem. Adductī ad Iōsēphum, sēsē abiēcērunt ad pedēs illīus. Quibus ille: "Quōmodo" inquit, "potuistis hoc scelus admittere?"

scelus admittere = s. facere

Iūdās respondit: "Fateor, rēs est manifēsta: nūllam possumus excūsātiōnem afferre, nec audēmus petere veniam aut spērāre: nōs omnēs erimus servī tuī." "Nēquāquam," ait Iōsēphus, "sed ille apud quem inventus est scyphus erit mihi servus; vōs autem abīte līberī ad patrem vestrum."

manifēstus -a -um ↔ dubius

ex-cūsātiō -ōnis *f* < excūsāre

nē-quāquam = nūllō modō

68. Iūdās ōrat ut ipse prō Beniāmīnō in servitūtem addīcātur

addīcere = dare

Tunc Iūdās accēdēns propius ad Iōsēphum: "Tē ōrō," inquit, "domine mī, ut bonā cum veniā mē audiās: pater ūnicē dīligit puerum; nōlēbat prīmō eum dīmittere: nōn potuī id ab eō impetrāre, nisi postquam spopondī eum tūtum ab omnī perīculō fore. Sī redierimus ad patrem sine puerō, ille maerōre cōnfectus moriētur. Tē ōrō atque obsecrō, ut sinās puerum abīre, mēque prō eō addīcās in servitūtem: ego poenam, quā dignus est, mihi sūmō et exsolvam."

ūnicē = māximē, mīrum in modum

impetrāre = habēre id quod precibus rogātur
spondēre spopondisse spōnsum = prōmittere
fore = futūrum esse

cōnficī (aliquā rē) = cōnsūmī, invalidus fierī
ob-secrāre = precārī (per Deum/deōs)

ex-solvere; poenam e. = pūnīrī

69. Iōsēphus frātribus sē nōtum facit

Intereā Iōsēphus continēre sē vix poterat: quārē iussit Aegyptiōs adstantēs recēdere. Tum flēns dīxit magnā vōce: "Ego sum Iōsēphus; vīvitne adhūc pater meus?" Nōn poterant respondēre frātrēs eius nimiō timōre perturbātī. Quibus ille amīcē: "Accēdite" inquit, "ad mē: ego sum Iōsēphus, frāter vester, quem vēndidistis mercātōribus euntibus in Aegyptum; nōlīte timēre: Deī prōvidentiā id factum est, ut ego salūtī vestrae cōnsulerem."

prōvidentia -ae *f* < *prō-vidēre* (= ante vidēre et cūrāre)
cōn-sulere + *dat* = prōdesse

Iosephus fratribus se notum facit

70. Iosēphus frātrēs hortātur ut cum patre in Aegyptum com-migrent

Iōsēphus, haec locūtus, frātrem suum Beniāmīnum com-plexus est, eumque lacrimīs cōnspersit.

Deinde cēterōs quoque frātrēs collacrimāns ōsculātus est. Tum dēmum illī cum eō fīdenter locūtī sunt. Quibus Iōsēphus: "Īte," inquit, "properāte ad patrem meum, eīque nūntiāte fī-lium suum vīvere, et apud pharaōnem plūrimum posse: per-suādēte illī ut in Aegyptum cum omnī familiā commigret."

com-migrāre (< cum-)

cōn-spergere -sisse -sum = aspergere

col-lacrimāre (< cum-)

suum : eius
plūrimum *sup* < multum; p. posse = magnam potestātem habēre
omnī : tōtā

71. Pharaō multa dōna per Iōsēphī frātrēs ad Iacōbum mittit

Fāma dē adventū frātrum Iōsēphī ad aurēs rēgis pervēnit, quī dedit iīs mūnera perferenda ad patrem cum hīs mandātīs: "Addūcite hūc patrem vestrum et omnem eius familiam, nec multum cūrāte supellectilem vestram, quia omnia quae opus erunt, vōbīs praebitūrus sum, et omnēs opēs Aegyptī vestrae erunt." Mīsit quoque currūs ad vehendum senem, et parvulōs, et mulierēs.

adventus -ūs *m* < advenīre

per-ferre

supellex -ectilis *f* = rēs quibus domus ōrnātur (ut lectī, sellae, mēnsae, vāsa, pōcula, cēt.)
quae opus erunt = quibus opus erit
praebēre -uisse -itum = dare, offerre

parvulus -a -um = valdē parvus; p.us -ī *m* = īnfāns | *ad vehendōs* parvulōs, *ad vehendās* mulierēs

72. Iōsēphī frātrēs eum vīvere patrī nūntiant

Frātrēs Iōsēphī festīnantēs reversī sunt ad patrem suum, eīque nūntiāvērunt Iōsēphum vīvere, et prīncipem esse tōtīus Aegyptī. Ad quem nūntium Iacōbus, quasi ē gravī somnō excitātus, obstupuit, nec prīmum fīliīs rem nārrantibus fidem adhibēbat. Sed, postquam vīdit plaustra et dōna sibi ā Iōsēphō missa, recēpit animum, et: "Mihi satis est" inquit, "sī vīvit adhūc Iōsēphus meus: ībō, et vidēbō eum antequam moriar."

plaustrum -ī *n*

ob-stupēscere -puisse = stupēre incipere

adhibēre + *acc* = ūtī + *abl*; a. fidem = fīdere

73. Iacōbus cum fīliīs et nepōtibus profectus Aegyptum petit

Iacōbus profectus cum fīliīs et nepōtibus pervēnit in Aegy-ptum, et praemīsit Iūdam ad Iōsēphum ut eum faceret certiō-rem dē adventū suō. Cōnfestim Iōsēphus prōcessit obviam patrī: quem ut vīdit, in collum eius īnsiluit, et flēns flentem complexus est. Tum Iacōbus: "Satis diū vīxī" inquit, "nunc aequō animō moriar, quoniam cōnspectū tuō fruī mihi licuit, et tē mihi superstitem relinquō."

nepōs -ōtis *m* = fīlius fīliī/fīliae

(aliquem) dē rē certiōrem facere = (alicui) rem nūntiāre

ut + *perf* = cum prīmum, postquam
Iacōbum flentem

Iacobus cum filiis et nepotibus Aegyptum petit

74. Iōsēphus patrem suum advēnisse pharaōnī nūntiat

Iōsēphus adiit pharaōnem, eīque nūntiāvit patrem suum advēnisse; cōnstituit etiam quīnque ē frātribus suīs cōram rēge. Quī eōs interrogāvit quidnam operis habērent: illī respondērunt sē esse pāstōrēs. Tum rēx dīxit Iōsēphō: "Aegyptus in potestāte tuā est: cūrā ut pater et frātrēs tuī in optimō locō habitent; et sī quī sint inter eōs gnāvī et industriī, trāde eīs cūram pecorum meōrum."

cōnstituit ... cōram rēge : dūxit quīnque frātrēs ad rēgem
quidnam operis : quod opus

gnāvus -a -um = impiger, dīligēns

75. Iōsēphus patrem suum ad pharaōnem addūcit

Iōsēphus addūxit quoque patrem suum ad pharaōnem, quī, salūtātus ā Iacōbō, percontātus est ab eō quā esset aetāte. Iacōbus respondit rēgī: "Vīxī centum et trīgintā annōs, nec adeptus sum senectūtem beātam avōrum meōrum." Tum, bene precātus rēgī, discessit ab eō. Iōsēphus autem patrem et frātrēs suōs collocāvit in optimā parte Aegyptī, eīsque omnium rērum abundantiam suppeditāvit.

ad-ipīscī -eptum esse = (rem optandam) habēre incipere | senectūs -ūtis f = aetās senis | avī -ōrum m pl = quī ante nōs vīxērunt

abundantia -ae f = magna cōpia
suppeditāre = offerre (rem ūtilem)

76. Iacōbus ā Iōsēphō postulat ut in māiōrum sepulcrō condātur

Iacōbus vīxit septem et decem annōs postquam commigrāverat in Aegyptum. Ubi sēnsit mortem sibi imminēre, arcessītō Iōsēphō dīxit: "Sī mē amās, iūrā tē id facturum esse quod ā tē petam, scīlicet ut nē mē sepeliās in Aegyptō, sed corpus meum trānsferās ex hāc regiōne, et condās in sepulcrō maiōrum meōrum." Iōsēphus autem: "Faciam" inquit, "quod iubēs, pater." "Iūrā ergō mihi" ait Iacōbus, "tē certō id factūrum esse." Iōsēphus iūrāvit in verba patris.

māiōrēs -um m pl = avī
con-dere = pōnere (in tūtō locō)

im-minēre + dat = impendēre

scīlicet petam ut nē mē ... trānsferas : nē mē sepelias ... sed ut corpus meum trānsferas ...
sepelīre = (hominem mortuum) terrā/lapide operīre

iūrāre in verba patris : iūrāre verba dīcendō ā patre anteā dicta

77. Iōsēphus duōs fīliōs suōs ad patrem addūcit ut iīs bene precētur

Iōsēphus addūxit ad patrem duōs fīliōs suōs, Manassem et Ephraīmum; posuit Manassem, quī nātū māior erat, ad dextram senis, Ephraīmum vērō, minōrem, ad sinistram eius. At Iacōbus, decussāns manūs, dextram imposuit Ephraīmō,

minōrem nātū

decussāre : littera X fōrmam habet decussātam

Manasses -is m, Ephraïmus -ī m

61

com-mūtāre (< cum-)

prūdēns : prūdenter

sinistram autem Manassī, et utrīque simul bene precātus est. Quod Iōsēphus animadvertēns aegrē tulit, et cōnātus est manūs patris commūtāre. At pater restitit, dīxitque Iōsēphō: "Sciō, fīlī mī, sciō hunc esse māiōrem nātū, et illum minōrem: id prūdēns fēcī."

Ita Iacōbus Ephraīmum Manassī anteposuit.

prae-cipere -cēpisse -ceptum = faciendum esse dīcere, imperāre | ex-stinguere -īnxisse -īnctum ↔ accendere; *pass* = perīre, morī

78. Iōsēphus praecipit ut pater exstīnctus in regiōne Chanaan sepeliātur

ruere = cadere, sē prōicere

lūgēre lūxisse; lūgēre aliquem = l. ob mortem alicuius
condīre corpus = facere ut corpus mortuum arte integrum servētur
dē-portāre

fūnus -eris *n*; f. facere = corpus mortuum sepelīre
planctus -ūs *m* < *plangere* (= pectus pulsāre [ob alicuius mortem], maerēre)

Ut vīdit Iōsēphus exstīnctum patrem, ruit super eum flēns, et ōsculātus est eum, lūxitque illum diū.

Deinde praecēpit medicīs ut condīrent corpus; et ipse cum frātribus, multīsque Aegyptiīs patrem dēportāvit in regiōnem Chanaan. Ibi fūnus fēcērunt cum magnō planctū, et sepelīvērunt corpus in spēluncā ubi iacēbant Abrāhāmus et Isaacus; reversīque sunt in Aegyptum.

spēlunca -ae *f*

79. Frātrēs Iōsēphus cōnsōlātur

ulcīscī = pūnīre

mīsērunt igitur ad illum *nūntiōs* rogantēs

con-dōnāre = ignōscere

malō animō

lēniter < lēnis

Post mortem patris timēbant frātrēs Iōsēphī nē ulcīscerētur iniūriam quam accēperat. Mīsērunt igitur ad illum rogantēs nōmine patris ut eam oblīvīscerētur, sibique condōnāret. Quibus Iōsēphus respondit: "Nōn est quod timeātis. Vōs quidem malō in mē animō fēcistis, sed Deus convertit illud in bonum: ego vōs alam et familiās vestrās. Cōnsōlātus est eōs plūrimīs verbīs, et lēniter cum illīs locūtus est."

80. Iōsēphus moritur

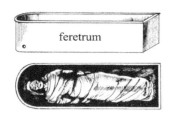

feretrum

praesidium -ī *n* = quod tuētur; praesidiō (*dat*) esse alicui = aliquem tuērī

ob-testārī = precārī (Deō/diīs testibus)
ossa : corpus mortuum | ob-īre = morī
condītus -a -um < condīre
feretrum -ī *n* = quod corpus mortuum continet

Iōsēphus vīxit annōs centum et decem; cumque esset mortī proximus, convocāvit frātrēs suōs, et illōs admonuit sē brevī moritūrum esse. "Ego" inquit, "iam morior; Deus vōs nōn dēseret, sed erit vōbīs praesidiō, et dēdūcet vōs aliquandō ex Aegyptō in regiōnem quam patribus nostrīs prōmīsit. Ōrō vōs atque obtestor ut illūc ossa mea dēportētis." Deinde placidē obiit. Corpus eius condītum est, et in feretrō positum.

PENSA (§ 55-80)

Pēnsum I

Coniunge sententiās.

- 1. Iacōbus fīliōs in Aegyptum mīsit
- 2. Iōsēphus nōluit statim indicāre quis ipse esset frātribus,
- 3. Iōsēphus eōs vēnisse dīxit
- 4. Iōsēphum illud angēbat,
- 5. Cum Iōsēphus experīrī vellet an vērum dīxissent,
- 6. Iūdās patrem rogat
- 7. Apud dispēnsātōrem frātrēs sē pūrgāvērunt,
- 8. Cum certī essent sē Iōsēphī scyphum nōn esse fūrātōs,
- 9. Iūdās, cui Beniāmīnus erat commissus,
- 10. Deī prōvidentiā esse factum affīrmāvit Iōsēphus,
- 11. Nūntiō dē Iōsēphī frātrum adventū audītō,
- 12. Iacōbō postulantī ut in avōrum sepulcrō conderētur,
- 13. Ut pater exstīnctus Chanaan ferrētur

- Iōsēphus praecēpit.
- ut Aegyptī loca parum mūnīta explōrārent.
- quī eum prōnī venerātī sunt.
- ut ipse frātrum salūtī cōnsuleret.
- quod Beniāmīnus cum cēterīs nōn aderat.
- ad emendam annōnam.
- rēx mūnera ad eius patrem mittī iussit.
- dīxērunt morte esse multandum eum apud quem fūrtum esset dēprehēnsum.
- ut Beniāmīnus sibi committātur.
- Iōsēphus spopondit sē id esse cūrātūrum.
- ōrāvit Iōsēphum ut ipse prō illō poenam exsolveret.
- nē dē pecūniā arguerentur quam in saccīs reppererant.
- frātrem minimum nātū addūcī iussit.

Pēnsum II

Interrogā id, quod ad haec respōnsa convenit.

- 1. Ad annōnam emendam.
- 2. Quia ex eādem mātre nātus erat quā Iōsēphus.
- 3. Dīxit eōs hostīlī animō Aegyptum petīvisse ut loca parum mūnīta explōrārent.
- 4. Quod Beniāmīnus cum cēterīs frātribus nōn erat.
- 5. Ūnum ex frātribus obsidem retinuit, dōnec Beniāmīnus ad sē addūcerētur.
- 6. Initiō Beniāmīnum pater dīmittere nōluit, sed posteā, Iūdā hortante, cēterōrum fīliōrum postulātiōnī annuit.
- 7. Quia animō commōtus erat et lacrimae ex oculīs ērumpēbant.
- 8. Dispēnsātōrī Iōsēphus imperāvit ut eōrum saccōs frūmentō implēret et īnsuper scyphum suum argenteum in Beniāmīnī saccō reconderet.
- 9. Fūrtō exprobrātō, frātrēs in urbem revertuntur.

10. Iūdās ōrāvit Iōsēphum ut ipse prō Beniāmīnō in servitūtem addīcerētur.
11. Cum Iōsēphus sē nōtum fēcisset, frātrēs prīmum timōre sunt perturbātī, et posteā cum eō amīcē sunt collocūtī.
12. Postquam plaustra vīdit, Iacōbus fidem adhibuit fīliīs rem nārrantibus.
13. Iacōbus dīxit sē centum et trīgintā annōs nātum esse.
14. Ā Iōsēphō postulat ut in māiōrum sepulcrō condātur.
15. Ephraīmum Manassī anteposuit.

Pēnsum III

Vocābula in fōrmā pōne. Litterae, quae in quadrātīs nigriōribus positae erunt, sententiam efficient ex sacrīs librīs prōmptam.

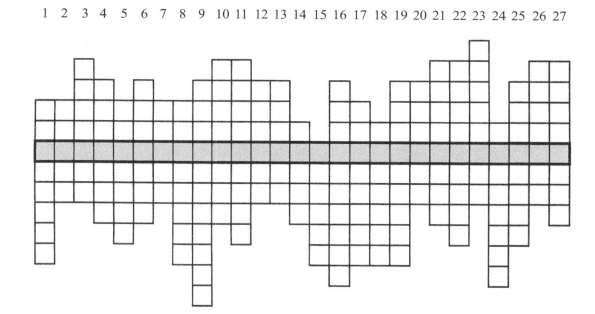

1 2 3 4 5 6 7 8 9 10 11 12 13 14 15 16 17 18 19 20 21 22 23 24 25 26 27

1. = nōtum facere.
2. Hōc modō Iōsēphī frātrēs eum venerātī sunt.
3. Inter frātrēs erat Beniāmīnus aetāte.
4. = tūtus.
5. Ad eam emendam Iacōbus fīliōs in Aegyptum mīsit.
6. = praetereā.
7. Tālis fuit Simeōn apud Iōsēphum.
8. = cōgitāre (dē).
9. Per eum Iōsēphus cum frātribus loquēbātur.
10. Accidere (alicui) = (in aliquem) _____
11. < ob + premere.
12. Tāle fuit convīvium quod Iōsēphus parārī iussit.

13. = et nōndum.
14. *Part* < lavāre.
15. < maerēre.
16. Tāle erat Beniāmīnī scelus.
17. Illud perfēcit dispēnsātor.
18. = (capite) pūnīre.
19. = prōdesse.
20. = fūrtum facere.
21. = dare, offerre.
22. < excūsāre.
23. = aetās senis.
24. = rēs quibus domus ōrnātur.
25. In eā Iacōbus est sepultus.
26. = facere ut corpus mortuum arte integrum servētur.
27. = quō corpus mortuum continētur.

Pēnsum IV

Ubi verba crassiōribus litterīs scrīpta vidēs, pōne alia vocābula (singula aut iūncta) idem significantia, quae in indice sunt.

Cavē tamen: nam cum verba in sententiā mūtāveris, fierī poterit ut alia quoque vocābula, ut syntaxis postulat, sint mūtanda.

- arguere
- assentīrī
- biennium
- comprobāre
- congerere
- conicere
- cōnsilium capere
- cūram gerere
- dētrūdere
- diciō
- duplex
- egestās
- exīlis
- extrahere
- ferīre (secūrī)
- fovea
- fungī
- in animō habēre
- īnserere
- īnsignis
- interpretārī
- invīsus
- ligāre
- meditārī
- minister
- mītigāre
- officium
- pellicere
- pinguis
- prae cēterīs
- praeficere
- reāpse
- recondere
- restituere
- senectūs
- suspendere
- tantopere
- tingere
- ūbertās
- venerārī

Iacōbō duodecim fuērunt fīliī, inter quōs Iōsēphus erat, quem pater **senex** genuerat. Pater eum **magis quam cēterōs** līberōs dīligēbat, frātrēs vērō eum **tam valdē** ōderant ut vix possent cum eō, quī **ūnum et alterum** somnium nārrāre solēbat, hūmānē agere. Haec erant eius somnia: "Simul **vinciēbāmus**" dīcēbat Iōsēphus, "manipulōs in agrō. Meus tamen manipulus surgēbat et rēctus stābat, vestrī autem manipulī, quī circum stābant, meum **adōrābant**. Mē adōrābant etiam sōl, lūna et ūndecim stēllae, quās vīdī in alterō somniō." Frātrēs, quibus Iōsēphus iam **cārus nōn erat**, cum tālia audīvissent, coepērunt eum reprehendere dīcentēs 'sē numquam in eius **potestāte** futūrōs esse'. Pater tamen rem tacitus **cōnsīderābat**.

Quādam diē frātribus gregēs pāscentibus in mentem vēnit audāx Iōsēphī occīdendī cōnsilium, quod, nisi Rūbēn restitisset, **vērē** fēcissent. Ille enim, cum **vellet** Iōsēphum servāre, frātribus suāsit ut eum in **fossam** quandam, quae ibi erat, **pellerent**, unde posteā, cēterīs absentibus, ipse **ēdūceret**. **Cōnstituērunt** tamen Iōsēphum in foveā inclūsum quibusdam mercātōribus vēndere Aegyptum petentibus, atque patrem dēcipere eius togam ostendendō sanguine cuiusdam haedī **ūmidam factam**. Quī, cum eam vīdisset, cilicium induit atque animī dolōre affectus est quī **lēnīrī** nōn poterat.

Iōsēphus intereā ā Putiphāre ēmptus est, virō Aegyptiō, quī eum **praeposuit** domuī suae ut rem familiārem **cūrāret**. Uxor autem Pūtiphāris Iōsēphī **ēgregiā** pulchritūdine ita capta est ut eum ad dominī fidem fallendam **alliceret**; quod cum facere Iōsēphus nōluisset, statim improba illa fēmina eum apud virum suum **accūsāvit** effēcitque ut in carcerem **iacerētur**. Ibi Iōsēphus duōs rēgis **servōs** convēnit, quōrum alter pincerna, alter vērō pistor erat. Uterque trīstior solitō vidēbātur, quod somnium habuerat difficile intellēctū. Iōsēphus autem interpretātiōnem dedit, quam posteā rēs **vēram esse ostendērunt**, nam ex illīs alterum in prīstinum gradum **reddī**, alterum vērō **capite pūnīrī** et pālō **fīgī** rēx iussit, ut Iōsēphus dīxerat.

Duōbus post **annīs** ipse pharaō somnium habuit quō vīdit septem vaccās macilentās dēvorāre septem vaccās **crassās**, et septem spīcās **tenuēs** in eōdem culmō ēnātās cōnsūmere septem spīcās plēnās. Cum nēmō ex coniectōribus somnium **explānāre** posset, Iōsēphus est arcessītus quī utrumque somnium idem significāre dīxit, id est magnam **frūgum cōpiam** mox ventūram, et magnam **rērum necessāriārum inopiam** eam septem post annōs secūtūram. Tunc rēgī quid esset faciendum postulantī, Iōsēphus suāsit ut partem frūgum **repōneret** in pūblicīs horreīs in subsidium famis futūrae, atque ut aliquem invenīret hominem quī **mūnus** frūmentī **in eundem locum portandī** ac dīligenter servandī **praestāret**. Quae cum audīvisset pharaō, sē **idem** atque eum **sentīre** affirmāvit, atque ānulō in Iōsēphī digitō **positō** eiusque collō torque circumdatō, nūllum hominem posse hoc officium melius cūrāre quam ipsum Iōsēphum dīxit.

Pēnsum V

Ubi verba crassiōribus litterīs scrīpta vidēs, pōne alia vocābula (singula aut iūncta) idem significantia, quae in indice sunt.

    Cavē tamen: nam cum verba in sententiā mūtāveris, fierī poterit ut alia quoque vocābula, ut syntaxis postulat, sint mūtanda.

addīcere
adipīscī
admittere
angere
annōna
arguere
certiōrem facere
cibāria
collacrimāre
commigrāre
committere
commovēre
compellere
cōnspergere
cōnsulere
dēprehendere
distribuere
experīrī
exprobrāre
exsolvere
  (poenam)
fidem adhibēre
fore
fūnus (facere)
fūrārī
gnāvus
imminēre
indicāre
īnsuper
lautus
longē
māiōrēs
mandātum
manifēstus
meritō

Sīc igitur factum est ut Iōsēphus dīxerat. Septem annōs ūbertātis secūtī sunt totidem annī inopiae quibus multī hominēs, neque tantum Aegyptiī, necessitāte **coāctī** Iōsēphum adiērunt annōnam emendī causā. Inter eōs hominēs etiam Iōsēphī frātrēs fuērunt quī, cum eum convēnissent neque agnōvissent, **faciē ad solum conversā** eum adōrāvērunt. Iōsēphus tamen frātribus cōnspectīs sē statim **nōtum facere** nōluit, coepitque eōs interrogāre dē itineris causā; quī respondērunt sē duodecim frātrēs esse ē regiōne Chanaan profectōs ad **frūmentum** emendum. Cum autem id Iōsēphus 'vērum esse sē nōn crēdere' dīxisset, dē eōrum familiā frātrēs, quōs hostīlī animō vēnisse affirmābat, percontātus est ut plūra scīret. Illī igitur dīxērunt sē nihil malī meditārī atque sine duōbus frātribus vēnisse, quōrum alter nōn iam **vīvēbat**, alter vērō, quī patrī **multō** cārior erat, domī mānserat. Hīs audītīs Iōsēphus **excruciābātur** quod frāter minimus nātū cum cēterīs nōn aderat, atque modum excōgitābat quō eum ad sē addūcī posset. Sīc ergō locūtus est: "**Vidēbō** an vērum dīxeritis: ūnō vestrum obside retentō, hūc addūcātur frāter minimus." Hōc **imperiō** acceptō frātrēs – quōrum saccōs Iōsēphus implērī occultē iusserat **cibō** et pecūniā ab iīs allātā – trīstēs abiērunt dīcentēs sē **iūre** ita **pūnīrī** ob malum quō Iōsēphum affēcerant.

In patriam **reversī** omnia patrī nārrāvērunt quī initiō Beniāmīnum dīmittere nōluit, deinde vērō, necessitāte frūmentī iterum emendī compulsus, eum **trādidit** cūstōdiendum Iūdae, ūnī ex fīliīs, **imperāvit**que ut duplum pretium Iōsēphō afferrētur additīs **praytereā** mūneribus.

Cum Beniāmīnō igitur profectī in Aegyptum pervēnērunt ubi, nē dē fūrtō **accūsārentur**, cum pecūniam in saccīs repperissent, statim apud dispēnsātōrem sē **excūsāvērunt** dīcentēs sē nescīre **quō modō forte** id esset factum. Ille, ā Iōsēphō admonitus, frātrem retentum ad eōs comitātur atque omnēs in conclāve addūcit ubi convīvium **magnificum** erat parātum. Ibi Iōsēphus – quī iam anteā frātrēs convēnerat atque breve tantum tempus interrogāverat, cum animō **permōtus** lacrimīsque ērumpentibus abīre esset coāctus – cibōs appōnī iussit quōs ipse frātribus **dīvīsit**. Convīviō **perfectō** illī sēsē in viam dederant laetī, sed **nōndum** procul ab urbe erant cum dispēnsātor, Iōsēphī mandātō oboediēns, ad eōs pervēnit fūrtī **reprehendendī** causā. Nam

- multāre
- nēquāquam
- necdum
- obsecrāre
- obstupēscere
- opprimere
    (maerōre)
- peragere
- poenam luere
- praebēre
- praecipere
- prōnus
- pūrgāre
- quōnam cāsū
- recidere (in
    aliquem)
- regredī
- rependere
- scrūtārī
- spondēre
- superesse
- suppeditāre

cum dīligenter saccōs **aspiceret**, Iōsēphī scyphum **inexspectātum invēnit** quod Beniāmīnus – capite ob hanc rem **pūniendus** – **surripuisse** vidēbātur. Frūstrā frātrēs sē dēfendere sunt cōnātī affīrmantēs sē, quī pecūniam in saccīs repertam reportāvissent, iniūriam prō beneficiō **reddere** nōn potuisse. Illīs tamen, **valdē dolentibus** quod sibi hoc malī **accidisset**, verba nōn multum prōfuērunt et in urbem redeundum fuit. Ibi frātrēs abiectī ad pedēs Iōsēphī mīrantis eōs tantum sceleris **fēcisse**, veniamque dēspērantēs, cum rēs **nōn** sit **dubia**, sē omnēs eius servōs **futūrōs esse** dīcunt. Iōsēphus vērō id **nūllō modō** fierī posse respondit, atque iubet eum servum fierī, apud quem fūrtum erat dēprehēnsum. Tunc igitur Iūdās, cui Beniāmīnus erat commissus, propius accēdit et "Tē ōrō atque **precor**" inquit, "ut mē eius locō in servitūtem **dēs**, et puerum līberum dīmittās quem ego hūc dūcere potuī dumtaxat postquam patrī **prōmīseram** eum ab omnī perīculō tūtum fore. Faciās, mī domine, ut ipse prō eō **pūniar**." Tandem Iōsēphus, quī sē continēre vix potest, sīc exclāmat: "Iōsēphus, Iōsēphus ego sum quem mercātōribus vēndidistis. Nōlīte timēre! Deī prōvidentiā id factum est, ut salūtī vestrae **prōdessem**." Omnēsque **lacrimāns** complexus est.

Inde frātrēs, Iōsēphō hortante ut cum patre et tōtā familiā in Aegyptum **migrārent**, ad Iacōbum rediērunt quī prīmum, rē audītā, **stupuit** neque iīs nārrantibus **cōnfīsus est**, posteā vērō, mūneribus et plaustrīs cōnspectīs, crēdidit et in Aegyptum īre cōnstituit ubi pharaō ipse iīs multa **datūrus erat**.

Cum igitur Iacōbum advenientem vīdisset, obviam patrī Iōsēphus est prōgressus et eum lacrimantem lacrimīs ipse **aspersit**. Pharaōnī posteā **nūntiāvit** patrem suum advēnisse, quī benignē eum recēpit et rērum omnium abundantiam Iacōbō – quī hōc modō senectūtem beātam **avōrum** suōrum **habēre** potuit – eiusque fīliīs **impigrīs obtulit**. Nōluit tamen ille, quī mortem sibi **impendēre** sentiēbat, in Aegyptō **sepelīrī**; Iōsēphō itaque arcessītō praecēpit ut iūrāret sē eum in māiōrum sepulcrō conditūrum esse; quod ille spopondit iūrāvitque.

Moises ab aquis servatur

QVARTA AETAS

(I) Fvga ex Aegypto: Moises et Iosve

81. Post Iōsēphī mortem Hebraeōs Aegyptiī persequuntur

Intereā posterī Iacōbī, seu Hebraeī, numerō auctī sunt mīrum in modum, et eōrum multitūdō crēscēns in diēs metum incutiēbat Aegyptiīs. Rēx novus soliō potītus est, quī Iōsēphum nōn vīderat, nec merita eius recordābātur. Is igitur, ut Hebraeōs opprimeret, prīmum dūrīs illōs labōribus cōnficiēbat, deinde ēdīxit etiam ut parvulī eōrum recēns nātī in flūmen prōicerentur.

in diēs : cotīdiē
in-cutere; eīs metum incutiēbat : faciēbat ut iī metuerent | solium -ī *n* = magna rēgis sella (: rēgis imperium)
potīrī -ītum esse (rē) = rem suam facere

cōnficere = afficere, premere

ē-dīcere = pūblicē imperāre
recēns *adv* = nūper

82. Nāscitur Moisēs

Mulier Hebraea peperit fīlium, quem, cum vidēret fōrmōsum, voluit servāre. Quārē abscondit eum tribus mēnsibus; sed cum nōn posset eum diūtius occultāre, sūmpsit fiscellam, quam linīvit bitūmine ac pice; deinde posuit intus īnfāntulum, et exposuit eum inter harundinēs rīpae flūminis. Habēbat sēcum ūnam comitem sorōrem puerī, quam iussit stāre procul, ut ēventum reī explōrāret.

pix

tribus mēnsibus : per trēs mēnsēs

bitūmen -inis *n*, pix picis *f* = māteriae nigerrimae, quibus lignum linītur servandī causā
īnfantulus -ī *m* = parvus īnfāns

harundō -inis *f*

fiscella -ae *f*

ēventus -ūs *m* (< ē-venīre) = quod ēvenit, fortūna

83. Pharaōnis fīlia īnfantis miserita ab aquīs eum servat

Mox fīlia pharaōnis vēnit ad flūmen, ut ablueret corpus. Prōspexit fiscellam in harundinibus haerentem, mīsitque illūc ūnam ē famulābus suīs. Apertā fiscellā, cernēns parvulum

miserērī -seritum esse + *gen* = miser esse (ob alicuius malam fortūnam)

ab-luere = lavāre

haerēre = fīxus esse, movērī nōn posse

famula -ae *f* (*dat/abl pl* -ābus) = ancilla

Moisēs -is *m*, Iosūe -ae *m*, Hebraeī -ōrum *m pl*

vāgientem, miserita est illīus: "Iste est" inquit, "ūnus ex īnfantibus Hebraeōrum." Tunc soror puerī accēdēns: "Vīsne" ait, "ut arcessam mulierem Hebraeam, quae nūtriat parvulum?" et tunc vocāvit mātrem. Cui fīlia pharaōnis puerum alendum dedit prōmissā mercēde. Itaque māter nūtrīvit puerum, et adultum reddidit fīliae pharaōnis, quae illum adoptāvit, et nōmināvit Moisem, id est 'servātum ab aquīs'.

84. Moisēs Aegyptiōrum rēgem impium adit et ab eō postulat ut Hebraeōs līberōs dīmittat

Moisēs iam senex, iubente Deō, adiit pharaōnem, eīque praecēpit nōmine Deī, ut dīmitteret Hebraeōs. Rēx impius renuit pārēre mandātīs Deī. Moisēs, ut pharaōnis pertināciam vinceret, multa et stupenda ēdidit prōdigia, quae vocantur 'plāgae Aegyptī'. Cum nihilōminus pharaō in sententiā perstāret, Deus interfēcit prīmōgenitum eius fīlium, et omnēs prīmōgenitōs Aegyptiōrum. Tandem, metū victus, rēx pāruit, deditque Hebraeīs discēdendī facultātem.

85. Hebraeī ex Aegyptō proficīscuntur

Profectī sunt Hebraeī ex Aegyptō ad sescenta mīlia virōrum, praeter parvulōs et prōmiscuum vulgus. Illīs ēgredientibus praeībat columna nūbis interdiū, et columna ignis noctū, quae esset dux viae; nec umquam per quadrāgintā annōs dēfuit illa columna. Post paucōs diēs multitūdō Hebraeōrum pervēnit ad lītus maris Rubrī, ibique castra posuit.

86. Moisēs dextram in mare prōtendendō aquās dīvidit

Brevī rēgem paenituit, quod tot mīlia hominum dīmīsisset, et, collēctō ingentī exercitū, eōs persecūtus est. Hebraeī, cum vīdissent ex ūnā parte sē marī interclūsōs esse, ex alterā parte īnstāre pharaōnem cum omnibus cōpiīs, magnō timōre correptī sunt. Tunc Deus Moisī: "Prōtende" inquit, "dextram tuam in mare, et dīvide aquās, ut illae Hebraeīs gradientibus iter siccum praebeant."

---

nūtrīre = alere

adultus -a -um < adulēscēns
ad-optāre = suum fīlium facere

im-pius -a -um = scelestus, quī Deum nōn verētur

re-nuere -uisse = capite movendō negāre
pertinācia -ae f < pertināx (= quī alterī nōn cēdit) | stupendus -a -um < stupēre
prōdigium -ī n = rēs mīrābilis contrā nātūram facta | plāga -ae f: vulnus
nihilōminus = tamen | per-stāre = firmē stāre; in sententiā p. : sententiam nōn mūtāre

facultās -ātis f = potestās

ad sescenta mīlia = circā sescenta mīlia
prōmiscuus -a -um = mixtus; p. um vulgus = īnfimus populus | vulgus -ī n = populus
prae-īre + dat
inter-diū ↔ noctū adv (= nocte)

prō-tendere = extendere

paenitēre -uisse; rēgem paenituit quod ... = rēx doluit quod ...
col-ligere -lēgisse -lēctum ↔ spargere

inter-clūdere -clūsisse -clūsum = claudendō prohibēre
cōpiae -ārum f pl = mīlitēs

cor-ripere -uisse -reptum = celeriter rapere; afficere
gradī gressum esse (< gradus) = ambulāre, prōgredī

Aegyptiorum primogeniti interficiuntur

Moises tabulas legum ferens ex monte Sina descendit

87. Hebraeī ingrediuntur in mare siccum

Fēcit Moisēs quod iusserat Deus: cum tenēret manum extēnsam super mare, aquae dīvīsae sunt, et intumēscentēs hinc et inde pendēbant. Flāvit etiam ventus vehemēns, quō exsiccātus est alveus. Tunc Hebraeī ingressī sunt in mare siccum: erat enim aqua tanquam mūrus ā dextrā eōrum et laevā. Rēx quoque Aegyptius, Hebraeōs gradientēs īnsecūtus, nōn dubitāvit mare, quā patēbat, ingredī cum ūniversō exercitū.

in-tumēscere = turgidus fierī

hinc et inde = ex ūnā et alterā parte
pendēre = suprā stāre
ex-siccāre = siccum facere
alveus -ī *m* = spatium inter rīpās

ā laevā
īn-sequī -secūtum esse = persequī
quā *adv* = quā viā, ubi

88. Pharaōnis exercitus aquīs refluentibus submergitur

re-fluere

Cum Aegyptiī prōgrederentur in mediō marī, Dominus subvertit eōrum currūs et dēiēcit equitēs. Metū perculsī Aegyptiī coepērunt fugere; at Deus dīxit Moisī: "Extende rūrsus dextram in mare, ut aquae revertantur in locum suum." Pāruit Moisēs, et statim aquae refluentēs obruērunt Aegyptiōs, et eōrum currūs, et equitēs. Dēlētus est ūniversus exercitus pharaōnis in mediīs flūctibus, nec ūnus quidem nūntius tantae clādis superfuit. Sīc Deus līberāvit Hebraeōs ab iniūstā servitūte Aegyptiōrum.

sub-vertere
dē-icere -iēcisse -iectum (< dē + iacere)
per-cellere -culisse -culsum = percutere (animum), perturbāre

ob-ruere -uisse -utum = operīre; opprimere

dēlēre = perdere

clādēs -is *f* = caedēs

89. Deus Habraeōs in sōlitūdine errantēs nūtrit

sōlitūdō -inis *f* (< sōlus) = locus sōlus/dēsertus
trā-icere = trānsīre
per-agrāre = errāre per | peragrāvērunt
vāstus -a -um = ingēns et dēsertus

Hebraeī, trāiectō marī Rubrō, diū peragrārunt vāstam sōlitūdinem. Deerat pānis; at Deus ipse eōs aluit: ē caelō per annōs quadrāgintā cecidit cibus, quem appellāvērunt 'manna'. Inerat huic cibō gustus similae cum melle mixtae. Interdum etiam dēfuit aqua: at, iubente Deō, Moisēs percutiēbat rūpem virgā, et continuō ērumpēbant fontēs aquae dulcis.

manna *n indēcl* | in-esse + *dat* = inesse in
simila -ae *f* : ex frūmentō in minimās partēs frāctō fit *simila*

rūpēs -is *f* = saxum

90. Deus inter tonitrua et fulgura trepidō populō lēgēs dat

tonitrus, *pl* tonitrua -um *n*
trepidus -a -um = timidus, territus

Mēnse tertiō, postquam Hebraeī ēgressī sunt ex Aegyptō, pervēnērunt ad montem Sīnam. Ibi Deus dedit iīs lēgem cum apparātū terrificō. Coepērunt exaudīrī tonitrua, micāre

ap-parātus -ūs *m* < *ap-parāre* (= parāre)
terrificus -a -um = terrēns
micāre = subitō movērī ac lūcēre

Sīna -ae *f*

dēnsus -a -um ↔ tenuis

clangor -ōris *m* = strepitus

per-strepere < strepitus

rādīx -īcis *f*

rādīx montis = īnfimus mōns
fūmāre = *fūmum* ēmittere

fūmus
-ī *m*

(verba) prōferre = dīcere

porrō = deinde, praetereā

ūsurpāre + *acc* = ūtī + *abl*
temere *adv* = temerāriō modō
sabbatum -ī *n* = diēs ōtiōsus quō Deus adōrātur
adulterāre = fidem coniugis fallere
testimōnium -ī *n* = quod testis affirmat
proximus -ī *m*
con-cupīscere = valdē cupere
alterīus *hominis*

foederis *cum Deō factī*

cortīna -ae *f* = parvum vēlum

sapientia -ae *f* < sapiēns

ad-mīrābilis -e < ad-mīrārī

suc-cēdere -cessisse -cessum = in locum
 alicuius sequī

vadum -ī *n* (↔ altum) = aqua humilis

fulgura: nūbēs dēnsa operiēbat montem, et clangor buccinae vehementius perstrepēbat. Stābat populus prae metū trepidus ad rādīcēs montis fūmantis. Deus autem in monte loquēbātur ē mediā nūbe inter fulgura et tonitrua.

būcina
-ae *f*

91. Verba quae prōtulit Deus

Haec porrō sunt verba, quae prōtulit Deus: "Ego sum Dominus, quī ēdūxī vōs ē servitūte Aegyptiōrum. Nōn erunt vōbīs diī aliēnī: ego ūnus Deus, et nōn est alius praeter mē. Nōn ūsurpābitis nōmen Deī vestrī temere et sine causā. Sabbatō nūllum opus faciētis. Colite patrem vestrum et mātrem vestram. Nōn occīdētis, nōn adulterābitis, nōn faciētis fūrtum; nōn dīcētis falsum testimōnium adversus proximum vestrum; nōn concupīscētis rem alterīus."

92. Cōnficiuntur tabernāculum et arca foederis. Moritur Moisēs

Moisēs ā Deō monitus cōnficī iussit tabernāculum ex pellibus et cortīnīs pretiōsissimīs, īnsuper arcam foederis aurō pūrō vestītam, in quā reposuit tabulās lēgis dīvīnae. Cum iam in cōnspectū habēret terram ā Deō prōmissam, mortuus est vir sapientiā et cēterīs virtūtibus plānē admīrābilis. Lūxit eum populus diēbus trīgintā. Successit in locum Moisis Iosūe, quem ipse prius dēsignāverat.

arca -ae *f*

93. Hebraeī flūmen Iordānem pedibus trāiciunt

Ut Hebraeī in terram prōmissam intrōdūcerentur, Iordānis erat trāiciendus, nec erat iīs nāvium cōpia, nec vadum praebēbat amnis tunc plēnō alveō fluēns. Deus vēnit iīs

Iordānis -is *m*

auxiliō: Iosūe iussit praeferrī arcam foederis et populum sequī. Appropinquante arcā, aquae, quae supernē dēfluēbant, stetērunt īnstār mūrī; quae autem īnfrā, dēscendērunt, et alveum siccum relīquērunt.

> auxiliō (*dat*) = ad auxilium
> supernē *adv* < super
> dē-fluere = deorsum fluere
> īnstar + *gen* = sīcut: ī. mūrī = sīcut mūrus
> īnfrā (*adv*) *dēfluēbant*

94. Iosūe monumentum ērigit ad perpetuam factī memoriam

Hebraeī incēdēbant per ārentem alveum, dōnec rīpam oppositam attingerent. Tum reversae sunt aquae in locum prīstinum; Iosūe vērō duodecim lapidēs ē mediō amne sublātōs ērēxit, ut essent perenne reī monumentum. Dīxit Hebraeīs: "Sī quandō vōs interrogāverint fīliī vestrī, quōrsum spectet ista lapidum congeriēs, respondēbitis: 'Siccō pede trāiēcimus Iordānem istum: idcircō positī sunt lapidēs ad sempiternam factī memoriam, ut discant quanta sit Deī potentia'."

> monumentum -ī *n* < monēre: m.um reī = quod monet dē rē
> in-cēdere = prōcēdere | ārēre = siccus esse
> op-positus -a -um = contrā (*adv*) positus
> attingere = tangere
> perennis -e, sempiternus -a -um = perpetuus
> sī quandō = sī aliquandō
> congeriēs -ēi *f*
> ut *hominēs* discant
> potentia -ae *f* = potestās

95. Iosūe dīvīnō auxiliō frētus urbem, nōmine Ierichō, sacerdōtibus tubīs canentibus capit

> frētus -a -um + *abl* = fīdēns

> tuba -ae *f*

~~Erat in hīs locīs urbs validissimīs mūrīs ac turribus mūnīta,~~ nōmine Ierichō, quae nec expugnārī, nec obsidērī facile poterat. Iosūe dīvīnō auxiliō frētus, nōn armīs aut vīribus urbem aggressus est. Arcam circumferrī iussit circā mūrōs, sacerdōtēsque antecēdere, et tubā canere. Cum arca septiēs circumlāta esset, mūrī et turrēs īlicō corruērunt. Tunc urbs capta et dīrepta est.

> ob-sidēre = exercitū circumdare
> ag-gredī -gressum esse = oppugnāre
> circum-ferre
> ante-cēdere ↔ sequī
> septiēs = 7x
> īlicō (< in + locō) = statim
> cor-ruere -uisse (< cum-) = cadere (in locō)
> dī-ripere -uisse -reptum (< rapere); urbem d. = ex urbe dīvitiās ēripere

turris -is *f*

96. Iosūe sōlem cōnsistere iubet

Rēgēs Chanaan, coniūnctīs vīribus, prōgressī sunt adversus Hebraeōs. At Deus dīxit Iosūae: "Nē timeās eōs: tua erit victōria." Iosūe igitur magnō impetū illōs adortus est, quī, subitā formīdine correptī, fūgērunt. Tunc in eōs cecidit grandō lapidea, et multōs interfēcit. Cum autem diēs in vesperum inclīnāret, rē nōndum cōnfectā, Iosūe iussit sōlem cōnsistere, et vērē stetit sōl, et diem prōdūxit, dōnec dēlētus esset hostium exercitus.

> grandō -inis *f*

> nē timeās! = nōlī timēre!
> ad-orīrī -ortum esse = oppugnāre
> formīdō -inis *f* = timor magnus
> lapideus -a -um = ex lapidibus factus
> in-clīnāre = vertī; diēs in vesperum i. = nox fierī incipere | cōnfectā : perfecta
> prō-dūcere = longiōrem facere

Ierichō *indēcl*

sēdēs -is *f* = locus ubi aliquis habitat
dēstināre = statuere

dē-vincere = plānē vincere

tribus -ūs *f* (*dat/abl pl* -ūbus) = hominum
  grex; Hebraeī in duodecim tribūs dīvidēban-
  tur | dēlāta est : trādita est
iūdex -icis *m* = quī inter cīvēs iūs dīcit
ē-minēre -uisse = melior cēterīs, ēgregius
  esse; ēminuēre = ēminuērunt, -ēre = -ērunt

peccāre = prāvē facere

dē-stituere -uisse -ūtum = dēserere
superāre = vincere
im-plōrāre = plōrandō ōrāre

97. Hebraeīs in sēde dēstinātā collocātīs, Iosūe moritur

Iosūe, dēvictīs omnibus Palestīnae populīs, Hebraeōs in sēde dēstinātā collocāvit, agrōs et oppida capta singulīs tribūbus dīvīsit, et mortuus est. Deinde summa potestās dēlāta est ad iūdicēs, inter quōs ēminuēre Gedeōn, Samsōn et Samuēl. Varia deinceps fuit Hebraeōrum fortūna prō variīs eōrum mōribus: iī saepe in Deum peccāvērunt; tunc dīvīnō praesidiō dēstitūtī ab hostibus superābantur; quotiēs ad Deum conversī eius auxilium implōrāvērunt, plācātus Deus eōs līberāvit.

Palestīna -ae *f*, Gedeōn -ōnis *m*, Samsōn -ōnis *m*, Samuēl -is *m*

PENSA (§ 81-97)

Pēnsum I
Coniunge sententiās.

1. Rēx novus quī potītus erat soliō
2. Fiscellam in harundinibus haerentem
3. Moisī, quī senectūtem adeptus erat,
4. Pharaōne nōlente Hebraeōs dīmittere,
5. Cum pharaō in sententiā perstāret,
6. Hebraeīs ex Aegyptō ēgredientibus,
7. Cum Hebraeī vīdissent sē ex utrāque parte esse interclūsōs,
8. Dextrā in mare extentā,
9. Aegyptiōs, quī Hebraeōs in alveō gradientēs īnsequēbantur,
10. Eō tempore quō in vāstā sōlitūdine Hebraeī peragrābant,
11. Ut tabulae lēgis dīvīnae servārentur,
12. Iordānis erat trāiciendus
13. Arcā appropinquante aquae mūrī īnstar stetērunt
14. Cum Hebraeīs per alveum ārentem incēdere licēret,
15. Ut perenne reī monumentum esset,
16. Auxiliō dīvīnō frētus, urbem Ierichō
17. Sacerdōtibus arcae antecēdentibus et tubā canentibus,
18. Iosūe sōlem cōnsistere et diem prōdūcere iussit,
19. Hebraeīs in sēde dēstinātā collocātīs,

Iosūe facile dīripere potuit.
urbis mūrī et turrēs īlicō corruērunt.
Deus eius prīmōgenitum interfēcit.
Deus praecēpit ut ex Aegyptō Hebraeōs ēdūceret.
Deus aquīs refluentibus obruit.
ut in terram prōmissam Hebraeī intrōdūcerentur.
ēdīxit ut Hebraeōrum parvulī in flūmen prōicerentur.
pharaōnis fīlia repperit.
Moisēs multa et stupenda ēdidit prōdigia.
Deus lēgēs iīs dedit cum apparātū terrificō.
Iosūe duodecim lapidēs ē mediō amne sublātōs ērēxit.
magnō timōre correptī sunt.
Moisēs arcam cōnficī iussit aurō vestītam.
facile rīpam oppositam attingere potuērunt.
ut rēgēs Chanaan superāre posset.
Iosūe agrōs singulīs tribūbus distribuit.
Moisēs effēcit ut aquae intumēscentēs ex utrāque parte pendērent.
interdiū columna nūbis, noctū columna ignis praeībat.
et alveum siccum relīquērunt.

Pēnsum II

Ad interrogāta respondē.

- 1. Cūr Moisēs est inter harundinēs rīpae flūminis expositus?
- 2. Quid pharaōnis fīlia fēcit postquam ad flūmen vēnerat ut corpus ablueret?
- 3. Quid significat nōmen *Moisēs*?
- 4. Cūr Moisēs multa et stupenda ēdidit prōdigia?
- 5. Quandō pharaō dedit Hebraeīs discēdendī facultātem?
- 6. Quid Hebraeīs ex Aegyptō ēgredientibus praeībat?
- 7. Cūr posteā pharaō Hebraeōs persecūtus est?
- 8. Quōmodo Hebraeī Aegyptiōs īnsequentēs fugere potuērunt?
- 9. Quid in vāstā sōlitūdine Moisēs facere solēbat ut Hebraeī bibere possent?
- 10. Quōmodo Deus Moisī lēgēs dedit?
- 11. Quae fuērunt lēgēs ā Deō datae?
- 12. Quōmodo potuērunt Hebraeī sine nāvibus Iordānem trāicere?
- 13. Postquam Iordānem trāiēcerant, quid Iosūe fēcit? Cūr?
- 14. Quibus modīs Iosūe nōn sōlum urbem Ierichō dīripere, sed etiam rēgēs Chanaan superāre potuit?

Pēnsum III

Vocābula in fōrmā pōne. Litterae, quae in quadrātīs nigriōribus positae erunt, sententiam efficient ex sacrīs librīs prōmptam.

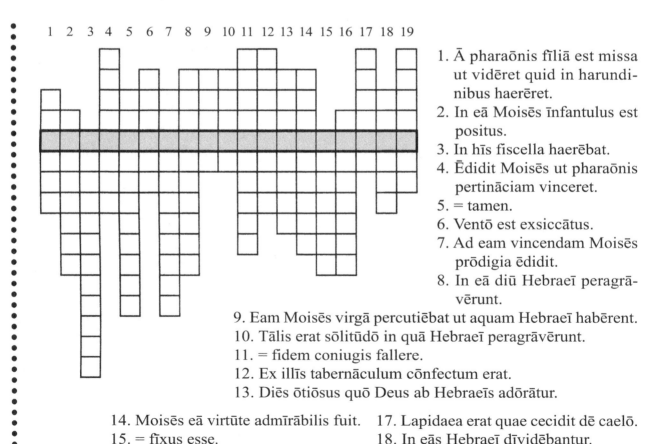

1 2 3 4 5 6 7 8 9 10 11 12 13 14 15 16 17 18 19

1. Ā pharaōnis fīliā est missa ut vidēret quid in harundinibus haerēret.
2. In eā Moisēs īnfantulus est positus.
3. In hīs fiscella haerēbat.
4. Ēdidit Moisēs ut pharaōnis pertināciam vinceret.
5. = tamen.
6. Ventō est exsiccātus.
7. Ad eam vincendam Moisēs prōdigia ēdidit.
8. In eā diū Hebraeī peragrāvērunt.
9. Eam Moisēs virgā percutiēbat ut aquam Hebraeī habērent.
10. Tālis erat sōlitūdō in quā Hebraeī peragrāvērunt.
11. = fidem coniugis fallere.
12. Ex illīs tabernāculum cōnfectum erat.
13. Diēs ōtiōsus quō Deus ab Hebraeīs adōrātur.
14. Moisēs eā virtūte admīrābilis fuit.
15. = fīxus esse.
16. = potestās.
17. Lapidaea erat quae cecidit dē caelō.
18. In eās Hebraeī dīvidēbantur.
19. = melior cēterīs esse.

Pēnsum IV

Scrībe verba idem aut contrārium significantia.

- _____ = pūblicē imperāre
- _____ = lavāre
- _____ = alere
- _____ = tamen
- _____ = mīlitēs
- _____ = siccum facere
- _____ = caedēs
- _____ = ingēns et dēsertus
- _____ = timidus, territus
- _____ = strepitus
- _____ = ūtī
- _____ = deorsum fluere

- _____ = claudendō prohibēre
- _____ = prōcēdere
- _____ = sempiternus
- _____ = fīdēns
- _____ = oppugnāre (I)
- _____ = oppugnāre (II)
- _____ = statim
- _____ = timor magnus
- _____ ↔ noctū
- _____ ↔ spargere
- _____ ↔ tenuis
- _____ ↔ sequī

Pēnsum V

Scrībe verbōrum fōrmās.

- miserērī _____
- renuere _____
- _____ _____ collēctum
- _____ corripuisse _____
- gradī _____
- paenitēre _____
- _____ perculisse _____
- _____ _____ obrutum
- succēdere _____ _____
- _____ corruisse
- dīripere _____ _____
- _____ ēminuisse

Pēnsum VI

Verba, quae dēsunt, scrībe.

- abluere
- adoptāre
- adulterāre
- alveus
- clādēs
- concupīscere
- cōpiae
- ēdīcere
- exsiccāre
- famula

Hebraeōrum multitūdō in diēs crēscēns metum Aegyptiīs _____, quōrum novus rēx, quī soliō _____, cum merita Iōsēphī nōn recordārētur, _____ ut Hebraeōrum parvulī in flūmen prōicerentur. Quaedam vērō mulier Hebraea ut fīlium suum servāret eum in _____ positum inter _____ rīpae flūminis exposuit, spērāns aliquem eum inventūrum esse. Nōn multō post, pharaōnis fīlia ad flūmen vēnit ut corpus _____. Ea, cum vīdisset fiscellam in harundinibus _____ ūnam ex _____ illūc mīsit, quae īnfantulum repperit vāgientem, cuius _____ pharaōnis fīlia, quae eum igitur _____ dedit cuidam mulierī Hebraeae,

fiscella
gradī
haerēre
harundō
incutere
micāre
miserērī
nihilōminus
nūtrīre
obruere
paenitēre
perstāre
perstrepere
plāga
potīrī
prōdigium
prōferre
prōtendere
refluere
sōlitūdō
stupendus
succēdere
temere
testimōnium
trāicere
ūsurpāre

prōmissā mercēde, ut posteā ipsa eum _____. Sīc in Aegyptō Moisēs adultus factus est. Cum vērō senex iam esset, Deus eī praecēpit ut Hebraeōs ex Aegyptō ēdūceret. Moisēs igitur pharaōnem adiit eumque hortātus est ut Hebraeōs abīre sineret; quod autem cum vīdisset eum facere nōlle, multa et _____ ēdidit _____, quae _____ Aegyptī vocantur. Pharaōnis _____ pertinācia tanta fuit ut ā Moise vincī nōn posset; ille enim in sententiā suā _____ dōnec Deus eius fīlium prīmōgenitum et omnēs prīmōgenitōs Aegyptiōrum interfēcit.

Paulō tamen postquam Hebraeī profectī erant, pharaōnem _____ quod tam multōs hominēs dīmīsisset, et cum omnibus _____ eōs persecūtus est; quī neque prōgredī neque regredī poterant, et ob pharaōnis exercitum et ob mare Rubrum, quod _____ iīs erat sine nāvibus. Tunc igitur Moisēs, Deō oboediēns, aquās dīvīsit dextram in mare _____ et pedibus trānsiit, _____ ventō _____. Aegyptiōrum rēx Hebraeōs in alveō _____ īnsecūtus est, sed, postquam illī ex marī exiērunt, Moisēs, dextrā extentā, aquās quae pendēbant _____ iussit et Aegyptiōs omnēs _____. Nē ūnus quidem nūntius tantae _____ superfuit.

Diū tamen in vāstā _____ Hebraeīs peragrandum fuit. Hōc tempore apud montem Sīnam ā Deō lēgēs accēpērunt, quae hae fuērunt: "Nōlīte nōmen Deī vestrī _____ _____; colite parentēs vestrōs; nōlīte _____; nōlīte fūrārī; nōlīte falsum _____ dīcere; nōlīte rem alterīus _____." Haec verba _____ Deus inter fulmina, quae _____, et clangōrem buccinae, quae vehementer _____.

Post Moisis mortem, in eius locum _____ Iosūe, quī Hebraeōs in terram ā Deō prōmissam dūxit.

QVARTA AETAS

(II) Ivdices creantvr: Gedeon, Samson, Samvel

98. Duplicī mīrāculō cōnfīrmātus Gedeōn Deī mandātīs oboedit

Hebraeī ā Madiānītīs vexātī opem ā Deō petīvērunt: Deus illōrum precēs audīvit. Angelus adstitit Gedeōnī: "Dominus tēcum" inquit, "vir fortissime." Respondit Gedeōn: "Sī Deus nōbīscum est, cūr dūrā premimur servitūte?" Ait angelus: "Macte animō! Līberābis populum tuum ā servitūte Madiānītārum." Nōlēbat prīmō Gedeōn tantum onus suscipere, sed duplicī mīrāculō cōnfīrmātus nōn abnuit.

miraculum -ī *n* = rēs mīrābilis
cōn-fīrmāre = (animum) validum/fortem facere

vexāre = malō afficere
opem -is -e *acc gen abl f* = auxilium

Dominus (: Deus) tēcum *est*

macte animō! = age! Bonum animum habeās!

onus -eris *n* = quod portātur | sus-cipere -cēpisse -ceptum = capere et sustinēre
ab-nuere -uisse = renuere, negāre

99. Cum trecentīs mīlitibus Gedeōn adversus Madiānītās prōgreditur

Gedeōn, contractō exercitū, profectus est cum duōbus et trīgintā mīlibus hominum, et castra castrīs hostium contulit. Erat porrō īnfīnīta multitūdō in exercitū Madiānītārum, nam cum iīs rēx Amālēcītārum sē coniūnxerat. Tamen Deus dīxit Gedeōnī: "Nōn opus est tibi tot mīlibus hominum: dīmissīs cēterīs, retinē tantum trecentōs virōs, nē victōriam suae virtūtī tribuant, sed potentiae dīvīnae."

con-trahere = in eundem locum agere

castra ... contulit : sua castra contrā hostium castrā posuit | cōn-ferre (< cum-)
īn-fīnītus -a -um = sine fīne, māximus

100. Gedeōn Madiānītās superat

Gedeōn trecentōs virōs in trēs partēs dīvīsit, deditque illīs tubās et lagoenās, in quibus erant lampadēs accēnsae. Hī,

lagoena -ae *f*

lampas -adis *f*

Madiānītae -ārum *m pl*, Amālēcītae -ārum *m pl*

clangere = clangōrēs ēmittere

col-līdere < con + laedere

sonitus -ūs *m* = sonus

dī-lābī = in variās partēs lābī (: aufugere)
(in sē) in-vicem : alter in alterum
trucīdāre = occīdere; trucīdā*vē*runt

com-prehendere -disse -ēnsum = vī capere
necī dare = interficere

in-crēdibilis -e = vix crēdendus, mīrus
rōbur -oris *n* = vīs

af-flīgere = malīs afficere
ultor -ōris *m* = quī ulcīscitur, quī pūnīt

prae-dīcere = dīcere ante
eam paritūram *esse* (< parere)
vindicāre = ulcīscī; in lībertātem v. = līberāre
ē-nītī -nīsum/-nīxum esse = parere
in-dere -didisse -ditum = dare
in-tōnsus -a -um = cultrō nōn sectus
coma -ae *f* = capillus
sīcera -ae *f* = pōtiō quā hōmo facile ēbrius fit
obvius -a -um = quī obviam it, quī occurrit

in-commodum -ī *n* = rēs molesta

vulpēs -is *f*

maxilla -ae *f*

messis -is *f* (< metere) = frūgēs
incendium -ī *n* = ignis quō domus/ager
cōnsūmitur | seges -etis *f* = frūmentum
metendum | ex-ūrere -ussisse -ustum = ūrere
nec *Samsōn* dēstitit

vinculum -ī *n* = id quō aliquis vincītur, catēna
cōn-stringere -inxisse -ictum = vincīre
tēlum -ī *n* = īnstrūmentum quō hostēs percu-
tiuntur | cāsus -ūs *m* : fortūna
mīlle hostium : mīlle hostēs
prō-sternere = humī prōicere (: interficere)

sera -ae *f*

pernoctātūrus *esse*
occāsiō -ōnis *f* =
tempus idōneum | captāre = capere cōnārī
ob-serāre = serā claudere

mediā nocte, ingressī castra hostium, coepērunt tubīs clangere, et collīdere inter sē lagoenās. Madiānītae, audītō tubārum sonitū et vīsīs lampadibus, turbātī sunt, et turpī fugā, quō
quisque potuit, dīlāpsī sunt. Dēnique gladiōs in sē invicem
convertērunt, et mūtuā caede sē trucīdārunt. Gedeōn hostium
rēgēs persecūtus est, et comprehēnsōs necī dedit.

101. Nāscitur Samsōn, homō incrēdibilī corporis rōbore

Cum Hebraeī in potestāte essent Philistaeōrum, et ab illīs
afflīgerentur, nātus est Samsōn, futūrus ultor hostium. Huius
māter diū sterilis fuerat, sed eī angelus Dominī appāruit,
praedīxitque eam paritūram fīlium, quī cīvēs suōs in lībertātem aliquandō vindicāret. Ēnīxa puerum, nōmen Samsōnis
eī indidit. Puer crēvit: intōnsam habuit comam, nec vīnum,
nec sīceram bibit; incrēdibilī fuit corporis rōbore: obvium
leōnem manū interfēcit.

102. Samsōn hostēs variīs incommodīs vexat

Samsōn adultus Philistaeōs multīs
affēcit clādibus: cēpit trecentās vulpēs,
quārum caudīs accēnsās lampadēs alligāvit, et in hostium agrōs immīsit. Tunc
forte messis mātūra erat: ita facile incen-
dium fuit. Omnēs segetēs, vīneae et oleae exustae sunt; nec
inimīcam gentem variīs incommodīs vexāre dēstitit. Trāditus
Philistaeīs rūpit vincula, quibus cōnstrictus erat, et arreptā
maxillā asinī, hōc tēlō, quod cāsus dederat, mīlle hostium
prōstrāvit.

olea -ae *f*

103. Samsōn, in urbe inclūsus, eius portam cum serā et pos-
tibus umerīs tollit

Quādam diē Samsōn urbem Philistaeōrum ingressus est,
ibique pernoctātūrus vidēbātur. Philistaeī occāsiōnem captantēs, portās obserārī iussērunt, nē quis exīret. Per tōtam
noctem exspectābant silentēs, ut Samsōnem māne exeuntem

Philistaeī -ōrum *m pl*

interficerent. At Samsōn mediā nocte surrēxit, vēnitque ad portam urbis, quam cum invēnisset clausam, umerīs sustulit cum postibus et serīs, atque in verticem montis vīcīnī supportāvit.

vertex -icis *m* = summa pars
vīcīnus -a -um = quī prope est
sup-portāre (< sub-)

postis -is *m*

104. Dalila pecūniā corrupta virum suum prōdit

Tandem Philistaeī, quī Samsōnem comprehendere nequīverant, Dalilam uxōrem pecūniā corrūpērunt, ut ea virum prōderet. Mulier virō persuāsit, ut sibi indicāret causam tantae virtūtis; et ubi rescīvit vīrēs eius in capillīs sitās esse, caput dormientis totondit, atque ita Philistaeīs trādidit. Illī, effossīs oculīs, vīnctum in carcerem coniēcērunt, diūque lūdibriō habuērunt. Sed spatiō temporis crīnis accīsus crēscere et cum crīne virtūs redīre coepit: iamque Samsōn, cōnscius receptī rōboris, iūstae ultiōnis tempus opperiēbātur.

cor-rumpere -rūpisse -ruptum : mercēde persuādēre
prō-dere = trādere (in manūs hostium)
ne-quīre -īvisse = nōn posse

re-scīscere -īvisse = cognōscere
tondēre totondisse tōnsum = capillum tollere cultrō
ef-fodere -fōdisse -fossum (< ex-) = ēripere
lūdibrium -ī *n*; (aliquem) l.ō habēre = dērīdēre
spatium -ī *n* (temporis) = tempus
crīnis -is *m* = capillus | ac-cīdere -cīdisse -cīsum = secāre
cōn-scius -a -um (reī) = quī (rem) scit
ultiō -ōnis *f* = quod ultor facit

105. Samsōn cum Philistaeīs nōn inultus moritur

Erat Philistaeīs mōs, cum diēs fēstōs agerent, prōdūcere Samsōnem quasi in pompam pūblicam, captōque īnsultāre. Diē quādam cum pūblicum convīvium celebrārētur, Samsōnem addūcī iubent. Domus, in quā omnis populus et prīncipēs Philistaeōrum epulābantur, subnīxa erat duābus columnīs mīrae magnitūdinis. Adductus Samsōn inter columnās statuitur. Tum ille, occāsiōne ūtēns, columnās concussit, et turba omnis obruta est ruīnā domūs, simulque Samsōn ipse cum hostibus nōn inultus occubuit.

in-ultus -a -um = sine ultiōne
fēstus -a -um (diēs) = diēs ōtiōsus quō Deus/diī adōrantur | prō-dūcere = dūcere
pompa -ae *f* = agmen hominum fēstō diē prōcēdentium | *Samsōnī* captō
īnsultāre + *dat* = dērīdēre
convīvium celebrāre = convīvium facere, multī ad convīvium venīre
epulārī = magnificē cēnāre
subnīxus -a -um (< *sub-nītī*); subnīxa erat : sustinēbātur
statuere = stantem pōnere
con-cutere -cussisse -cussum = valdē quatere, paene frangere
ruīna -ae *f* < *ruere* (= cadere, ad terram lābī)
oc-cumbere (mortem) : morī

Dalila -ae *f*

Samson et Dalila

Samsonis mors

106. Nāscitur Samuēl

Cum Heli esset summus sacerdōs, nātus est Samuēl. Hunc addūxit māter ad sacerdōtem, et obtulit Dominō, ut eī in sacrificiīs faciendīs ministrāret. Puer crēscēbat ēgregiā praeditus indole, eratque Deō et hominibus cārus. Cui māter sua certīs temporibus afferēbat parvam tunicam, quam ipsa cōnfēcerat. Heli vērō habēbat fīliōs perditīs mōribus, adeō ut populum ā colendō Deō abdūcerent, nec satis graviter eōs umquam reprehendit. Quamobrem Deus erat et līberīs et patrī īrātus.

107. Deus Samuēlī dīcit sē Heli pūnītūrum esse

Quādam nocte, cum iacēret Heli in lectulō, Dominus vocāvit Samuēlem, quī ratus sē ā sacerdōte arcessī, cucurrit, dīxitque: "Ēn adsum: vocāstī enim mē." At Heli: "Nōn tē vocāvī" inquit, "fīlī mī: revertere in lectulum tuum." Idque iterum et tertiō factum est. Tandem, praemonitus ā sacerdōte, Samuēl respondit Deō vocantī: "Loquere, Domine: audit enim servus tuus." Tum Deus Samuēlī: "Ego" ait, "afficiam domum Heli iīs malīs, quae nēmō audīre possit, quīn eī ambae aurēs tinniant, proptereā quod in līberōs suōs plūs aequō indulgēns fuerit, illōrumque vitia nimium patienter tulerit."

108. Samuēl Heli ēnārrat quae ā Deō audīverit

Artior deinde somnus Samuēlem complexus est, quī dormīvit ūsque ad māne. Ubi diēs illūxit, surgēns ē lectulō, aperuit ōstium tabernāculī, utī facere consuēverat: timēbat autem sacerdōtī indicāre sermōnem Deī. Heli compellāns eum: "Ōrō tē" inquit, "et obtestor: indicā mihi ea quae dīxit tibi Deus. Cavē nē mē quidquam cēlēs eōrum quae audīvistī." Iubentī pāruit Samuēl, illīque ēnārrāvit omnia verba Dominī, cui Heli: "Dominus est" ait, "faciat quod sibi libuerit."

praeditus -a -um = ōrnātus
indolēs -is *f* = ingenium
māter sua : māter eius
certīs temporibus : statūtīs diēbus
perditus -a -um = prāvus
ad-eō = ita
colere = dīligenter cūrāre
graviter : sevērē

rērī ratum esse = arbitrārī

tertiō *adv*
prae-monēre = monēre ante

tinnīre = 'tin' facere, ut nummī cadentēs in
    mēnsam | quīn ... tinniant : cui nōn animus
    valdē turbētur | proptereā quod = quod
plūs aequō = plūs quam aequum est
indulgēre = mōrem gerere

ē-nārrāre = plānē nārrāre

artus -a -um = angustus; a.us somnus = gravis
    somnus

utī = ut
cōn-suēscere -ēvisse = mōrem sibi facere;
    -suēvisse = solēre; -suēverat = solēbat

cēlāre = occultāre

libēre -uisse

Heli *indēcl*

109. Hebraeī superantur; Heli frāctā cervīce moritur

Paulō post bellum exortum est inter Philistaeōs et Hebraeōs. Hebraeī arcam foederis in pugnam dēferunt, et cum eā fīliī sacerdōtis prōcēdunt; sed quia Deus illīs erat offēnsus, arca dētrīmentō magis quam adiūmentō fuit. Victī sunt Hebraeī, occīsī fīliī sacerdōtis, arca ipsa capta est. Heli, audītō tantae clādis nūntiō, ē sellā dēcidit, et frāctā cervīce mortuus est.

cervīx -īcis *f* = collī pars posterior

ex-orīrī = orīrī

adiūmentum -ī *n* (< adiūvāre) ↔ dētrīmentum -ī *n* (= iactūra)
arca dētrīmentō (*dat*) magis quam adiūmentō (*dat*) fuit : arca tulit dētrīmentum magis quam adiūmentum
dē-cidere -disse = deorsum cadere

110. Saūl rēx cōnsecrātur

Samuēl fuit postrēmus Hebraeōrum iūdex, eōrumque rēs in summā pāce et perpetuā tranquillitāte administrāvit. At cum senuisset, et fīliī eius ā mōribus paternīs dēscīscerent, populus, novitātis amāns, ab illō rēgem petīvit. Samuēl prīmō rem dissuāsit, Hebraeōsque ab istō cōnsiliō dīmovēre cōnātus est; sed illī in sententiā perstitērunt. Quārē admonitus ā Deō Samuēl annuit eōrum postulātiōnī, et Saūlem rēgem cōnsecrāvit. Erat Saūlis ingēns statūra et fōrma excellēns, adeō ut dignitās corporis dignitātī rēgiae pulchrē convenīret.

cōn-secrāre : nōmināre (aliquem quī Deō serviat)

dē-scīscere (ā rē) = discēdere, dēserere (rem)

novitās -ātis *f* < novus

dī-movēre = removēre

statūra -ae *f* = corporis *longitūdō* (< longus)
excellēns -entis = ēgregius
dignitās -ātis *f* < dignus; d.ās rēgia = potestās rēgia | rēgius -a -um < rēx

---

Saūl -is *m*

PENSA (§ 98-110)

Pēnsum I

Interrogā id, quod ad haec respōnsa convenit.

- 1. Trecentōs tantum virōs Gedeōn sēcum retinuit, nē victōriam illī tribuerent suae virtūtī.
- 2. Trecentīs illīs virīs tubīs clangentibus et lagoenās inter sē collīdentibus, Madiānītae perterritī turpī fugae sē dedērunt.
- 3. Hostēs, quī fūgerant, comprehēnsōs Gedeōn necī darī iussit.
- 4. Samsōnis mātrī praedīxerat eam fīlium paritūram esse, quī cīvēs suōs in lībertātem vindicātūrus esset.
- 5. Samsōn intōnsam habuit comam, sē abstinēbat ā pōtiōnibus, et incrēdibilī corporis rōbore praeditus erat.
- 6. Quia Samsōn Philistaeōs multīs incommodīs afficere solēbat.
- 7. Philistaeī, portīs obserātīs, Samsōnem in urbe inclūserant ut interficerent, sed ille, cum ad urbis portam vēnisset eandemque clausam invēnisset, eam umerīs sustulit cum postibus et serīs et in verticem vīcīnī montis portāvit.
- 8. Cum Samsōnem comprehendere nōn possent, Philistaeī eius uxōrem, nōmine Dalila, pecūniā corrūpērunt.
- 9. Dalila virum suum prōdidit, nam comam Samsōnis dormientis, in quā positae erant eius vīrēs, totondit.
- 10. Philistaeī Samsōnī, ultiōnem meditantī, īnsultāre solēbant.
- 11. Diē quōdam Samsōn, cui intereā crīnis accīsus iterum crēverat et prīstinum rōbur redierat, in domum cuiusdam Philistaeōrum prīncipis ubi multī tunc epulābantur, ductus est et inter duās columnās positus. Ibi, receptī rōboris cōnscius, magnā vī columnās concussit et omnēs ruīnā domūs interfēcit.
- 12. Quia Heli fīliōs tam perditīs mōribus habēbat, ut populum ad vitia magis quam ad Deum colendum dūcerent.
- 13. Samuēl fuit postrēmus Hebraeōrum iūdex, quī Saūlem, cīvibus postulantibus, rēgem cōnsecrāvit.

Pēnsum II

Scrībe verba idem aut contrārium significantia.

_____ = rēs mīrābilis	_____ = dērīdēre
_____ = auxilium	_____ = magnificē cēnāre
_____ = renuere	_____ = ōrnātus
_____ = sonus	_____ = ingenium
_____ = vīs	_____ = prāvus
_____ = crīnis	_____ = ita
_____ = rēs molesta	_____ = arbitrārī
_____ = frūmentum metendum	_____ = angustus
_____ = tempus idōneum	_____ = occultāre
_____ = ēripere	_____ = discēdere, dēserere (rem)
	_____ ↔ dētrīmentum

Pēnsum III

Scrībe verbōrum fōrmās.

- _____ _____ susceptum
- comprehendere _____ _____
- _____ indidisse _____
- cōnstringere _____ _____
- _____ _____ corruptum
- nequīre _____
- _____ rescīvisse
- tondēre _____ _____
- _____ _____ effossum
- _____ _____ accīsum
- concutere _____ _____
- rērī _____
- _____ cōnsuēvisse
- _____ libuisse
- dēcidere _____

Pēnsum IV

Ubi verba crassiōribus litterīs scrīpta vidēs, pōne alia vocābula (singula aut iūncta) idem significantia, quae in indice sunt.

Cavē tamen: nam cum verba in sententiā mūtāveris, fierī poterit ut alia quoque vocābula, ut syntaxis postulat, sint mūtanda.

- abnuere
- accīdere
- adeō
- afflīgere
- captāre
- clangere
- coma
- cōnfīrmāre
- cōnstringere
- corrumpere
- crīnis
- dīmovēre
- effodere
- epulārī
- excellēns
- indolēs
- īnsultāre
- inultus
- lūdibriō habēre
- occāsiō
- occumbere
- opem

Madiānītae Hebraeōs multīs **malīs afficere** solēbant, quī nescientēs quōmodo possent eōrum dūram servitūtem fugere, **auxilium** ā Deō petīvērunt. Ille angelum ad Gedeōnem, Hebraeōrum ducem, mīsit, ut eī persuādēret adversus hostēs bellum gerendum esse. Gedeōn dubitābat, sed duplicī mīrāculō cōnspectō **fortior est factus** neque **renuit** tantum onus suscipere. Trecentīs, ut Deus dīxerat, mīlitibus collēctīs, mediā nocte in hostium castra ingressus est; ibi tubīs **clangōrēs ēmittere** et lagoenās, in quibus lampadēs accensae erant, collīdere coepit ut hostēs terrēret, quī, turbātī, prīmum aufugere sunt cōnātī et posteā gladiīs conversīs mūtuā caede sē **occīdērunt**.

Post Madiānītās coepērunt Philistaeī Hebraeōs variīs incommodīs **vexāre**, quī Samsōnem ultōrem invēnērunt. Eī incrēdibilis erat corporis **vīs**, intōnsus **crīnis**, magna dēnique voluntās Hebraeōs **līberandī**. Multīs igitur clādibus Philistaeōs afficere solēbat, quī, quamquam saepe Samsōnem **capere cōnābantur**, numquam tamen eum comprehendere poterant. Ōlim vērō **catēnīs ita vīnxerant**, ut nūllō modō eum effugere posse crēderent. Ille autem, vinculīs frāctīs, asinī maxillā mīlle hostēs **interfēcit**. Philistaeī igitur, cum cōnscī essent Samsōnis māximī rōboris atque valdē dēspērārent sē posse eum vī capere, eius uxōrī **mercēde persuāsērunt** ut marītum sibi **trāderet**. Quae, cum ab eō fraude **cognōvisset** vīrēs in **capillīs** sitās esse, eius caput tondere cōnstituit cum **tempus idōneum** invēnisset; quod quidem facile fēcit tunc

prōdere
prōsternere
rescīscere
rōbur
trucīdāre
utī
vexāre
vinculum
vindicāre in
   lībertātem

cum Samsōn dormiēbat. Sīc ergō vir ille fortissimus prōditus est Philistaeīs, quī, oculīs **ēreptīs**, eum diū multumque **dērīsērunt**.

Tempore tamen prōgrediente Samsōnī capillus **sectus** crēscere et cum capillō virtūs redīre coepit, adeō ut occāsiōnem ulcīscendī opperīrētur, quam nōn dēbuit diū exspectāre. Nam quōdam diē fēstō, quō pūblicum convīvium celebrābātur, Samsōn prōdūctus est et inter duās columnās positus ut **dērīdērētur** ā prīncipibus **cēnantibus**. Ille subitō columnās concussit et ingentī ruīnā omnēs sunt obrutī; ipse Samsōn sīc **mortuus est** nōn **sine ultiōne**.

Samuēl vērō, quī postrēmus fuit Hebraeōrum iūdex, nōn ita fortis erat **ut** Samsōn, sed item fuit ēgregiō praeditus **ingeniō**. Rēs bene administrāvit, in summā pāce et perpetuā tranquillitāte. Cum vērō senuisset et populus rēgem ab eō petīvisset, etsī nōlēns, eī mōrem gessit, postquam frūstrā cōnātus erat Hebraeōs ab hōc cōnsiliō **removēre**. Saūlem igitur, iuvenem fōrmā **ēgregiā**, rēgem cōnsecrāvit.

Pēnsum V

Errāta invenī. XXX verba sunt mūtanda.

Postquam Gedeōn duplicī mīrāculō cōnfīrmātus est, onerem bellī adversus Madiānītās gerendī suscēpit. Deum oboediēns trecentōs tantum mīlitēs sēcum retinuit, quōs in tribus partibus dīvīsit. Tubīs et lagoenīs distribūtīs, in quibus lampadae accēnsae erant, mediam noctem in hostium castra omnēs prōgressī sunt. Madiānītae tubārum strepitū perterritī fugae sē dedērunt, atque gladiīs in sē invicem conversibus, mūtuā caede sē trucīdāvērunt nē ab hostibus captī essent.

Madiānītis superātīs, Philistaeī coeperant multa incommoda Hebraeīs afflīgere, quī Samsōnem ultōrem invēnērunt. Ille vir incrēdibilem corporis rōborem praeditus erat, quam iam puer ostenderat cum leōnem obvium manū occīderat. Ille igitur adultus multīs clādibus Philistaeōs affēcit. Diē quōdam caudibus vulpium, quās immissūrus erat in hostium agrōs, lampadēs accēnsās alligāvit ut exūrant messam tunc mātūram. Aliō diē, cum in urbe fuisset Philistaeōrum, hostēs, occāsiōnem captantēs, portās obserārī iussērunt, nē quis exīret; spērābant enim sē māne interfectōs esse Samsōnem exeuntem. Ille vērō, cum vēnerit ad portam, umerīs eam sustulit cum serīs et postibus et in vertice montis vīcīnī portāvit. Philistaeī igitur, Samsōnem vī capere frūstrā cōnātī, cōnstituērunt uxōrem eius pecūniā corrumpere ut virum prōderet. Illa prīmum nesciēbat quōmodo cōnsilium perfectūra esset, sed cum rescīvisset virī virtūtem in crīne esse positam, exspectandum cēnset tempus idōneum ad capillī tondendī. Samsōnī ergō dormientī id fēcit, quī nihil animadvertit. Philistaeī Samsōnem comprehēnsum et vinculīs cōnstrictum in carcerem coniēcērunt, unde diēbus fēstīs ēdūcēbant ut lūdibrium habuissent. Ibi tamen coma accīsa intereā iterum crēscēbat, et Samsōn tempus ultiōnis meditābātur. Quod nōn dēbuit diū exspectāre; prōductus enim est in domō cuiusdam prīncipis, dērīdendum causā, et inter duās columnās est positus, quās subitō concussit ut ingentī ruīnā omnēs cīvēs obruantur. Sīc periit nōn inultus ipse Samsōn cum omnibus Philistaeīs.

QVARTA AETAS
(III) Reges creantvr: Savl et David

111. Prīmum Saūl Deō nōn pāret

Philistaeī in regiōnem Hebraeōrum irruptiōnem fēcērunt. Quāpropter Saūl adversus illōs prōcessit, et apud Galgala, urbem īnsignem istīus regiōnis, castra posuit. Porrō Samuēl ēdīxerat, ut sē per septem diēs exspectārent, nēve manum cum hoste prius cōnsererent, quam ipse, veniēns, Deō sacrificium faceret. Diē septimā cum Samuēl morārētur, et populus morae pertaesus dīlāberētur, Saūl ipse sacrificium fēcit locō sacerdōtis. Vix perāctō sacrificiō vēnit Samuēl, rēgemque graviter reprehendit, quod mūnus proprium sacerdōtum sibi temere arrogāvisset.

irruptiō -ōnis *f* < *ir-rumpere* (< *in-*) (↔ *ērumpere*)
quā-propter = propter hoc, itaque

manum cōn-serere = proelium facere

morārī (< *mora*) = tardus esse ad veniendum
populus pertaesus morae (*gen*) = populus, cui mora molesta est
dī-lābī = in variās partēs lābī (: abīre)
in locō sacerdōtis

proprius -a -um + *gen* = quī convenit + *dat*

ar-rogāre (< *ad-*) = postulāre (nūllō iūre)

112. Iōnāthā premente, Philistaeī fugae sē committunt

Cum Hebraeī ā Philistaeīs premerentur, Iōnāthās, Saūlis fīlius, audāx cōnsilium cēpit et perfēcit. Sōlō armigerō comite, castra hostium ingressus est, et vīgintī ferē Philistaeīs interēmptīs, ūniversum exercitum terrōre perculit. Itaque Philistaeī, perturbātī, coepērunt nōn iam ōrdinēs servāre, nōn imperia exsequī, sed fugae sē committere. Quod ubi Saūl animadvertit, cōpiās castrīs ēdūxit, et, fugientēs persecūtus, īnsignem victōriam rettulit.

com-mittere = dare, trādere; fugae sē c. = fugere

armi-ger -gera -gerum = quī arma gerit

inter-imere -ēmisse -ēmptum = interficere

ex-sequī = perficere

ē castrīs

113. Saūl Iōnātham morte plēctī iūbet

plēctī = pūnīrī

Saūl, cum persequerētur Philistaeōs, ēdīxerat nē quis, nisi

David -īdis *m*, Galgala -ōrum *n pl*, Iōnāthās -ae *m*

91

cōnfectīs : interfectīs

ēdictum -ī *n* = quod pūblicē imperātur

plūrimum *sup* < multum | agrestis -e (< ager)
 = quī rūrī et in silvīs invenītur
ne-scius -a -um = nesciēns, ignārus

in-tingere -tīnxisse -tīnctum = ūmidum facere
ad-movēre -mōvisse -mōtum
ē perīculō
ex-imere -ēmisse -ēmptum = dēmere
īn-sōns -ontis = quī nōn nocuit

rē-icere -iēcisse -iectum (< rē + iacere)

īn-ferre; bellum ī. + *dat* = bellum facere

of-fendere -fendisse -fēnsum (< ob-) = laedere (animum)
spolia -ōrum *n pl* = arma/rēs hostī victō ērepta

re-servāre

praeda -ae *f* = rēs quae in bellō rapiuntur

ungere ūnxisse ūnctum = *unguentō* aspergere;
 rēx apud Hebraeōs ungī solēbat

spīritus -ūs *m* (< spīrāre) = anima quae sine
 corpore errat | in-vādere -sisse = vī intrāre,
 impetum facere in
dē-līnīre = mollīre, tranquillum facere

spernere sprēvisse sprētum = contemnere
furor -ōris *m* = īra | in-cidere < in + cadere; in
 furōrem i. = furōre afficī | aulicus -ī *m* =
 minister rēgis quī in eius domō vīvit
cithara -ae *f* = fidēs; citharam pulsāre = citha-
 rā canere
huius-ce = huius
perītus -a -um + *gen* ↔ ignārus
mūnus -eris *n* = officium
statim ac = simul ac

cōnsīdere : tranquillus fierī

prō-vocāre

Philistaeus -a -um; Ph.us -ī *m*

---

cōnfectīs hostibus, cibum sūmeret, mortem minātus illī, quī contrā ēdictum fēcisset. Iōnāthās tunc aberat, nec rēgis imperium audierat. Accidit ut exercitus trāiceret silvam, in quā esset plūrimum mellis agrestis. Iōnāthās ēdictī paternī nescius extendit virgam quam manū tenēbat, eamque in mel intīnctam ōrī admōvit. Id ubi rēx cognōvit, fīlium morte plectī voluit; sed recēns meritum perīculō iuvenem exēmit, nec populus tulit īnsontem ad supplicium trahī.

114. Saūl iterum Deō nōn pāret et ab eō rēicitur. David rēx creātur

Saūl posteā, iubente Deō, bellum Amālēcītīs intulit. Prīmō rem bene gessit: caesī sunt hostēs et eōrum rēx captus est. Sed deinde Saūl Deum graviter offendit: vetuerat Deus nē quid ex spoliīs hostium reservārētur. Saūl vērō, Amālēcītīs cae- sīs, partem praedae servāvit. Quam ob causam rēiectus est ā Deō, et in eius locum David, adhūc iuvenis, ē tribū Iū- dae ēlectus est, et ā Samuēle ūnctus.

unguentum -ī *n*

115. Spīritus malus Saūlem invādit. David arcessītur ad eius animum aegrum dēlīniendum

Saūlem, postquam Deī mandāta sprēverat, invāsit spīritus malus, ita ut ille in furōrem saepe incideret. Tunc aulicī eī suāsērunt ut aliquem arcesseret, quī citharam scīret pulsāre, ad dēlīniendum aegrum eius animum. Arcessītus est David huiusce artis perītus, quī ob illud mūnus inter ministrōs rēgiōs habēbātur. Itaque statim ac Saūlem spīritus malus corripiēbat, David citharam pulsābat, et rēgis furor cōnsīdēbat.

116. Goliathus, vir mīrae magnitūdinis, Hebraeōs ad certā- men prōvocat

Secūtum est bellum cum Philistaeīs. Cum duae aciēs in cōnspectū essent, Philistaeus quīdam, nōmine Goliathus, vir

Goliathus -ī *m*

mīrae magnitūdinis, prōgressus est ante ōrdinēs, et ūnum ex
Hebraeīs saepe prōvocābat ad singulāre certāmen. Lōrīcā
induēbātur; ocreās in crūribus
aereās habēbat; cassis aerea caput eius operiēbat, et clipeus au-
reus tegēbat umerōs. Tum Saūl
magna praemia et fīliae nūptiās
eī prōmīsit, quī prōvocantis spolia rettulisset. At nēmō contrā illum exīre audēbat, et Goliathus
suam Hebraeīs ignāviam cum
irrīsū ac lūdibriō exprobrābat.

cassis -idis *f*

clipeus

lōrīca -ae *f*

ocrea -ae *f*

certāmen singulāre = certāmen inter singulōs

aereus -a -um = ex *aere* factus
aes aeris *n* = materia ferrō pretiōsior ex quā
assēs efficiuntur | clipeus -ī *m* = scūtum quod
orbis fōrmam habet

nūptiae -ārum *f pl* < nūbere

ignāvia -ae *f* < *ignāvus -a -um* (↔ industrius)

ir-rīsus -ūs *m* < *ir-rīdēre* (= dērīdēre)

117. David ad singulāre certāmen sponte sē offert

sponte = suā voluntāte, per sē

David, commōtus ignōminiā populī suī, sē sponte ad
pugnandum obtulit. Itaque adductus est ad Saūlem, quī,
cōnsīderātā eius aetāte, diffīdēbat pugnae. "Nōn poteris"
inquit, "adulēscentulus cum virō rōbustissimō pugnāre."
Respondit David: "Nē timeās, ō rēx: cum pāscerem ovēs
patris meī, leō invāsit gregem, ovemque corripuit: ego illum
persecūtus occīdī, et ovem ē faucibus illīus ēripuī. Ursum
pariter interfēcī. Deus quī mē dēfendit ā leōne et ursō, mē
quoque ā Philistaeō istō dēfendet." Tum Saūl: "Abī" inquit,
"cum istā fidūciā: Deus tē adiuvet."

ignōminia -ae *f* = mala fāma

dif-fīdere ↔ cōnfīdere

rōbustus -a -um = validus, fortis

nē timeās! : nōlī timēre!

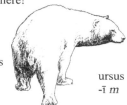

faucēs -ium *f pl*
= pars interna ōris

ursus -ī *m*

fidūcia -ae *f* = animus cōnfīdēns

funda -ae *f*

118. Fundā et lapidibus armātus adversus Goliathum prōcēdit

Saūl ipse sua iuvenī arma voluit accom-
modāre: galeam capitī eius imposuit, lōrīcā
pectus circumtēxit, latus gladiō accīnxit.
David vērō iīs impedītus armīs, quibus nōn
erat assuētus, vix poterat incēdere. Quārē
onus incommodum dēposuit.

Sūmpsit autem pēram pāstōrālem, quā
ūtī cōnsuēverat, et fundam cum quīnque
lapidibus in sacculō. Sīc armātus adversus
Philistaeum prōcessit.

pēra -ae *f*

ac-commodāre (< ad-) = idōneum facere; arma
iuvenī a. = iuvenem armīs induere
galea -ae *f* = cassis

circum-tegere -tēxisse -tēctum = operīre cir-
cum | ac-cingere -cīnxisse -cīnctum
impedītus -a -um = quī nōn facile movētur

as-suēscere -ēvisse -ētum + *dat* = mōrem sibi
facere
in-commodus -a -um = molestus

pāstōrālis -e < pāstor

119. Goliathum David interficit

ex adversō = contrā

Accēdēbat ex adversō Goliathus, quī, vīsō adolēscente: "Num" inquit, "mē canem esse putās, quī mē cum baculō aggrediāris?" Cui David respondit: "Tū venīs ad mē cum gladiō et hastā et clipeō; ego autem veniō in nōmine Dominī exercituum, quem probrīs ausus es lacessere." Tunc, missō fundā lapide, Philistaeum in fronte percussit, et humī prōstrāvit, currēnsque suum iacentī gladium dētrāxit, quō caput illī praecīdit. Eā rē perculsī Philistaeī in fugam versī sunt, et victōriam Hebraeīs concessērunt.

probrum -ī *n* = factum vel dīctum indignum
lacessere = (ad pugnam) prōvocāre

suum : eius
Goliathō iacentī
prae-cīdere -cīdisse -cīsum = secāre

120. Populī favor ergā Davīdem Saūlis invidiam accendit

favor -ōris *m* < favēre

Redeuntī Davīdī obviam itum est. Hebraeī, grātulantēs, victōrem dēdūcunt ad urbem: ipsae mulierēs, domibus ēgressae, cum tympanīs laudēs eius canēbant. Tantus populī favor invidiam Saūlis accendit, quī deinceps malevolō fuit in Davīdem animō, nec iam eum benignīs oculīs aspiciēbat.

obviam itum est : obviam ivērunt omnēs
grātulārī = dīcere 'sibi grātam esse alicuius bonam fortūnam'

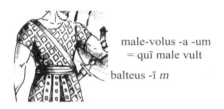

male-volus -a -um = quī male vult

balteus -ī *m*

illum suō balteō... dōnāvit = *eī* suum balteum ... dōnāvit

Longē alia fuit mēns fīliī eius Iōnāthae: virtūtem Davīdis admīrāns, illum singulārī amōre complexus est, suōque balteō, arcū et gladiō dōnāvit.

tympanum -ī *n*

121. Saūl prōmissīs nōn stat

prōmissīs (*dat*) stāre = prōmissa servāre

Saūl victōrī fīliam suam spoponderat uxōrem; at prōmissīs nōn stetit, novamque condiciōnem prōposuit, sī nempe David centum Philistaeōs interfēcisset. Malō animō id faciēbat rēx invidus: spērābat scīlicet iuvenem audācem facile peritūrum; at sua eum spēs dēlūsit. Nam David, occīsīs dūcentīs Philistaeīs, rediit illaesus, atque ita rēgis fīliam in mātrimōnium accēpit.

prō-pōnere
nempe = id est

invidus -a -um = quī invidet
peritūrum *esse*
sua : eius (: Saūlis)
dē-lūdere = fallere
il-laesus -a -um = nōn laesus

122. Saūl Davīdem saepe interficere cōnātur, sed ille ictum lētālem effugit

ictus -ūs *m* < īcere (= percutere)

lētālis -e = quī mortem affert

stimulāre = excitāre

palam (: apertē) ↔ occultē (: sine testibus)

Crēscēbat in diēs Saūlis ōdium, stimulante invidiā. Quārē nōn iam occultē sed palam Davīdī necem parābat. Bis eum

Saul Davidem lancea confodere conatur

Uxor Davidem per fenestram demittit

lanceā cōnfodere cōnātus est, sed David ictum lētālem dēclīnātiōne corporis effūgit. Saūl mandātum dedit Iōnāthae addūcere ad sē Davīdem, ut eum mortī trāderet. Dēnique Saūl mīsit satellitēs, quī Davīdem domī in oculīs uxōris trucīdārent; haec vērō marītum dēmīsit per fenestram, atque ita ēripuit perīculō.

lancea -ae *f* = hasta | cōn-fodere -fōdisse -fossum : laedere, vulnerāre
dēclīnātiō -ōnis *f* < *dē-clīnāre* (= in aliam partem vertere) | mandātum dare = imperāre
addūcere : ut addūceret

satelles -itis *m* = comes perpetuus quī dēfendit | in oculīs uxōris : uxōre spectante

ē perīculō

123. David Saūlem occīdere, quamquam impūnē potest, nōn vult

impūnē = sine poenā

David, ut vīdit implācābilem esse Saūlis in sē animum, excessit aulā, et sōlitūdinem petīvit. Saūl illum persecūtus est, at, Deō favente, David inimīcī manūs effūgit, et ipse Saūlis vītam nōn semel servāvit. Erat in dēsertō spēlunca vāstō recessū patēns: ibi David cum suīs comitibus in interiōre parte latēbat. Forte Saūl sōlus in illam spēluncam ingressus est, nec latentēs vīdit. Suī Davīdem comitēs hortābantur, ut opportūnam Saūlis interficiendī occāsiōnem arriperet: sed David nōluit, cum impūnē posset, inimīcum occīdere.

im-plācābilis -e = ferōx, quī mollīrī nōn potest
ex-cēdere = exīre, discēdere (ab)
aula -ae *f* = domus rēgis | *ex* aulā

locō dēsertō
vāstus -a -um = ingēns
recessus -ūs *m* = locus recēdēns

interior -ius *comp* (< *intrā*) = internus
hominēs latentēs
suī comitēs : eius comitēs
opportūnus -a -um = idōneus

cum posset : quamquam poterat

recessus

124. Saūl moritur

Mōtum est rūrsus bellum cum Philistaeīs, adversus quōs Saūl cum exercitū prōcessit. Commissā pugnā, Hebraeī fūsī sunt, trēs fīliī rēgis in aciē cecidērunt. Saūl ipse ex equō dēlāpsus, nē vīvus in potestātem hostium venīret, ūnī comitum latus trānsfodiendum praebuit. Rēgis mortem omnium Hebraeōrum fuga cōnsecūta est, et eō diē victōriā īnsignī potītī sunt Philistaeī.

bellum movēre = bellum facere

pugnam committere = pugnam facere/incipere | fūsī sunt : hūc et illūc sparsī sunt
cecidērunt : periērunt

dē-lābī -lāpsum esse = cadere
ūnī *dat* < ūnus -a -um (*gen* -īus, *dat* -ī)
trāns-fodere = trāns medium corpus percutere

victōriā īnsignī potītī sunt : vīcērunt

125. Saūlis morte audītā, David lacrimās profundit

pro-fundere = effundere

David, audītā Saūlis morte, lacrimās profūdit: montēs Gelbōē, ubi caedēs illa facta erat, exsecrātus est. Illum, quī ā sē Saūlem occīsum esse iactitābat, et rēgia īnsignia attulerat, perimī iussit, in poenam violātae maiestātis rēgiae. Cīvibus

ex-secrārī -ātum esse + *acc* = maledīcere + *dat*
iactitāre = glōriōsē dīcere
īnsigne -is *n* = quod aliquem significat
per-imere = interficere
violāre = (reī sacrae) vim afferre
māiestās -ātis *f* = iūs imperandī, potestās

Gelbōē *indēcl*

urbis Iābēs, quod Saūlis eiusque fīliōrum corpora sepelīvissent, grātiam rettulit.

Admīrandum sānē vērī ac sincērī ergā inimīcum amōris exemplum.

sepelīre –īvisse –ultum
admīrandum *est*
sincērus -a -um = quī cōnsiliō fallendī caret

126. David duplex scelus committit

scelus committere = scelus facere

David, postquam solium cōnscendit, duplex scelus, et quidem gravissimum, commīsit. Adamāvit mulierem, nōmine Bethsāben, eamque ad flāgitium compulit. Mulieris marītus, nōmine Ūrīās, vir fortissimus, tum in castrīs erat, et ēgregiam patriae operam nāvābat. Hunc David inīquō pugnae locō hostibus obicī iussit, atque ita necandum cūrāvit. At Deus ad Davīdem mīsit prophētam, quī illum admonēret, eīque poenam sceleris dēnūntiāret subeundam.

ad-amāre = amāre incipere

flāgitium -ī *n* = turpe factum
com-pellere = cōgere

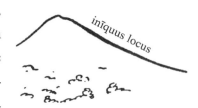

nāvāre = industriē cūrāre
patriae (*dat*) operam nāvāre = patriam cūrāre
in inīquō pugnae locō
in-īquus -a -um ↔ aequus
ob-icere = contrā pōnere
necandum cūrāvit : fēcit ut necārētur
prophēta -ae *m* = homō quī dīvīnō modō rēs
   futūrās anteā dīcit
dē-nūntiāre | poenam subeundam : poenam
   patiendam

127. Fābula quam prophēta Nāthan rēgī nārrat

al-loquī -locūtum esse (< ad-) + *acc*

Sīc Davīdem allocūtus est prophēta Nāthan: "Erant in eādem urbe duo hominēs: alter dīves multōs boum, caprārum, atque ovium gregēs alēbat; alter vērō nihil habēbat praeter ovem ūnam, quam ipse ēmerat, et apud sē dīligenter nūtriēbat. Vēnit ad hominem dīvitem hospēs quīdam; cumque eī parandum esset convīvium, dīves ille pepercit suīs ovibus, et oviculam pauperis, vī ēreptam, hospitī edendam apposuit. Tuum est, ō rēx, dē hōc factō iūdicāre."

boum *gen pl* < bōs
multōs gregēs

capra -ae *f*

ovicula -ae *f* = parva ovis
apposuit edendam : apposuit ut ederet
tuum est : tū dēbēs
iūdicāre = statuere quid iūstum sit

128. Prophētae verbīs commōtus David suam agnōscit culpam

indignārī = indignum putāre

Rēx indignāns respondit: "Inīquē fēcit quisquis ille est: prō ove ablātā quattuor ovēs reddet." Tum prophēta apertē: "Tū" ait, "tū es iste vir: tē Deus bonīs omnibus cumulāvit, tē rēgem fēcit, tē ab īrā Saūlis līberāvit, tibi rēgiam domum, rēgiās opēs trādidit. Cūr ergō uxōrem Ūrīae rapuistī? Cūr virum

cumulāre = augēre

Iābēs *indēcl*, Bethsābe -ēs *f*, Ūrīās -ae *m*, Nāthan *indēcl* innoxium tibi mīlitantem gladiō hostium interfēcistī?" Hīs prophētae verbīs mōtus David culpam agnōvit et cōnfessus est. Cui prophēta: "Tibi" inquit, "Deus condōnat peccātum tuum; attamen fīlius, quī nātus est tibi, moriētur".

in-noxius -a -um = sine culpā

129. David cibō abstinēt nē fīlius pereat

abstinēre + *abl* = sē abstinēre ab

Paulō post īnfāns in gravem morbum incidit. Per septem diēs David in magnō lūctū fuit, cibō abstinēns et ōrāns. Diē septimō īnfāns mortuus est, nec ausī sunt famulī id rēgī nūntiāre. Quōs ut vīdit David mussitantēs, intellēxit id quod erat: mortuum esse īnfantem. Tunc, lūctū dēpositō, iussit sibi appōnī cibōs, mīrantibusque aulicīs dīxit: "Aegrōtante puerulō ieiūnus ōrābam, spērāns scīlicet Deum plācārī posse; nunc autem, cum mortuus sit, cūr frūstrā lūgeam? Num poterō illum ad vītam revocāre?"

morbus -ī *m* = mala valētūdō
in-cidere < in + cadere; in morbum i. = morbō afficī | lūctus -ūs *m* < lūgēre

mussitāre = parvā vōce loquī

ieiūnus -a -um = quī nōndum cibum sūmpsit

re-vocāre = iterum vocāre

130. Absalōn adversus patrem rebellat

re-bellāre = bellum (iterum) facere

Ad hunc dolōrem alius accessit dolor. Absalōn, fīlius Davīdis, paternum rēgnum affectāvit: concitātā multitūdine imperītā, adversus patrem rebellāvit. Id ubi cognōvit David, excessit Hierosolymā, veritus nē, sī ibi remanēret, Absalōn, cum exercitū veniēns, urbem rēgiam obsidēret, eamque ferrō et igne vāstāret. Quārē ēgressus cum suīs, quī in officiō manēbant, cōnscendit montem olīvārum flēns, nūdīs pedibus et opertō capite.

ac-cēdere = addī

rēgnum -ī *n* = rēgis imperium
affectāre = valdē petere | concitāre = excitāre
im-perītus -a -um = ignārus

ferrō : armīs
vāstāre ↔ aedificāre | suīs *comitibus*
quī in officiō manēbant : quī suum officium cūrāre pergēbant

131. Incrēdibilis Davīdis patientia

Fugientī occurrit vir quīdam ē genere Saūlis, nōmine Semei, quī coepit Davīdem eiusque comitēs maledictīs et lapidibus appetere. Quod illī indignē ferentēs volēbant ulcīscī iniūriam, et maledicī convīciātōris caput amputāre. At David eōs cohibuit: "Sinite" inquit, "istum mihi maledīcere; forsitan Deus, hīs quae patior malīs plācātus, meī miserēbitur, et meum dolōrem respiciet." Incrēdibilem rēgis patientiam admīrātī, comitēs dictō aegrē pāruērunt.

male-dictum -ī *n* < male-dīcere
lapidibus appetere : lapidibus impetum facere
indignē ferre (rem) = īrātus esse (ob rem)
male-dicus -a -um < male-dīcere
convīciātor -ōris *m* = quī dērīdet
amputāre = secāre (cultrō)
cohibēre -uisse -itum = prohibēre

aegrē ↔ libenter

Absalōn -ōnis *m*, Hierosolyma -ae *f*, Semei *indēcl*

132. Cōpiīs collēctīs David ad bellum adversus Absalōnem sē parat

ali-quamdiū = aliquantum temporis (nesciō quamdiū) | salūtī esse = salūtem ferre
com-parāre = parāre

Absalōn, profectō patre, ingressus est Hierosolymam, ibique aliquamdiū morātus est, quae rēs salūtī fuit Davīdī: nam interim David collēgit cōpiās, sēque ad bellum com-parāvit. Iam aderat Absalōn cum exercitū, et proelium mox erat commitendum. Suāsērunt rēgī suī comitēs, nē interesset

inter-esse + *dat* = adesse in

certāminī. Quāpropter David Iōabum suīs cōpiīs praefēcit, sēque in urbem vīcīnam contulit. Abiēns autem praecēpit

sē cōnferre (in locum) = īre

Iōabō cēterīsque ducibus, ut Absalōnī parcerent, sibique fīlium incolumem servārent.

133. Absalōn superātur et comā suspēnsus adhaeret cuiusdam quercūs rāmīs

sus-pendere -pendisse -pēnsum
ad-haerēre -sisse -sum = fīgī

quercus -ūs *f*

Ācriter pugnātum est utrimque, sed, Deō favente, victōria penes Davīdem

utrim-que = ab utrāque parte

penes *prp* + *acc* = apud

terga vertere = fugere

fuit. Terga vertērunt Absalōnis mīlitēs, ē quibus vīgintī mīlia cecidērunt. Absalōn fugiēns mūlō insidēbat; erat autem prō-

mūlus -ī *m* = bēstia nāta ex asinō et equā
īn-sidēre + *dat* = cōnsīdere in
prō-missus -a -um = longus
praeceps -cipitis = celer
subter *prp* + *acc* = īnfrā

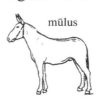

mūlus

missō et dēnsō capillō: dum praecipitī cursū fertur subter dēnsam quercum, coma eius implicita est rāmīs, et ipse suspēnsus ad-

praeter-īre

haesit, mūlō interim praetereunte et cursum pergente.

134. Absalōn interficitur

pendentem : suspēnsum

Vīdit quīdam pendentem Absalōnem, nec ausus est illī

violentus -a -um = quī vī ūtitur
alicui manūs (violentās) īnferre = vim īnferre
in-crepāre = magnā vōce reprehendere

manūs violentās īnferre, sed nūntiāvit Iōabō, quī eum increpāns: "Dēbuerās" inquit, "iuvenem impium cōnfodere."

atquī = at tamen

"Atquī" respondit ille, "mē praesente, rēx praecēpit tibi, ut fīliō suō parcerēs." "Ego vērō nōn parcam" ait Iōabus, et

dē-fīgere

statim sūmpsit trēs lanceās, quās in pectus Absalōnis dēfīxit.

armigerī -ōrum *m pl*
repetītīs ictibus : plūribus ictibus datīs
re-petere = iterum petere/facere
Absalōnem cōnfossum

Cum Absalōn adhūc palpitāret haerēns in quercū, armigerī

Iōabus -ī *m*

Iōabī repetītīs ictibus cōnfossum interēmērunt.

135. Absalōnis morte nūntiātā, David magnō maerōre afficitur

Stābat intereā David ad portam urbis, exspectāns ēventum pugnae, et māximē dē fīliī salūte sollicitus. Cum illī nūntiātum esset prōflīgātōs hostēs et interfectum esse Absalōnem, nōn modo nōn laetātus est dē victōriā, quam reportāverat, sed māximum quoque dolōrem cēpit ex morte fīliī. Inambulābat in cēnāculō maerēns, et in hās vōcēs identidem ērumpēns: "Fīlī mī Absalōn, Absalōn fīlī mī: utinam prō tē moriar, Absalōn fīlī mī, fīlī mī Absalōn."

136. Salomōne rēgnī hērēde cōnstitūtō, David diem suprēmum obit

Multa deinceps bella David prōsperē gessit contrā Philistaeōs, rēbusque forīs et domī compositīs, reliquum vītae tempus in flōrentī pāce exēgit. Cum esset extrēmā senectūte et īnfīrmā valētūdine, Salomōnem hērēdem rēgnī cōnstituit. Is ā summō sacerdōte ūnctus, vīvō adhūc patre, rēx appellātus est. David, cum fīliō dedisset praecepta rēgnō administrandō ūtilissima, diem suprēmum obiit.

sollicitus -a -um = animō turbātus

prō-flīgāre = plānē vincere

in-ambulāre = hūc illūc ambulāre
cēnāculum -ī *n* = domūs pars superior
vōcēs : verba | identidem = iterum iterumque
ērumpere = subitō exclāmāre

hērēs -ēdis *m* = is cui trāduntur rēs virī mortuī
(diem suprēmum) obīre = morī
suprēmus -a -um *sup* (< suprā) = summus, ultimus

forīs et domī : extrā patriam et in patriā
com-pōnere -posuisse -positum = ōrdināre
flōrēns -entis : fēlīx | ex-igere -ēgisse -āctum
(< -agere); tempus/vītam e. = vīvere
extrēmus -a -um = ultimus
īn-fīrmus -a -um = invalidus, dēbilis

praeceptum -ī *n* = imperium | rēgnō administrandō : ad rēgnum administrandum
ūtilis -e = quī prōdest

Salomōn -ōnis *m*

PENSA (§ 111-136)

Pēnsum I

Coniunge sententiās.

1. Cum Samuēl diē septimā morārētur,
2. Iōnāthās, ēdictī paternī nescius,
3. Cum sibi partem praedae Saūl reservāvisset,
4. Ut dēlīnīret Saūlis animum aegrum,
5. Goliathus, Philistaeus mīrae magnitūdinis,
6. Cum nēmō adversus Goliathum prōgredī audēret,
7. Suī populī ignōminiā commōtus
8. Armīs, quae eī Saūl accommodāverat, nōn assuētus,
9. Goliathō interemptō,
10. Rēx invidus Davīdem cōnfodere cōnātus est,
11. Deus prophētam Nāthan mīsit,
12. Cum duplex scelus commīsisset,
13. Cibīs David abstinet
14. Absalōne rebellante et rēgnum paternum affectante,
15. Iōabō, exercitūs ducī, praecipit
16. Absalōn, comā suspēnsus rāmīs cuiusdam quercūs,

- rēiectus est ā Deō et in eius locum David est ūnctus.
- ut Absalōnī parcat.
- ūnum ex Hebraeīs ad singulāre certāmen prōvocāre solēbat.
- eius fīlius īnfāns in gravem morbum incidit.
- Saul ipse sacrificium fēcit locō sacerdōtis.
- David fundā tantum armātus et lapidibus adversus Goliathum prōcessit.
- David citharam pulsāre solēbat.
- sed ille ictum lētālem corporis dēclīnātiōne effūgit.
- tribus lanceīs cōnfossus periit.
- ut Davīdī dēnūntiāret duplicis sceleris poenam.
- Hebraeī Davīdī grātulātī sunt.
- virgam in mel intīnctam ōrī admōvit.
- ut Deus fīliī vītae parcat.
- ille Hebraeōrum ignāviam lūdibriō habēbat.
- David sē sponte ad pugnandum obtulit.
- David, Hierosolymā relictā, sē ad bellum comparāvit.

Pēnsum II

Ad interrogāta respondē.

1. Cūr Samuēl graviter Saūlem reprehendit?
2. Quid Iōnāthās, Saūlis fīlius, cum armigerō comite fēcit?
3. Quid in silvā fēcit Iōnāthās, ēdictī paternī nescius?
4. Cūr David in locum Saūlis rēx est ūnctus?
5. Quōmodo David dēlīnīre solēbat Saūlis animum aegrum?
6. Quis fuit Goliathus?
7. Quibus armīs indūtus erat?
8. Cūr David sponte sē ad pugnandum obtulit?
9. Cūr David arma, quae sibi Saūl accommodāverat, mūtāre voluit?
10. Quibus igitur armīs adversus Goliathum prōgressus est?

11. Quōmodo interēmit Goliathum?
12. Postquam Goliathum superāverat, quō animō Saūl et Iōnāthās fuērunt in Davīdem?
13. Stetitne Saūl prōmissīs?
14. Quibus modīs Saūl cōnātus est Davīdem trucīdāre?
15. Quandō David habuit opportūnam Saūlis interficiendī occāsiōnem?
16. Quōmodo Saūl mortuus est?
17. Nūntiō dē Saūlis morte audītō, quid fēcit David?
18. Quae scelera commīsit David?
19. Quam fābulam prophēta Nāthan rēgī nārrat?
20. Quōmodo David est ā Deō pūnītus prō sceleribus quae commīserat?
21. Quid fēcit David nē fīlius perīret?
22. Quōmodo intellēxit rēx fīlium esse mortuum?
23. Quis fuit Absalōn? Quid ille fēcit?
24. Cūr David Iōabum suīs cōpiīs praefēcit?
25. Quid eī praecēpit?
26. Quid Absalōnī fugientī ēvēnit?
27. Quem David cōnstituit rēgnī hērēdem?

Pēnsum III

Scrībe verba idem aut contrārium significantia.

_____ = propter hoc	_____ = ab utrāque parte
_____ = nesciēns, ignārus	_____ = apud
_____ = quī nōn nocuit	_____ = longus
_____ = laedere (animum)	_____ = celer
_____ = officium	_____ = īnfrā
_____ = galea	_____ = magnā vōce reprehendere
_____ = suā voluntāte	_____ = at tamen
_____ = deinde	_____ = plānē vincere
_____ = id est	_____ = iterum iterumque
_____ = nōn laesus	_____ = invalidus, dēbilis
_____ = sine poenā	_____ = imperium
_____ = domus rēgis	_____ = animō turbātus
_____ = interficere	_____ ↔ ignārus
_____ = sine culpā	_____ ↔ cōnfīdere
_____ = valdē petere	_____ ↔ occultē
_____ = ignārus	_____ ↔ aequus
_____ = prohibēre	_____ ↔ aedificāre

Pēnsum IV

Scrībe verbōrum fōrmās.

interimere _____ _____
intingere _____ _____
_____ _____ ēmptum
_____ offendisse _____

- ungere _____ _____
- _____ invāsisse
- _____ _____ sprētum
- circumtegere _____ _____
- accingere _____ _____
- _____ _____ assuētum
- _____ praecīdisse _____
- _____ _____ cōnfossum
- _____ cohibuisse _____
- suspendere _____ _____
- _____ adhaesisse _____
- compōnere _____ _____
- _____ _____ exāctum

Pēnsum V

Vocābula in fōrmā pōne. Litterae, quae in quadrātīs nigriōribus positae erunt, sententiam efficient ex sacrīs librīs prōmptam; quā sententiā intellegimus quantī aestimandus sit fīdus amīcus.

1. = perficere.
2. Illud temere sibi arrogāvit Saūl, Samuēle absente.
3. Plūrimum tālis mellis in silvā Iōnāthās invēnit.
4. = tardus esse ad veniendum.
5. Māteria quā rēgēs apud Hebraeōs ungī solēbant.
6. Invāsit Saūlem postquam ille Deī mandāta sprēverat.
7. = rēs quae in bellō rapiuntur.
8. = mala fāma.
9. Eam David pulsābat ad rēgis animum dēlīniendum.
10. = contemnere.
11. Est vitium quod Goliathus Hebraeīs exprobrābat.
12. Tālēs erant Goliathī ocreae.
13. Est ūnum ex praemiīs quod Saūl prōmīsit eī, quī Goliathī spolia rettulisset.
14. Goliathī pectus operiēbat.
15. = validus, fortis.
16. < irrīdēre.
17. = quī male vult.
18. = dīcere 'sibi grātam esse alicuius bonam fortūnam'.
19. Cēterīs armīs relictīs, eam David sūmpsit ad Goliathum occīdendum.
20. = quī nōn facile movētur.
21. Ūnus *dat.*
22. Erat onus armōrum quae Saūl Davīdī accommodāverat.
23. = quī invidet.
24. Iōnāthās Davīdī dōnāvit.
25. = hasta.
26. Tālis erat Saūlis animus in Davīdem.
27. Eōs mīsit Saūl ad Davīdem, ut eum trucīdārent in oculīs uxōris.
28. = idōneus.
29. Erat Nāthan.
30. Eam violāverat ille quī Saūlem interēmit.
31. = parvā vōce loquī.
32. = quī maledīcit.
33. = quī nōndum cibum sūmpsit.
34. Arbor cuius rāmīs suspēnsus adhaesit Absalōn.
35. Eī īnsidēbat Absalōn fugiēns.
36. Locus, in quō trīstis inambulābat David postquam scīverat Absalōnem interēmptum esse.

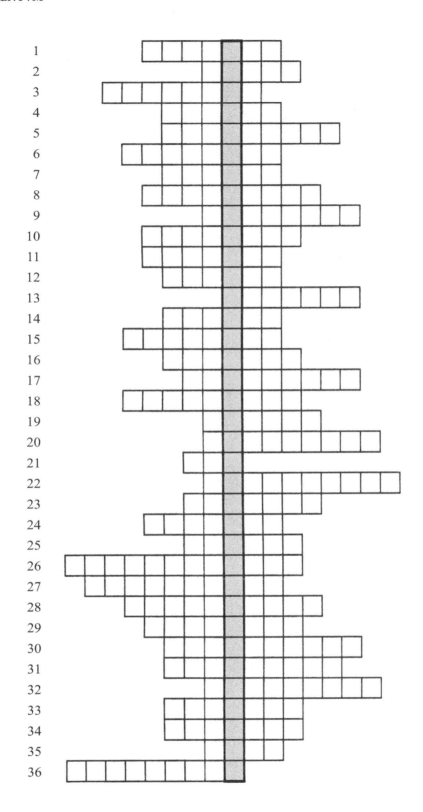

Pēnsum VI

Verba, quae dēsunt, scrībe.

- accēdere
- accommo-
- dāre

Diū Saūl adversus Philistaeōs pugnāvit. Quādam diē Iōnāthās, Saūlis fīlius, in hostium castra ingressus est ubi nōn sōlum vīgintī hostēs _____, sed etiam cēterōs ita terrōre perculit, ut fugae sē _____.

adamāre
adhaerēre
affectāre
committere
cōnferre
cōnfodere
cōnserere
dēfīgere
deinceps
dēlābī
dēnūntiāre
excēdere
exigere
grātulārī
hērēs
iactitāre
iēiūnus
ignāvia
ignōminia
impedītus
implācābilis
incidere
īnsidēre
interesse
interimere
invidus
lancea
lētālis
nāvāre
nempe
nūptiae
obicere
obīre
penes
pēra
praeceps
praecīdere
profundere
prōmissus
prōvocāre
spolia
sponte
trānsfodere

Rēs tamen nōn semper prosperē cum Philistaeīs ēveniēbant, praesertim tunc cum Goliathus, vir mīrae magnitūdinis, ūnum ex Hebraeīs ad certāmen singulāre _____ coepit.

Cum nēmō adversus eum, quī Hebraeōrum _____ cum irrīsū et lūdibriō exprobrāre solēbat, prōgredī audēret, Saūl magna praemia et fīliae _____ prōmīsit eī quī Goliathī _____ rettulisset. David, quī iam patī nōn poterat suī populī _____, sē _____ ad pugnandum obtulit. Saūl, cum vīdisset adulēscentem, prīmum dubitāvit, sed posteā ipse eī arma _____; quibus tamen _____, cum iīs assuētus nōn esset, ea David mūtāre cōnstituit. Sumptā igitur _____ pāstōrālī lapidibusque in sacculō positīs, cum fundā adversus Goliathum prōcessit, quī eum vidēns rīsit dīxitque 'sē canem nōn esse quī illīs armīs vulnerārētur'. David vērō sine metū lapidem fundā mīsit quō Goliathum in fronte percussit et humī prōstrāvit; tum gladiō, quem ab ipsīus Goliathī latere dētrāxerat, eius caput _____.

Hebraeīs dē victōriā Davīdī _____, Saūl tantā invidiā est accēnsus ut magnīs perīculīs eum _____ meditārētur. Prīmum enim fīliam, quam in mātrimōnium prōmīserat, Davīdī 'sē datūrum nōn esse' dīxit, 'nisi centum Philistaeōs interēmisset'. Quod quidem David fēcit. Deinde ipse rēx _____ lanceā cōnātus est Davīdem _____, sed ille ictum _____ corporis dēclīnātiōne vītāre potuit. Cum igitur David vidēret _____ in sē esse Saūlis odium, ex aulā _____ et sōlitūdinem petere māluit, ut inimīcī manūs effugeret.

Non multō post Saūl, ex equō _____, comitem rogāvit ut latus suum _____ nē in hostium potestātem venīret: sīc ille periit. Quod cum audīvisset David lacrimās _____, eumque, quī sē _____ Saūlem interfēcisse, perimī iussit.

Sed David quoque in Deum duplicī scelere peccāvit: nam et fēminam _____, quam amāre nōn licēbat, et eius virum, quī patriae operam _____, adversus hostēs, _____ ad mortem certam, pugnātum mīsit. Prophētā vērō ā Deō missō ut poenam _____ tantī sceleris, rēgem adeō paenituit factī impiī, ut Deus eī, nōn tamen eius fīliō, peccātum condōnāverit. Paulō enim post īnfāns in morbum _____, et post septem diēs, quibus David _____ ōrāvit, mortuus est.

Neque hic fīnis malōrum fuit, nam novus dolor _____. Absalōn, Davīdīs fīlius, paternum rēgnum _____ atque patrem urbem relinquere coēgit. Ille interim, collēctīs cōpiīs, ad manūs _____ sē parābat. Comitibus hortantibus nē certāminī _____, David in urbem vīcīnam sē _____ praecipiēns ut fīlius rebellāns ad sē incolumis addūcerētur. Proeliō commissō, victōria _____ Davīdem fuit, hostibus terga vertentibus. Inter fugientēs _____ cursū erat Absalōn, mūlō _____; quī, cum habēret crīnem dēnsum et _____, suspēnsus _____ rāmīs cuiusdam quercūs, quibus coma implicita erat. Tunc Iōabus, Davīdis exercitūs dux, cum rescīvisset Absalōnem suspēnsum esse, ad eum cucurrit et trēs _____, rēgis mandātīs nōn oboediēns, in pectus Absalōnis _____.

Multa _____ bella David bene gessit, et reliquam vītam in pāce _____. Cum sibi mortem imminēre sentīret, Salomōnem rēgnī _____ cōnstituit, et placidē diem suprēmum _____.

QVINTA AETAS

(I) Ex vno dvo regna: altervm Ivdae, altervm Israelis

137. Salomōn ā Deō postulat ut sapientia sibi dōnētur

Dīligēbat Deus Salomōnem: eī per quiētem adstāre vīsus est, deditque optiōnem ēligendī quidquid vellet. Salomōn nōn aliud sibi darī poposcit, quam sapientiam, reliqua omnia parvī aestimāns. Quae rēs ita Deō placuit, ut illī plūs tribuerit quam rogātus erat; nam Salomōnī eximiam sapientiam impertīvit, et īnsuper dīvitiās et glōriam, quās nōn petīverat, addidit.

optiō -ōnis *f* = potestās ēligendī

im-pertīre -īvisse -ītum = (partem) dare

138. Salomōn sapientiae specimen ēdit

Nōn multō post Salomōn concessae sibi ā Deō sapientiae specimen ēdidit. Duae mulierēs in eādem domō habitābant. Utraque eōdem tempore peperit puerum. Ūnus ex hīs puerulīs post diem tertium nocte mortuus est: māter surripuit puerum alterīus mulieris dormientis, et huius locō fīlium suum mortuum supposuit. Ortā inter duās mulierēs gravī altercātiōne, rēs ad Salomōnem dēlāta est.

specimen -inis *n* = exemplum

con-cēdere -cessisse -cessum = dōnāre (quod postulātur)

ūnus : alter

huius *in* locō

altercātiō -ōnis *f* = pugna cum tumultū

139. Contrōversia dē puerō

Difficilis erat atque perobscūra quaestiō, cum nūllus esset testis. Rēx autem ut explōrāret latentem vēritātem: "Dīvidātur" inquit, "puer dē quō contrōversia est, et pars ūna ūnī mulierī, altera alterī dētur." Iūdiciō assēnsa est falsa māter; altera vērō exclāmāvit: "Nē, quaesō, nē occīdātur puer, ō rēx:

contrōversia -ae *f* = certāmen (dē iūre)

per-obscūrus -a -um
quaestiō -ōnis *f* = quod quaeritur

pars ūna : pars altera

iūdicium -ī *n* = sententia

quaesō = ōrō (tē/vōs)

Israēl -is *m*

Salomonis iudicium

mālō ista tōtum habeat." Tunc rēx ait: "Rēs est manifēsta: haec vērē est māter puerī." Et huic illum adiūdicāvit.

Admīrātī sunt omnēs singulārem rēgis prūdentiam.

mālō *ut* ista (: altera fēmina) habeat

ad-iūdicāre = secundum iūdicium dare

prūdentia -ae *f* < prūdēns

140. Hierosolymae Salomōn templum Deō aedificat

Salomōn templum immēnsī operis Hierosolymae aedificāvit: omnia aurō, argentō, gemmīsque in eō fulgēbant. In hōc templō arca foederis collocāta est. Vīcīnī rēgēs ob tantam sapientiae fāmam cum Salomōne amīcitiam iūnxērunt, foedusque fēcērunt. Rēgīna Saba eius vīsendī cupida fīnibus rēgnī suī excessit, vēnitque Hierosolymam. Rēgnābat Salomōn in summā pāce, opibus et dēliciīs affluēns.

im-mēnsus -a -um = ingēns

fulgēre = (subitō) lūcēre

fīnēs -ium *m pl* = regiō, terra
ē fīnibus

af-fluere (< ad-); a. rē = plūs quam satis
 habēre reī

141. Mulierēs exterās amandō Salomōn sapientiam āmittit

Posteā Salomōn voluptātī sē dedit: nihil porrō tam inimīcum est virtūtī quam voluptās: itaque āmīsit sapientiam. Mulierēs exterae, quās adamāvit, eum iam senem ad rītūs gentīlēs pertrāxērunt. Quibus rēbus offēnsus Deus poenam illī dēnūntiāvit: scīlicet, fore ut rēgnum māiōre ex parte fīliō eius adimerētur, et servō trāderētur; atque ita factum est.

exter -a -um = cui alia est patria

voluptās -ātis *f* = quod dēlectat, dēliciae

rītus -ūs *m* = modus Deī colendī

gentīlis -e (< gēns); rītūs g. : rītūs aliārum
 gentium (: nōn Hebraeōrum) | per-trahere
fore ut = futūrum esse ut

ad-imere ↔ dare

142. Roboāmus, Salomōnis fīlius, patrī succēdit

Salomōnī Roboāmus fīlius successit: is imperium culpā paternā iam nūtāns stultitiā suā ēvertit. Salomōn populō vectīgal gravissimum imposuerat. Quod onus cum populus tolerāre nōn posset, illud poposcit imminuī. Rēgem monēbant senēs, ut populō satisfaceret; iuvenēs vērō dissuādēbant. Roboāmus aequālium cōnsiliō ūsus, populō acerbē respondit, eiusque postulātiōnem rēiēcit.

nūtāre = hūc illūc movērī
ē-vertere ↔ aedificāre
vectīgal -ālis *n* = pecūnia rēgī solvenda

tolerāre = ferre, patī

satis-facere + *dat* = facere quod postulātur

aequālis -is *m* = homō eiusdem aetātis
acerbē : sevērē

143. Decem tribūs ā Roboāmō dēficiunt et novum sibi creant rēgem

Inde exorta est sēditiō: decem tribūs ā Roboāmō dēfēcērunt, rēgemque sibi creāvērunt Ieroboāmum ē tribū Ephraīmī. Duae tantum tribūs in fidē mānsērunt, scīlicet tribus

dē-ficere (ab aliquō) = aliquem amīcum dēserere (et trānsīre ad hostem)

sēditiō -ōnis *f* = certāmen cīvium adversus
 rēgem

Saba *indēcl*, Roboāmus -ī *m*, Ieroboāmus -ī *m*

cōn-suētūdō -inis *f* = quod fierī solet, mōs
proprius -a -um = nōn alterīus, suus
īn-stituere -uisse -ūtum = (novam rem) prīmum statuere

Isrāēlīticus -a -um

omnēs ad ūnum : omnēs

cultus -ūs *m* < colere
ad vērum *Deī* cultum
monita -ōrum *n pl* < monēre
contumēlia -ae *f* = dictum indignum

captīvus -a -um (< capere) = bellō captus;
  captīvus -ī *m*

Iūdae et tribus Beniāmīnī. Sīc duo ex ūnō rēgna facta sunt: alterum Iūdae, alterum Isrāēlis. Ieroboāmus, ut populum suum ā cōnsuētūdine eundī Hierosolymam abdūceret, propriam religiōnem iīs īnstituit, et falsōs deōs prōposuit colendōs.

144. Rēgnum Isrāēlīticum in potestātem Assyriōrum cadit

Nōn diū stetit rēgnum Isrāēlīticum, quia omnēs ad ūnum rēgēs fuērunt impiī. Ad eōs Deus saepe mīsit prophētās, quī eōs admonērent, et ad vērum cultum revocārent; sed illī prophētārum monitīs nōn pāruērunt, immō eōs contumēliīs, poenīs, morte affēcērunt. Quārē īrātus Deus illōs in potestātem hostium trādidit: dēvictī sunt ā rēge Assyriōrum, quī decem tribūs captīvās fēcit, et in Assyriam dēportāvit.

Assyriī -ōrum *m pl*, Assyria -ae *f*

110

PENSA (§ 137-144)

Pēnsum II

Interrogā id, quod ad haec respōnsa convenit.

- 1. Optiōnem eī dedit ēligendī quidquid vellet.
- 2. Altera, cum īnfāns eī mortuus esset, fīlium alterīus mulieris surripuit.
- 3. Salomōn iussit puerum in duās partēs scindī et utrīque mulierī distribuī.
- 4. Quia mulierēs exterās adamāvit, quae eum ad rītūs gentīlēs pertrāxērunt.
- 5. Is imperium, quod ā patre nūtāns accēperat, stultitiā suā ēvertit.
- 6. Decem tribūs sēditiōnem fēcērunt, quā sibi novum rēgem creāvērunt.
- 7. Ut populum suum abdūceret ā cōnsuetūdine sē Hierosolymam cōnferendī.
- 8. Assyriōrum rēx decem tribūs captīvās factās in Assyriam dēportāvit.

Pēnsum II

Vocābula in fōrmā pōne. Litterae, quae in quadrātīs nigriōribus positae erunt, sententiam efficient ex sacrīs librīs prōmptam.

- 1. Ēdidit Salomōn cum eī contrōversia dē puerō dēlāta est.
- 2. = ingēns.
- 3. Est virtūtī inimīca.
- 4. Salomōnī Deus impertīvit.
- 5. Erat perobscūra.
- 6. = nōn alterīus, suus.
- 7. < prūdēns.
- 8. Orta est inter duās mulierēs.
- 9. Is cui trāduntur rēs virī mortuī.
- 10. = aliquem amīcum dēserere (et trānsīre ad hostem).
- 11. Rītūs ad quōs est pertractus Salomōn.
- 12. = quod fierī solet, mōs.
- 13. Populō Salomōn imposuerat.
- 14. = ferre, patī.
- 15. Tālēs fēcit Assyriōrum rēx decem tribūs.
- 16. = homō eiusdem aetātis.
- 17. ↔ aedificāre.
- 18. = dictum indignum.
- 19. < monēre.

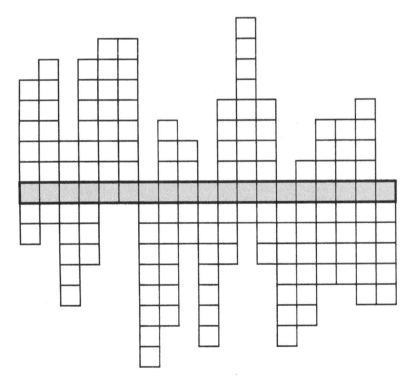

1 2 3 4 5 6 7 8 9 10 11 12 13 14 15 16 17 18 19

Pēnsum III

Ex hīs verbīs sententiās cōnfice, quibus epitomēn scrībās rērum quae in hōc capitulō nārrātae sunt.

- *Exemplum:* Deus Salomōnī dare optiōnem ēligere quidquid velle
  Salomōn postulāre sibi sapientiam darī

  Cum Deus Salomōnī optiōnem dedisset ēligendī quidquid vellet, ille sapientiam sibi darī postulāvit...

- Paulō post Salomōn sapientiae specimen ēdere
- Contrōversia esse dē puerō, nam duae mulierēs esse quae eōdem tempore puerum parere
- Ūnus ē duōbus mortuus esse, alter ab alterā muliere surreptus
- Salomōn puerum in duās partēs dīvidere mulieribus dare iubēre
- Vēra māter exclāmāre sē malle fīlium nōn habēre quam eum interfectum
- Salomōn rēgnāre in summā pāce et affluere opibus et dēliciīs
- Salomōn posteā voluptātī sē dare et mulierēs exterās adamāre
- Salomōnem ad rītūs gentīlēs pertrahī
- Deus offēnsus dīcere multum ex rēgnō fīliō adimere
- Salomōnis fīlius rēgnum paternum nūtāns ēvertere
- Populō nōn satisfacere et aequālium cōnsiliō ūtī
- Sēditiō exorīrī et decem tribūs dēficere ā Roboāmō
- Quās posteā Assyriōrum rēx dēvincere
- Quia eae relinquere vērum Deī cultum neque audīre prophētārum monita

QVINTA AETAS

(II) Fabvla de Tobia

vacca

vitulus

145. Dē Tobiā captīvō et in Assyriam dēductō

Inter captīvōs, quī dēductī sunt in Assyriam, fuit Tobīās. Is ab ineunte aetāte lēgem dīvīnam sēdulō observābat. Cum esset puer, nihil tamen puerīle gessit. Dēnique cum īrent omnēs ad vitulōs aureōs, quōs Ieroboāmus rēx Israēlis fēcerat, et populō adōrandōs prōposuerat, hic sōlus fugiēbat societātem omnium; pergēbat autem ad templum Dominī, et ibi adōrābat Dominum.

ab ineunte aetāte : ab īnfante
sēdulō = dīligenter
ob-servāre : cūrāre
puerīlis -e < puer

vitulus -ī m = pullus vaccae

societās -ātis f: quī commūnī fortūnā/negōtiō
coniunguntur societātem faciunt

146. In captīvitāte Tobīās pietātem servat

Tobīās adultus uxōrem dūxit, habuitque fīlium, quem ab īnfantiā docuit timēre Deum, et ab omnī peccātō abstinēre. Cum in captīvitātem abductus esset, eandem in Deum pietātem semper retinuit: omnia bona, quae habēre poterat, cotīdiē exsiliī suī comitibus impertiēbat, eōsque monitīs salūtāribus ad colendum Deum hortābātur. Gabēlō cuidam egentī, decem talenta, quibus ā rēge dōnātus erat, perhūmāniter commodāvit.

captīvitās -ātis f ↔ lībertās
pietās -ātis f = fidēs, amor Deī

īnfantia -ae f = aetās īnfantis

bona -ōrum n pl = ea quae aliquis possidet,
dīvitiae
exsilium -ī n = quod patitur quī procul ā patriā
vīvere cōgitur
salūtāris -e = quī salūtem affert

egēre (+ abl) = (rē necessāriā) carēre
per-hūmāniter ↔ ferōciter
commodāre = mūtuum dare

147. Miserī atque egēnī ā Tobiā adiuvantur; rēx eum interficī iubet

Posteā exortus est novus Assyriōrum rēx Israēlītīs īnfēnsus, quī eōs vexābat, necābat, et sepelīrī vetābat. In hāc calamitāte Tobīās frātrēs invīsēbat, miserōs cōnsōlāns, egēnōs

egēnus -a -um = pauper; egēnus -ī m

calamitās -ātis f = mala fortūna

Tobīās -ae m, Gabēlus -ī m, Israēlīta -ae m

113

opibus suīs iuvāns, et mortuōs sepeliēns. Ea rēs nūntiāta est rēgī, quī iussit Tobīam interficī, et bonīs omnibus spoliārī. At Tobīās cum uxōre et fīliō dēlituit, sīcque rēgis īram effūgit.

spoliāre (aliquem rē) = ēripere (alicui rem)

dē-litēscere -tuisse = latēre

148. Occultē Tobīas cadāver, amīcīs dehortantibus, sepelit

cadāver -eris *n* = corpus mortuum
de-hortārī = dissuādēre

Diē quōdam fēstō, cum domī lautum convīvium parāvisset, mīsit fīlium ut aliquot ē sociīs ad prandium invītāret. Reversus fīlius nūntiāvit patrī hominem Israēlītam iacēre in forō mortuum. Exsiliēns statim Tobīās cadāver occultē portāvit domum, ut illud noctū sepelīret. Suī illum amīcī ab hōc officiō dehortābantur; at Tobīās, magis Deum quam rēgem timēns, id facere nōn dēstitit.

socius -ī *m* = homō quī commūnī fortūnā/
negōtiō coniungitur cum aliquō
in-vītāre = (hospitem domum suam) vocāre

ex-silīre

suī (: Tobīae) amīcī illum (: Tobīam) ...

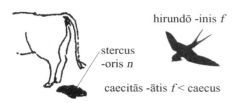

hirundō -inis *f*

stercus -oris *n*

caecitās -ātis *f* < caecus

149. Tobīas caecus fit et patienter caecitātem fert

dē-fatīgātus -a -um = fessus
in-cumbere + *dat*
pariēs -etis *m* = mūrus domūs

unde = ex quā rē, quam ob rem

ideō... ut

illūstris -e = clārus, nōbilis

Tobīās in praestandō solitō officiō dēfatīgātus, incubuit parietī et obdormīvit. Forte ex nīdō hirundinum stercora calida incidērunt in oculōs dormientis, unde caecus factus est. Quam calamitātem ideō permīsit Deus illī ēvenīre, ut esset illūstre patientiae exemplum posterīs prōpositum ad imitandum. Nam Tobīās adeō patienter tulit caecitātem, ut neque illum querentem quisquam audierit, neque ille eō minus cōnstanter Deum coluerit.

eō : propter hoc

cōnstanter < cōnstāns

150. Tobīas ab omnī improbitāte abhorret

improbitās -ātis *f* < improbus
ab-horrēre (ā rē) = adversus esse (reī), ōdisse (rem)
tēla -ae *f* = vestis quae texitur

Uxor Tobīae in texendā tēlā comparābat ea, quae ad vīctum erant necessāria. Quādam diē domum attulit haedum, quem pretiō labōris cotīdiānī ēmerat. Haedum bālantem audīvit Tobīās, et, veritus nē furtō ablātus esset, dīxit uxōrī: "Vidē nē iste clam alicui ēreptus sit: redde illum dominō suō; nefās enim est nōbīs ex raptō vīvere." Adeō vir iūstus ab omnī improbitāte abhorrēbat.

cotīdiānus -a -um < cotīdiē

clam = sine testibus, occultē
ne-fās *indēcl* = nōn licet (per Deum/deōs)
raptum -ī *n* = quod raptum est

151. Tobīas fīlium monet ut beneficus et līberālis sit

beneficus -a -um = quī bene facit
līberālis -e = quī sua largītur

Tobīās mortem sibi imminēre putāns, vocāvit fīlium suum: "Audī" inquit, "fīlī mī, verba patris amantissimī, eaque penipenitus *adv* = in parte internā

114

tus memoriae tuae īnfīxa haereant, ut vītam sapienter īnsti- | īn-fīgere -fīxisse -fīxum
tuās. Cotīdiē Deum cōgitā, et cavē nē umquam in eum pec-
cēs, eiusque praecepta neglegās. Miserēre pauperum, ut Deus
tuī misereātur: quantum potueris, estō beneficus et līberālis;
sī tibi magnae opēs suppetant, multum tribue, sī parvae, | sup-petere ↔ deesse
parum, sed libenter; quoniam beneficentia hominem ab | beneficentia -ae f < bene + facere
aeternā morte līberat. Superbiam fuge, neque eam in animum | aeternus -a -um = perpetuus
aut in sermōnem sinās obrēpere". | superbia -ae f < superbus
| ob-rēpere = intrāre (occultē)

152. Alia Tobīae monita ad fīlium

"Quod tibi nōlīs fierī, aliīs nē facitō, fīlī mī: sī quis tibi | nē facitō! : nōlī facere!
opus fēcerit, statim eī mercēdem persolve; cōnsilium semper | per-solvere
ā virō sapiente exquīre; nē societātem cum improbīs iungitō. | ex-quīrere = quaerere
Cum ex hāc vītā dēcesserō, sepelī corpus meum; mātrem | nē iungitō! : nōlī iungere!
tuam colitō, memor malōrum quae passa est, cum tē in uterō | dē-cēdere (ex/dē vītā) = morī
gestāret, et cum ipsa suprēmum diem obierit, eam pōnitō | colitō! = cole!
mēcum in eōdem sepulcrō". | memor -oris adi = quī meminit
| uterus -ī m = venter mulieris
| pōnitō! : pōne!

153. Tobīas fīliō nārrat sē pecūniam Gabēlō commodāvisse

"Hoc etiam tē moneō, fīlī mī, mē commodāvisse decem
argentī talenta Gabēlō, quī nunc commorātur Rage in urbe | com-morārī (< mora) = versārī
Mēdōrum". Tum adulēscēns patrī: "Omnia" inquit, "ut prae-
cipis mihi, faciam, pater; quōmodo autem illam pecūniam ā
Gabēlō recipiam, ignōrō; nam neque ille mē, neque ego illum
nōvī, nec quā viā eātur in Mēdiam sciō." Cui Tobīas pater:
"Chīrographum Gabēlī habeō, quod cum illī exhibueris, sta- | chīrographum -ī n = charta manū scrīpta et
tim reddet pecūniam; sed quaere tibi hominem fidēlem, quī | signāta | ex-hibēre -uisse = ostendere
tibi sit dux viae." | fidēlis -e = fīdus

154. Tobīam angelus comitātur

| Tobīas -ae m : Tobīae fīlius

Ēgressus Tobīas invēnit iuvenem stantem et accīnctum ad | accīnctum : parātum
iter faciendum, quem, ignōrāns angelum Deī esse, salūtāvit:
"Unde es, ō bone iuvenis?" "Sum" inquit ille, "ūnus ex Īsraē- | unde es : unde venīs
lītīs." "Nōstine" ait Tobīas, "viam quae dūcit in Mēdiam?"
"Nōvī" inquit, "et saepe ūsus sum hospitiō Gabēlī, quī ibi

Rages -is f, Mēdia -ae f, Mēdī -ōrum m pl, Tobīas -ae m

re-nūntiāre

habitat." Tobīās ea, laetus, renūntiat patrī, quī arcessītum iuvenem interrogāvit, an vellet esse fīliī comes et itineris socius, prōmissā mercēde. 'Id sē velle', respondit iuvenis. Itaque Tobīās valedīxit parentibus, simulque ambō dedērunt sē in viam, et canis secūtus est eōs.

vale-dīcere + *dat*

155. Tobīae māter lacrimās effundit quod fīlius proficīscitur

acerbus -a -um = molestus

orbāre (rē) = rem (cārissimam) ēripere
orbā*vistī* | sōlācium -ī *n* = quod cōnsōlātur
melius fuisset : melius erat

reciperāre = rūrsus capere (rem āmissam)

Profectō Tobīā, coepit māter eius flēre et acerbē querī, quod vir suus dīmīsisset fīlium. "Cūr nōs orbāstī sōlāciō senectūtis nostrae? Melius fuisset carēre istā pecūniā, ad quam reciperandam fīlius missus est: satis erat nōbīs, quod fīliī cōnspectū fruī licēret." Cui marītus: "Nōlī flēre" inquit, "incolumis fīlius perveniet in Mēdiam; incolumis ad nōs redībit: Deus mittet angelum, quī eī prosperum iter praestet." Quibus verbīs sēdāta, mulier tacuit.

156. Tobīās ab ingentī pisce ferē dēvorātur

pervēnēre = pervēnērunt; -ēre = -ērunt

ab-luere = lavāre

invādere (*in*) = impetum facere

at-trahere

ex-spīrāre = morī
fel fellis *n* = ventris māteria fluēns et acerba
sē-pōnere = servāre (in aliud tempus)
utpote = quoniam | medicāmentum -ī *n* (< medicus) = rēs quae aegrōs sānat

Intereā Tobīās et angelus pervēnēre ad flūmen Tigrim, et cum adulēscēns accessisset ad abluendōs pedēs, ecce piscis ingēns exsiluit, quasi illum dēvorātūrus. Ad cuius aspectum Tobīās perterritus exclāmāvit: "Domine, invādit mē." Cui angelus: "Apprehende illum et trahe ad tē." Piscis attractus in rīpam aliquamdiū palpitāvit et exspīrāvit. Tunc iussit angelus fel piscis sēpōnī, utpote medicāmentum salūtāre; deinde partem carnis coxērunt comedendam in viā.

157. Tobīās et angelus Ecbatana perveniunt

ut + *perf* = cum prīmum

dē-versārī = (pretiō solūtō) habitāre

ex-cipere = (bene) recipere; hospitiō excipere = tamquam hospitēs e.
nōn/nec dubitō quīn + *coni* = certō crēdō

facultātēs -um *f pl* = opēs | hērēditārius -a -um < hērēs; iūre h.ō = iūre hērēdis

Ut appropinquāvērunt urbī, quae vocābātur Ecbatana, dīxit Tobīās angelō: "Apud quem vīs ut dēversēmur in hāc urbe?" Cui angelus: "Est hīc" inquit, "vir quīdam cognātus tuus, nōmine Raguēl: is nōs hospitiō excipiet. Habet fīliam ūnicam, quam tē oportet uxōrem dūcere: pete eam ā patre, nec dubitō quīn postulātiōnī tuae libenter annuat: Deus enim hās tibi dēstinat nūptiās, et omnēs Raguēlis facultātēs iūre hērēditāriō ad tē pervenient."

Tigris -is *m*, Raguēl -is *m*, Ecbatana -ōrum *n pl*

Tobias et angelus apud flumen

158. Raguēl hospitiō eōs excipit

Eōs laetus excēpit Raguēl, quī, cōnspicātus Tobīam, dīxit uxōrī suae: "Quam similis est hic adulēscēns cognātō meō!" Tunc ad hospitēs conversus: "Unde estis, bonī iuvenēs?" Quī respondērunt: "Sumus ex Israēlītīs urbis Nīnivēs." "Nōstisne Tobīam?" "Nōvimus." Tunc Raguēl coepit Tobīam laudibus efferre, quem interpellāns angelus: "Tobīās" inquit, "dē quō loqueris, pater istīus est". Raguēl, complexus adulēscentem, ait: "Tibi grātulor, fīlī mī, quia bonī et optimī virī fīlius es." Uxor Raguēlis et fīlia collacrimāvērunt.

nō*vis*tisne

ef-ferre (< ex-) = tollere; laudibus e. = laudāre

159. Tobīās uxōrem dūcit

Deinde Raguēl iussit apparārī convīvium, cumque hospitēs hortārētur ut discumberent: "Neque ego comedam" inquit Tobīās, "neque bibam, nisi prius fīliam tuam mihi dēsponderis." Cui Raguēl: "Deus profectō meās precēs audīvit, vōsque hūc addūxit, ut ista cognātō suō nūberet: quāpropter nōlī dubitāre quīn eam hodiē datūrus sim uxōrem." Acceptā chartā, fēcērunt cōnscrīptiōnem coniugiī, et, laudantēs Deum, mēnsae accubuērunt.

dis-cumbere = accumbere

dē-spondēre -spondisse -spōnsum = prōmittere (in mātrimōnium)

cōn-scrīptiō -ōnis *f* = quod scrīptum est; c. coniugiī = foedus coniugiī
con-iugium -ī *n* = mātrimōnium
mēnsae accumbere = ad mēnsam a.

160. Angelus Tobīae pecūniam ā Gabēlō recipit

Raguēl Tobīam obtestātus est ut apud sē quīndecim diēs morārētur. Cuius voluntātī obtemperāns, Tobīās rogāvit angelum ut sōlus adīret Gabēlum, paternamque pecūniam ab illō reciperet. Itaque angelus, sūmptīs camēlīs, properāvit Ragem, suum Gabēlō chīrographum reddidit, pecūniam illī crēditam recēpit, eumque ad nūptiās Tobīae addūxit.

ob-temperāre = oboedīre, pārēre

161. Tobīae parentēs ānxiī et sollicitī fīlium exspectant redeuntem

Intereā Tobīās pater erat ānimō anxiō et sollicitō, quod suus fīlius in redeundō tardior esset. "Quārē tamdiū morātur fīlius?" inquiēbat maerēns, "forsitan Gabēlus mortuus est, et

ānxius -a -um = perturbātus

Nīnivē -ēs *f*

118

nēmō est quī illī reddat istam pecūniam: illum abesse ā nōbīs vehementer doleō." Coepēruntque ipse et uxor eius flēre. Praesertim lūctus matris nūllō sōlāciō levārī poterat: haec cotīdiē, domō ēgressa, circumībat viās omnēs, quā fīlium suum reditūrum esse spērābat, ut procul vidēret eum, sī fierī posset, venientem.

circum-īre = vīsere
quā *adv* : per quās (viās)

162. Tobīās domum cum uxōre redit

Cōnsūmptīs quīndecim diēbus, Ragūēl voluit Tobīam retinēre, sed Tobīās: "Ōrō tē" ait, "dīmitte mē quam prīmum: scīs enim parentēs meōs nunc animō angī meā causā." Tandem, ā socerō dīmissus, cum uxōre ad patrem redībat. In itinere dīxit illī angelus: "Statim ut domum ingressus eris, Deum adōrā, et, complexus patrem, line oculōs eius felle piscis, quod servāstī: tunc sānābuntur oculī eius, tēque et caelum pater laetus cōnspiciet."

angere = cūrā afficere, excruciāre

socer -erī *m* = pater uxōris

statim ut : cum prīmum

linere = operīre māteriā mollī

163. Lacrimās effundentēs parentēs fīlium complectuntur atque ōsculantur

Cum Tobīās urbī appropinquāret, māter eius, ut solēbat, in vertice montis sedēbat, unde prōspicere in longinquum posset; vīdit illum prōvenientem, currēnsque nūntiāvit virō suō. Tunc canis, quī simul fuerat in viā, praecucurrit, et, quasi nūntius adveniēns, caudā suā erō adūlābātur. Cōnfestim pater, cōnsurgēns, coepit, offendēns pedibus, currere, et, datā manū servō, prōcessit obviam fīliō. Ōsculātus est eum, coepēruntque ambō prae gaudiō lacrimās fundere.

longinquus -a -um ↔ propinquus

prō-venīre

prae-currere -cucurrisse
adūlārī -ātum esse + *dat* = nimium laudāre (ad commodum cōnsequendum); canis erō adū-lābātur : canis erum laetissimē circumsili-ēns et caudam movendō salūtābat
cōn-surgere = (subitō) surgere
offendēns pedibus : incertīs gradibus

164. Tobīās vīsum recipit

vīsus -ūs *m* < vidēre

Cum ambō Deum adōrāvissent, eīque grātiās ēgissent, cōnsēdērunt. Deinde Tobīās oculōs patris linīvit felle piscis, et post dīmidiam fermē hōram coepit albūgō, quasi membrāna ōvī, ex oculīs eius ēgredī, quam apprehēnsam fīlius extrāxit, atque ille statim vīsum recēpit. Tum laetī omnēs collaudābant Deum; propinquī quoque Tobīae convēnērunt, grātulantēs eī omnia bona, quae Deus illī impertīverat.

albūgō -inis *f* = māteria alba
membrāna -ae *f* = māteria tenuis quae operit

col-laudāre (< cum-) = laudāre

propinquī -ōrum *m pl* = hominēs sanguine coniunctī

119

165. Tobīae comes cōnfitētur sē angelum Raphaēlem esse

Deinde Tobīās nārrāvit parentibus beneficia quae accēperat ab eō itineris duce, quem hominem esse putābat: quārē obtulērunt illī dīmidiam partem pecūniae quam attulerant. Tunc ille dīxit iīs: "Ego sum Raphaēl angelus, ūnus ex septem quī adstāmus ante Deum. Mīsit mē Dominus, ut sānārem tē. Nunc tempus est ut ad Eum revertar ā quō missus sum. Vōs autem dēbitās Deō grātēs rependite." Haec locūtus, ab illōrum cōnspectū ablātus est, nec ultrā compāruit.

166. Tobīās ē vītā excēdit

Tobīās, postquam vīsum recēperat, vīxit annīs duōbus et quadrāgintā. Īnstante autem morte, vocātum fīlium monuit, ut semper in timōre Dominī persevērāret. Tunc placidā morte quiēvit. Mortuō patre, Tobīās fīlius perrēxit ad socerum suum Raguēlem, illumque omnī officiō coluit. Dēnique cum attigisset novem et nōnāgintā annōs, ipse vītā excessit. Omnēs autem eius līberī et nepōtēs domesticam virtūtem sunt imitātī, Deōque pariter et hominibus grātī et acceptī fuērunt.

---

grātēs *f pl* = grātiās

nōn/nec ultrā = nōn iam
com-pārēre -uisse = appārēre

(ē) vītā ex-cēdere = morī

per-sevērāre = pergere (sevērē)

perrēxit : īvit

domesticus -a -um < domus

Raphaēl -is *m*

PENSA (§ 145-166)

Pēnsum I

Coniunge sententiās.

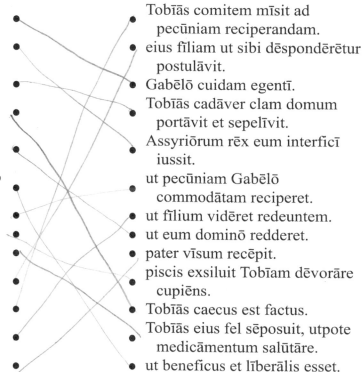

1. Decem talenta Tobīās commodāvit
2. Cum Tobīās miserōs cōnsōlārētur et egēnōs iuvāret,
3. Amīcīs dehortantibus,
4. Stercore ex nīdō hirundinum in oculōs dēlāpsō,
5. Timēns nē haedus raptus esset, uxōrī imperāvit
6. Crēdēns sē moritūrum esse, fīliō praecēpit
7. Fīlium in Mēdiam mīsit
8. Cum pedēs in flūmine ablueret,
9. Postquam piscis exspīrāverat
10. Tobīās ā Ragūēle hospitiō acceptus,
11. Cum apud Ragūēlem morārētur,
12. Māter cotīdiē domō ēgressa circumīre solēbat,
13. Oculīs felle piscis linītīs,

Tobīās comitem mīsit ad pecūniam reciperandam.

eius fīliam ut sibi dēspondērētur postulāvit.

Gabēlō cuidam egentī.

Tobīās cadāver clam domum portāvit et sepelīvit.

Assyriōrum rēx eum interficī iussit.

ut pecūniam Gabēlō commodātam reciperet.

ut fīlium vidēret redeuntem.

ut eum dominō redderet.

pater vīsum recēpit.

piscis exsiluit Tobīam dēvorāre cupiēns.

Tobīās caecus est factus.

Tobīās eius fel sēposuit, utpote medicāmentum salūtāre.

ut beneficus et līberālis esset.

Pēnsum II

Ad interrogāta respondē.

1. Quid facere solēbat Tobīās in captīvitāte?
2. Quis fuit Gabēlus?
3. Cūr Assyriōrum rēx Tobīam interficī iussit?
4. Quid Tobīae parietī incumbentī ēvēnit?
5. Cūr Deus Tobīam caecum fierī sīvit?
6. Quid fīliō Tobīās suāsit cum mortem sibi imminēre sentīret?
7. Quid Tobīās dīcit hominem ab aeternā morte līberāre?
8. Quōmodo Tobīae fīlius pecūniam ex Gabēlō accipere potest?
9. Sōlusne in Mēdiam iter facit Tobīās?
10. Gaudetne Tobīae māter quod fīlius profectus est?
11. Quid accidit Tobīae cum accessit ad flūmen ut pedēs ablueret?
12. Cūr Tobīae comes eī praecēpit ut piscis fel servāret?
13. Quis Tobīam eiusque comitem hospitiō excipit?
14. Quōmodo reciperātur pecūnia quam Gabēlus habēbat?

15. Erantne laetī parentēs, quī exspectābant Tobīam redeuntem?
16. Nārrā, quaesō, quōmodo parentēs Tobīam salūtāverint.
17. Quōmodo Tobīae pater vīsum recēpit?
18. Quis vērē erat Tobīae comes?

Pēnsum III

*Vocābula in fōrmā pōne. Litterae, quae in quadrātīs nigriōribus positae erunt, sententiam effī-
cient ex sacrīs librīs prōmptam.*

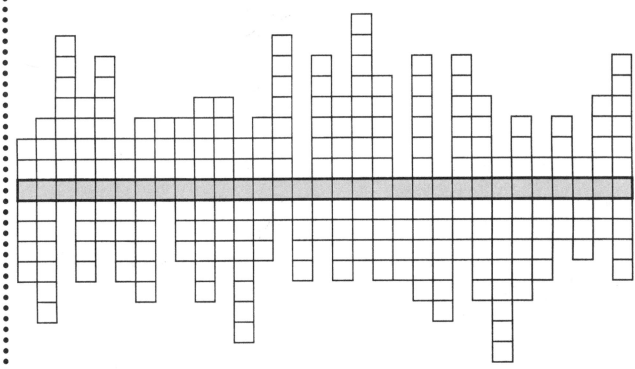

1. Illōs fēcit Ieroboāmus et populō adōrandōs prōposuit.
2. Eam fugiēbat Tobīās pergēns ad templum Dominī.
3. Id patitur quī procul ā patriā vīvere
cōgitur.
4. = mūtuum dare.
5. Tālia erant Tobīae monita.
6. Id Tobīās occultē domum portāvit.
7. = dissuādēre.
8. = sine testibus, occultē.
9. Eī Tobīās incubuit.
10. Eārum erat nīdus.
11. Morbus quō Tobīās est affectus.
12. < improbus.

13. Ex nīdō hirundinum incidit in oculōs
Tobīae.
14. = quī sua largītur.
15. = quod nōn licet (per Deum/deōs).
16. = quī bene facit.
17. = quaerere.
18. Charta ā Gabēlō signāta.
19. Dīcere 'valē'.
20. In eō mātrēs gestant līberōs.
21. = rēs quae aegrōs sānat.
22. Māter Tobīae dīcit sē hāc rē ā marītō
orbātam esse.
23. Iūre hērēditāriō accēpit Tobīās post
nūptiās.
24. = rūrsus capere (rem āmissam).

- 25. = accumbere.
- 26. = (pretiō solūtō) habitāre.
- 27. Tālis erat animus Tobīae fīlium redeuntem exspectantis.
- 28. = grātiās.

- 29. Illum recēpit Tobīās postquam fīlius eius
  oculōs felle linīverat.
- 30. Hoc solet facere canis erō suō caudam
  movendō.
- 31. = pergere (sevērē).

Pēnsum IV

Scrībe verba idem aut contrārium significantia.

- *sedulo* = dīligenter
- *pietas* = fidēs, amor Deī
- *egenus* = pauper
- *calamitas* = mala fortūna
- *spoliare* = ēripere
- *delitescere* = latēre
- *cadaver* = corpus mortuum
- *defatigatus* = fessus
- *illustris* = clārus, nōbilis
- *aeternus* = perpetuus
- *memor* = quī meminit
- *signata* = ostendere
- *fidelis* = fīdus

- *oblectamentum* = quod cōnsōlātur
- *abluere* = lavāre
- *exspirare* = morī
- *quia* = quoniam
- *facultates* = opēs
- *obtemperare* = oboedīre, pārēre
- *anxius* = perturbātus
- *socer* = pater uxōris
- *propinqui* = hominēs sanguine coniūnctī
- *longinquus* ↔ propinquus
- *captivitas* ↔ lībertās
- *perhumaniter* ↔ ferōciter
- *suppetere* ↔ deesse

Pēnsum V

Ubi verba crassiōribus litterīs scrīpta vidēs, pōne alia vocābula (singula aut iūncta) idem significantia, quae in indice sunt.

Cavē tamen: nam cum verba in sententiā mūtāveris, fierī poterit ut alia quoque vocābula, ut syntaxis postulat, sint mūtanda.

- abluere
- ānxius
- bona
- cadāver
- calamitās
- commodāre
- commorārī
- dēfatīgātus
- dehortārī
- dēlitēscere
- dēspondēre
- egēnus
- exhibēre
- exquīrere
- exspīrāre
- grātēs
- illūstris

Sīcut facere coeperat ab **ineunte aetāte**, etiam in captīvitāte Tobīās lēgem dīvīnam **dīligenter cūrāre** solēbat: **fidem et amōrem** in Deum retinēbat, miserōs cōnsōlābātur, **pauperēs** suīs **facultātibus** adiuvābat. Diē quōdam, quō convīvium domī parāverat, eī nūntiātum est **hominem mortuum** in forō iacēre, quem ille, amīcīs ob rēgis timōrem **dissuādentibus**, pietātis causā sepelīvit. Multa huius generis Tobīās agere solēbat ut animum ērigeret comitum quī sēcum in exsiliō erant; haec omnia tamen īram rēgis excitābant, quī eum interimī eiusque opēs **ēripī** iussit. **Latendō** vērō cum uxōre et fīliō īram rēgis effūgit. Effugere tamen nōn potuit **malam fortūnam** quā diē quōdam factum est ut caecitāte afficerētur. Eī enim **fessō** et incumbentī **mūrō** cuidam ac dormientī, in oculōs dēcidērunt ex nīdō hirundinum stercora calida, quae eum caecum, nōn tamen minus pium, reddidērunt. Nam quamquam nihil vidēre poterat, nēmō umquam eum audīvit querentem, et **clārum** patientiae exemplum fuit cīvibus omnibus.

Cum sibi mortem imminēre crēderet, fīlium vocāvit, quī item Tobīās vocābātur, eīque praecēpit ut pius esset ergā Deum et benefi-

īnfantia
linere
memor
nōn dubitō quīn
observāre
obtemperāre
pariēs
pietās
reciperāre
sēdulō
spoliāre
uterus
utpote

cus līberālisque ergā hominēs; ut cōnsilia ā sapientibus virīs **quaereret**; ut dēnique **memoriam servāret** malōrum quae māter passa esset cum eum in **ventre** gestāret, eamque igitur coleret. Addidit īnsuper verba dē pecūniā quam **mūtuam dederat** Gabēlō, quī nunc in Mēdiā **versābātur**, ac dīxit oportēre ad eum īre ut, chīrographō **mōnstrātō**, **rūrsus caperet** pecūniam.

Comite forte inventō, Tobīās profectus est, et cum apud flūmen Tigrim pervēnisset, accessit ad aquam ut pedēs **lavāret**, sed piscis ingēns subitō exsiluit, quem prīmum Tobīās timuit et posteā, itineris comitī **oboediēns,** ad sē trāxit. Ille aliquamdiū palpitāvit et **mortuus est**. Fel ex eius ventre sublātum, **quoniam** medicāmentum salūtāre, dīligenter servātum est.

Appropinquāvērunt deinde Ecbatanīs, ubi habitābat Ragūēl, Tobīae cognātus. Hospitiō acceptus, Tobīās – comitis cōnsilium secūtus, quī dīxerat sē **certō scīre** virum datūrum esse quod rogāvisset – ā Ragūēle postulāvit ut sibi fīliam **prōmitteret in mātrimōnium**. Quod quidem laetō animō ille concessit, cum iuvenem magnī aestimāret. Pecūniā igitur Gabēlī ā comite receptā nūptiīsque celebrātīs, domum tandem reversī sunt, ubi parentēs animō **perturbātō** fīlium redeuntem exspectabant, quem ut vīdērunt diū complexī et ōsculāti sunt. Postquam Deō **grātiās** ēgerant, Tobīās oculōs patris **operuit** felle piscis – ut comes dīxerat, quī angelus Raphaēl erat – et post dīmidiam fermē hōram ille vīsum recēpit. Sīc Tobīās, vir patientiā admīrābilis, incrēdibilī Deī potestāte sānātus est.

QVINTA AETAS

(III) Nabvchodonosor et captivitas
Babylonica

Babylōnicus -a -um

167. Rēgnī Iūdae rēgēs: Ābīa et Asa

Hāctenus ea, quae ad rēgnum Isrāēlīticum spectābant, breviter attigī, nunc revertor ad rēgēs Iūdae, ā quibus dīgressus sum. Roboāmō patrī successit Ābīa, quī trēs tantum annōs rēgnāvit, soliumque relīquit Asae fīliō. Asa Deō grātus ob pietātem fuit: quippe ārās falsōrum nūminum ēvertit, et impiōs rēgnō suō expulit. Quam ob causam Deus illī pācem satis diūturnam concessit. Posteā tamen Asa bellum gessit cum Isrāēlītīs, dē quibus victīs amplam praedam rettulit.

hāctenus = ūsque adhūc; in capitulō 143 scrīptum est ex ūnō duo esse facta rēgna, alterum Isrāēlis, alterum Iūdae, dē quō iterum nunc nārrātur
attigī : nārrāvī

dī-gredī -gressum esse = discēdere

quippe = quoniam
nūmen -inis *n* = deus
impiōs *hominēs ē* rēgnō suō
ex-pellere -pulisse -pulsum
diūturnus -a -um = quī diū manet

168. Iōsāphātus in locum Asae succēdit

Mortuō patre, Iōsāphātus rēgnāre coepit, fuitque religiōsus Deī cultor: quāpropter Deus illum glōriā et dīvitiīs auxit. Iōsāphātus tamen cum Achābō Isrāēlītārum rēge impiō amīcitiam iūnxit, quae rēs illī magnō damnō fuit: nam, coniūnctīs cōpiīs, pugnārunt adversus rēgem Syriae: in proeliō Achābus interfectus est, parumque āfuit quīn perīret et ipse Iōsāphātus, nec sine auxiliō dīvīnō incolumis ēvāsit. Inde documentum capere dēbēmus, quam perīculōsa sit improbōrum societās.

religiōsus -a -um = quī Deum verētur/colit; dīligēns
cultor -ōris *m* < colere

damnum -ī *n* : malum; damnō (*dat*) esse = damnum patī
pugnā*vē*runt

parum āfuit quīn perīret : ferē periit

et : etiam
ē-vādere -sisse : aufugere
documentum -ī *n* = exemplum quō docētur aliquid

169. Iōsāphātō succēdit Iōrāmus

Iōsāphātō patrī successit Iōrāmus, quī ā paternā pietāte

Nabūchōdonosor -ōris *m*, Ābīa -ae *m*, Asa -ae *m*, Iōsāphātus -ī *m*, Achābus -ī *m* de-generāre = discēdere (in pēiōrem partem), dēscīscere

cōnsūmptus est : periit

im-pellere -pulisse -pulsum (< in-)

dēgenerāvit: namque Athaliam impiī Achābī fīliam dūxit uxōrem, fuitque socerō quam patrī similior. Gravī morbō, quem Deus immīserat, cōnsūmptus est. Post hunc Ochosīās fīlius rēgnum adeptus est, nec diū tenuit, nam pessimī patris exemplō ad vitia impulsus, miserē interiit.

170. Rēgnum ad Iōam venit

stirps -pis f = līberī

occupāre = vī capere et suum facere

caedēs prōmiscua : caedēs omnium

pontifex -icis m = summus sacerdōs
clanculum = occultē, clam
centuriō -ōnis m = mīles quī centum mīlitibus praeest | plēbs -bis f = populus | cōram adv
prō-dūcere = dūcere

re-stituere -uisse -ūtum = rūrsus pōnere/facere

Mortuō Ochosīā, māter eius stirpem rēgiam interēmit, et rēgnum occupāvit. Ūnus tantum Ochosīae fīlius, nōmine Iōās, prōmiscuae caedī ēreptus est, in templō cum nūtrīce occultātus. Hunc Iōiādās pontifex in templō clanculum aluit atque ēducāvit. Post annōs ferē octō puerum rēgium centuriōnibus et plēbī cōram prōdūxit, occīsāque Athaliā in rēgnum restituit.

171. Iōās ad vitia dēflectit vēramque religiōnem dēserit

dē-flectere = discēdere (ad)

ob-servāns -antis + gen ↔ neglegēns

sūmptus -ūs m = pecūnia solūta

adūlātiō -ōnis f = falsae laudēs dictae ad alicuius animum sibi amīcum faciendum
im-memor -is + gen = oblītus

ā suīs aulicīs
sepultūra -ae f < sepelīre

Iōās, quamdiū cōnsiliīs Iōiādae ūsus est, observantissimus fuit dīvīnī cultūs: magnīs sūmptibus templum exōrnāvit. Sed Iōiādā mortuō, aulicōrum adūlātiōne corruptus, ad vitia dēflēxit, vēramque religiōnem dēseruit. Immemor beneficiī ā Iōiādā acceptī, fīlium illīus sapienter admonentem lapidibus obruī iussit. Ipse, paulō post ā suīs in lectulō necātus, sepultūrā rēgiā caruit.

172. Iōae morte rēgnum ad Amasīam fīlium dēvenit

dē-venīre = pervenīre, venīre

ā prophētā quōdam

manus -ūs f = armātōrum numerus
cōn-flīgere -xisse -ctum = pugnāre
ēlātus victōriā : ob victōriam superbus factus

Iōae morte rēgnum ad Amasīam fīlium dēvēnit. Is Idūmaeam adortus est cum ingentibus cōpiīs, quās magnō sūmptū collēgerat; sed ā prophētā admonitus est, ut magis dīvīnō auxiliō quam mīlitum multitūdinī cōnfīderet. Itaque dīmissā mīlitum parte, parvā manū cum hoste cōnflīxit, et īnsignem victōriam reportāvit. Deinde ēlātus victōriā Deum dēseruit, et ā rēge Samarīae, quem temere lacessīverat, āmissō exercitū, captus est.

Athalia -ae f, Ochosīās -ae m, Iōās -ae m, Iōiādās -ae m, Amasīās -ae m, Idūmaea -ae f, Samarīa -ae f

173. Osīās patrī succēdit et nōn multō post, leprā affectus, rēgnum relinquit Iōathae fīliō

Osīās Amasīae fīlius et successor fuit. Philistaeōs, Deō favente, domuit; Arabēs dēvīcit. Posteā animum eius invāsit superbia: mūnus sacerdōtum sibi arrogāvit: tūs Deō ausus est offerre; quod sōlīs sacerdōtibus fās erat. Cumque ā pontifice admonitus nōn pāruisset, turpī morbō, quem 'lepram' vocant, correptus est. Quārē prōcūrātiōnem rēgnī coāctus est relinquere Iōathae fīliō, quī rēctē imperium administrāvit.

lepra -ae *f*: morbus gravissimus quī sānārī vix potest

successor -ōris *m* = quī in locum alicuius sequitur | *domāre* -uisse -itum = facere ut aliquis sibi pāreat

tūs tūris n : ē tūre accēnsō oritur fūmus dulcis

fās indēcl est = licet (per Deum/deōs)

correptus : affectus
prō-cūrātiō -ōnis *f* = officium cūrandī

tūs

174. Achaz, Iōathae fīlius, nūmina gentium colit

Achaz, Iōathae fīlius, in Deum impius fuit, et nūmina gentium coluit. Rēgis exemplum brevī secūta est cīvitās ipsa. Quam ob causam Deō invīsus, magnam clādem ā Samarīae et Syriae rēgibus accēpit, nec illum calamitās ad meliōrem mentem revocāvit. Nōn eum puduit ab Assyriīs auxilium petere, aurumque et argentum ā templō ablātum illōrum rēgī dōnō mittere. Vēnit rēx Assyriōrum, et prīmum quidem hostēs eius, quī sē advocāverat, prōflīgāvit, sed deinde ipsīus etiam rēgnum vāstāvit.

aliārum gentium (: nōn Hebraeōrum)

dōnō (*dat*) mittere = dōnāre
eius : Achaz; sē : rēgem Assyriōrum
ad-vocāre
ipsīus : Achaz

175. Piī Ezechīae rēgnum

Ezechīās singulārī pietāte flōruit. Statim ut rēgnō potītus est, populum et sacerdōtēs cohortātus, urbem ā paternīs superstitiōnibus expiāvit, templum ōrnāvit, caerimōniās, quae iam prīdem omissae erant, restituit. Nec minor eī fuit in bellō gerendō virtūs quam in religiōne tuendā pietās. Philistaeōs multīs proeliīs contudit, Iūdaeōsque ā tribūtīs, quae pendēbant Assyriīs, līberāvit.

flōrēre -uisse = in flōre esse, valēre

co-hortārī = hortārī (multōs)
superstitiō -ōnis *f* = sententia prāva (dē Deō/ deīs) | *ex-piāre* : (poenā acceptā) līberāre
caerimōnia -ae *f* = modus Deī colendī
o-mittere = nōn agere, neglegere

con-tundere -tudisse -tūsum = pulsāre; vī perdere | *tribūtum* -ī *n* = pecūnia quae rēgī solvitur

176. Ezechīam morbō affectum Deus sānat

Iīsdem temporibus Ezechīās in gravem morbum incidit: cumque Isaīās prophēta illī dēnūntiāsset vītae fīnem adesse,

---

Osīās -ae *m*, Arabēs -um *m pl*, Iōathas -ae *m*, Achaz *indēcl*, Ezechīās -ae *m*, Isaīās -ae *m*

ūsūra -ae *f* < ūtī
ad faciendam fidem *verbīs Deī*

hōrologium -ī *n* = īnstrūmentum quod hōrās
mōnstrat

obsidiō -ōnis *f* : o. fit cum hostēs urbem
exercitū circumdant

minitārī = minārī | excidium -ī *n* < *ex-
scindere*; minitāns e. urbis = minitāns ur-
bem dēlētum īrī | mātūrā ↔ tardā
dēditiō -ōnis *f* : dē hoste victō dīcitur quī
victōrī sē trādit | status -ūs *m*; s. rērum =
modus quō rēs sē habent
dēfutūrum *esse*

lētum -ī *n* = mors; lētō dare = interficere

tempus/vītam agere = vīvere
cēdēbant : accidēbant, fīēbant
ob-ligāre = (officiō) tenēre

(animum) in-tendere -disse -tum (rēbus) =
  (animum) attentē vertere (ad rēs)
lūgēre lūxisse

ēditus -a -um = altus
in locō ēditiōre

im-pietās -ātis *f* ↔ pietās
crūdēlitās -ātis *f* < crūdēlis
dēnūntiāsset = dēnūntiā*vi*sset
per-ciēre -ciisse -citum = permovēre

serra -ae *f*

Deum rēx cum lacrimīs ōrāvit, nē sibi vītam adimeret.
Precibus eius et lacrimīs mōtus, Deus quīndecim annōrum
ūsūram illī concessit, atque, ad faciendam fidem, sōlis umbra,
rēge ita postulante, per decem līneās re-
gressa est in eius hōrologiō. Tertiō post
diē, Ezechīās sānātus templum adiit.

hōrologium

177. Rēx Assyriōrum Hierosolymam obsidiōne cingit, sed angelus ā Deō missus hostēs vincit

Rēx Assyriōrum bellum Ezechīae intulit: Hierosolymam
obsidiōne cīnxit, minitāns urbis excidium, nisi cīvēs mātūrā
dēditiōne sibi cōnsulerent. In hōc statū rērum Ezechīam
cōnfīrmāvit Isaīās, pollicitus dīvīnum auxilium nōn dēfutūrum, brevīque obsidiōnem solūtum īrī. Et vērē nocte
sequentī angelus Deī centum octōgintā quīnque hostium mīlia
lētō dedit. Rēx Assyriōrum trepidus in patriam fūgit, ibique
paulō post ā fīliīs occīsus est.

178. Ezechīās tranquillē moritur

Ezechīās, tantō perīculō līberātus, in summā pāce reliquum
vītae tempus ēgit: omnia illī fēlīciter cēdēbant, quia Deus illī
favēbat; ipse tot beneficiīs dīvīnīs obligātus, in eādem
cōnstanter pietāte mānsit: omnem suam spem in Deī auxiliō
posuit; iīs rēbus, quae Deō placēbant, animum semper
intendit. Rēgnāvit annōs novem et vīgintī, quibus exāctīs,
placidā morte dēcessit. Populus eum lūxit, et corpus eius inter
sepulcra avōrum rēgum locō ēditiōre collocātum est.

179. Ezechīae successor fuit Manasses fīlius eius impius

Ezechīae successit Manasses, patris religiōsī fīlius impius.
Is, relictō vērō Deī cultū, falsa nūmina adōrāvit. Ad
impietātem accessit crūdēlitās: cum enim Isaīās prophēta
īram dīvīnam illī dēnūntiāsset, rēx furōre percitus prophētam
serrā ligneā secārī iussit. Necem vātis suī brevī ultus est
Deus: Manasses enim ab Assyriīs victus captusque est, et in

Manasses -is *m*

vincula coniectus. Ibi calamitāte ēdoctus scelerum veniam suppliciter ā Deō petīvit et impetrāvit: in rēgnum restitūtus, Deum piē coluit.

ē-docēre -docuisse -doctum

suppliciter *adv* = cum precibus

pius -a -um; *adv* -ē

180. Rēgnum ad Āmōnem dēvenit quī impiē rēgnat. Eī succēdit sānctus fīlius Iōsīās

sānctus -a -um = pius, Deum et virtūtēs colēns

Āmōn, Manassis fīlius, paternam impietātem imitātus est, nōn vērō paenitentiam. Nōn ultrā biennium rēgnāvit, et ā suīs domī interfectus est. Cui successit Iōsīās, vir sānctus et religiōsus, quī ā puerō virtūtī dēditus, populum ad lēgitimum cultum revocāvit. At illum deinde incōnsīderāta fidūcia perdidit, nam contrā Aegyptiōs exercitum dūxit, admonitusque ā Deō ut proeliō abstinēret, nihilōminus aciē dīmicāvit. Itaque, rē male gestā, vulnus accēpit, et paucīs post diēbus mortuus est.

paenitentia -ae *f* = dolor eius quī sē prāvē fēcisse fatētur | ā suīs *aulicīs*

dēditus -a -um (reī) = quī dīligenter rem cūrat
lēgitimus -a -um = lēge statūtus
in-cōnsīderātus -a -um = temerārius, sine ratiōne

ā proeliō
dī-micāre = pugnāre

181. Iōsīae fīliī rēgnum āmittunt, quō Nabūchōdonosor potītur

Iōsīās, moriēns, trēs relīquit fīliōs: ex hīs Iōāchas trēs dumtaxat mēnsēs rēgnāvit: bellō captus est ab Assyriōrum rēge. In Iōāchae locum suffectus est Iōākim, quō rēgnante, Nabūchōdonosor, Babylōniōrum rēx, Hierosolymam expugnāvit, cīvēs Babylōnem trānstulit, relictā vīlī plēbēculā, cui praefēcit Sedecīam postrēmum rēgem. Cum Sedecīas rebellāsset, Nabūchōdonosor, reversus, urbem dīruit, templum incendit, et Sedecīam, effossīs prius oculīs, in carcerem mīsit.

suf-ficere -fēcisse -fectum (< sub-) = locō alicuius facere

plēbēcula -ae *f* < plēbs

dī-ruere -uisse -utum ↔ aedificāre

in-cendere -cendisse -cēnsum = accendere, igne perdere

182. Dāniēl eiusque comitēs in Nabūchōdonosōris rēgiā ēducantur

Inter captīvōs, quī Babylōnem abductī erant, dēlēctī sunt puerī eximiā fōrmā: Dāniēl, Ananīās, Misaēl et Azarīās: hī cum aliīs multīs in ipsā rēgiā ēducābantur, ut posteā ad mēnsam rēgis cōnsisterent, eīque accumbentī ministrārent. Nabūchōdonosor iusserat eōs, quō meliōre vultū essent,

quō -ior... + *coni* = ut -ior...

Āmōn -ōnis *m*, Iōsīās -ae *m*, Iōāchas -ae *m*, Iōākim *indēcl*, Babylon -ōnis *f*, Babylōniī -ōrum *m pl*, Sedecīās -ae *m*, Dāniēl -ēlis *m*, Ananīās -ae *m*, Misaēl -ēlis *m*, Azarīās -ae *m*

vescī + *abl* = cibō ūtī, ēsse

generōsus -a -um = nōbilis (animō)

profānus -a -um ↔ sacer

legūmen -inis *n* : legūmina sunt *pīsum, lēns, faba, phasēlus*, cēt. | sōlīs legūminibus *vescēbantur* | nitēns -entis = lūcēns; pulcher

quibus-cum = cum quibus

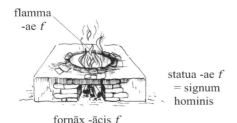

flamma -ae *f*

statua -ae *f* = signum hominis

fornāx -ācis *f*

honor -ōris *m* = laus, glōria; h.em dēferre = h.em offerre

nihil *adv* = nūllō modō | ad-ūrere = ūrere

cōn-stringere = vincīre

ob-icere = iacere

grātiā valēre = grātus esse alicui

īnsidiae -ārum *f pl* = impetus ab hostibus latentibus / inimīcīs occultē factus

utī = ut

lēx ferēbat : lēx iubēbat

accūsātor -ōris *m* = quī accūsat

grātiōsus -a -um = dīlēctus
superbīre = superbus esse

iīsdem cibīs alī, quibus ipse vescēbātur; at generōsī illī puerī, cibīs profānīs, quia id lēx vetābat, ūtī nōluērunt, sed sōlīs legūminibus; attamen rōbustiōrēs ac nitentiōrēs factī sunt cēterīs puerīs, quibuscum nūtriēbantur.

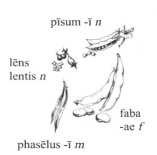

pīsum -ī *n*

lēns
lentis *n*

faba -ae *f*

phasēlus -ī *m*

183. Trēs puerī in fornācem ārdentem coniciuntur

Nabūchōdonosor sibi posuit statuam auream, quam ab omnibus iussit adōrārī, prōpositā mortis poenā iīs, quī pārēre nōllent. Ananīās, Misaēl et Azarīās morī māluērunt, quam honōrem, sōlī Deō dēbitum, statuae dēferre. Īrātus rēx eōs vestītōs et catēnīs vīnctōs coniēcit in fornācem ārdentem, sed flamma nihil illīs nocuit: nec corpus adussit ignis, nec vestēs quidem mūtāvit, at solvit tantummodo vincula, quibus cōnstringēbantur, ita ut illaesī in mediā fornāce ambulārent.

184. Dāniēl leōnibus obicitur

Dāniēl grātiā plūrimum valēbat ob singulārem prūdentiam: quāpropter invīsus erat aulicīs, quī eī īnsidiās parābant: suāsērunt rēgī, ut ēdictō vetāret quemquam colī, nisi sē, per diēs trīgintā. Nōn pāruit Dāniēl ēdictō impiō, sed cotīdiē Deum precābātur, utī facere ante cōnsuēverat. Explōrantēs eum aulicī accūsāvērunt, rēxque coāctus est hominem sibi cārum obicere leōnibus: nam ita lēx ferēbat. Sed ferae Dāniēlī pepercērunt, rēxque, mīrāculō commōtus, ipsōs accūsātōrēs leōnibus dēvorandōs trādidit.

185. Rēx Assuērus Esthērem, fēminam Iūdaeam, uxōrem dūcit

Mardochaeus, ūnus ex captīvīs, Iūdaeōs ē magnō perīculō līberāvit. Fīliam frātris suī utrōque parente orbam, nōmine Esthērem, ēducāverat. Hanc rēx Assuērus dūxerat uxōrem, et valdē dīligēbat. Erat tunc aulicus quīdam apud rēgem grātiōsus, nōmine Āmān, quī, favōre rēgiō superbiēns, adōrārī

Assuērus -ī *m*, Esther -ēris *f*, Mardochaeus -ī *m*, Āmān -ānis *m*

Tres pueri in fornace ardenti inclusi

Daniel leonibus obicitur

sē volēbat, quod facere renuēns Mardochaeus, grave in sē odium Āmānis accenderat. Āmān ulcīscendī inimīcī causā ūniversam Iūdaeōrum gentem perdere statuit, ēdictumque eā dē rē ab Assuērō impetrāvit.

186. Āmān Iūdaeīs necem minātur

Ubi ad aurēs Mardochaeī crūdēle ēdictum pervēnit, statim cōnscissīs vestibus saccum induit, cōnspersusque cinere perrēxit ad rēgiam, et illam implēvit questibus. Esther, lāmentantis vōce audītā, quaesīvit quid istud reī esset: ut cognōvit Mardochaeum Iūdaeōsque omnēs esse necī dēstinātōs, invocātō Deō, adiit rēgem, suae gentis ruīnam dēprecātūra. Nōn tamen continuō rem aperuit rēgī, sed eum ad convīvium invītāvit.

> ubi (+ *perf*) = cum prīmum, postquam
>
> cōn-scindere -idisse -issum
> cinis -eris *m* = quod igne relinquitur
> questus -ūs *m* < querī
>
> lāmentārī = plōrāre | *Mardochaeī* lāmentantis quid istud reī esset : quidnam istud esset/significāret
>
> dē-precārī = precārī (nē quid fiat)
>
> aperīre = nōtum facere

187. Esther malum aulicī cōnsilium marītō nārrat quī eum iubet crucī affīgī

Assuērus ad convīvium cum Āmāne vēnit, et cum hilarī esset animō, Esther ad illīus pedēs sē abiēcit supplex. Cui rēx prōmīsit nihil eī sē negātūrum, etiamsī dīmidiam rēgnī suī partem peteret. Tum Esther: "Meam, ō rēx, meaeque gentis salūtem precor, nam crūdēlis iste Āmān nōs dēvōvit necī." Quā rē permōtus est Assuērus, audiēnsque crucem ab eō parātam esse Mardochaeō, Āmānem ipsum eīdem crucī iussit affīgī.

> hilaris -e = laetus et iūcundus
>
> supplex -icis = ōrāns
>
> negātūrum *esse*
>
> dē-vovēre -vōvisse -vōtum + *dat* = (fātō) trādere; d. necī : statuit necāre

188. Fīnis captīvitātis Babylōnicae

Captīvitās Babylōnica per septuāgintā annōs dūrāvit, idque praedīxerat Deus. Postquam illud tempus efflūxit, Cȳrus, Persārum rēx, dēvictō Babylōniōrum rēge, Iūdaeīs fēcit potestātem in patriam remigrandī, templumque restituendī: sacra etiam vāsa, quae Nabūchōdonosor abstulerat, reddī iussit. Itaque Iūdaeī, duce Zorobabēle, Hierosolymam regressī sunt, et prīma novī templī fundāmenta iēcērunt; sed aedificātiō diū intermissa est, quia illam impediēbant vīcīnae gentēs.

> dūrāre = integer manēre, trahī
>
> prae-dīcere = dīcere ante
> ef-fluere (< ex-)
>
> re-migrāre
>
> fundāmentum -ī *n* = īnfima pars aedificiī (sub terrā) | aedificātiō -ōnis *f* < aedificāre
> inter-mittere = inter rem (in mediā rē) moram facere | impedīre = difficilem/tardum facere

---

Cȳrus -ī *m*, Persae -ārum *m pl*, Zorobabel -ēlis *m*

Cyrus vasa sacra Iudaeis reddit

PENSA (§ 167-188)

Pēnsum I

Estne vērum an falsum?

	V	F
1. Iōsāphātus fuit religiōsus Deī cultor.	☐	☐
2. Ezechīās superstitiōnēs paternās restituit.	☐	☐
3. Ezechīās leprā correptus est.	☐	☐
4. Ezechīae Deus quīndecim annōrum ūsūram concessit.	☐	☐
5. Isaīās prophēta serrā ligneā necātus est.	☐	☐
6. Nabūchōdonosor Iūdaeōs Hierosolymam trānstulit.	☐	☐
7. Puerī Iūdaeī in rēgiā Nabūchōdonosōris carnibus vescēbantur.	☐	☐
8. Nabūchōdonosor statuam auream sibi posuit ut adōrārētur.	☐	☐
9. Puerī ex fornāce ārdentī vulnerātī exiērunt.	☐	☐
10. Dāniēl leōnibus obicitur quia lēx ita ferēbat.	☐	☐
11. Dāniēl leōnēs interfēcit et vītam servāvit suam.	☐	☐
12. Captīvitās Babylōnica per septuāgintā annōs dūrāvit.	☐	☐

Pēnsum II

Ad interrogāta respondē.

1. Cūr Iōsāphātus cum Achābō amīcitiam iūnxit?
2. Quae fuit Athalia et quid fēcit?
3. Cūr in hōrologiō sōlis umbra per decem līneās regressa est?
4. Quōmodo Ezechīās superāvit Assyriōs, quī Hierosolymam obsidiōne cingēbant?
5. Ubi Ezechīae corpus post mortem collocātum est?
6. Quid Manasses fēcit?
7. Quis fuit Nabūchōdonosor?
8. Cūr quīdam puerī Iūdaeī in rēgiā ēducābantur?
9. Quā dē causā cibīs profānīs ūtī nōlēbant?
10. Quid ēvēnit puerīs in fornāce ārdentī inclūsīs?
11. Cūr Dāniēl erat aulicīs invīsus?
12. Quid Nabūchōdonosor eī imperāvit, lēge ita postulante?
13. Quōmodo Mardochaeus Iūdaeōs ē magnō perīculō līberāvit?
14. Quid fēcit Assuērus uxōris verbīs permōtus?
15. Quis erat Cȳrus et quid ille Iūdaeīs concessit?

Pēnsum III

Vocābula in fōrmā pōne. Litterae, quae in quadrātīs nigriōribus positae erunt, sententiam effi- cient ex sacrīs librīs prōmptam.

1. Tālis est quī Deum colit.
2. Eōrum ārās Asa ēvertit.
3. Fuit Iōsāphātō amīcitia quam cum Achābō iūnxit.
4. Eam, quae rēgia fuerat, Athalia interēmit.

5. = vī capere et suum facere.

6. = discēdere (ad).

7. Morbus quō Osīās affectus est.

8. Ezechīās eās restituit iam prīdem omissās.

9. = sententia prāva (dē Deō/deīs).

10. Ea Assyriīs Iūdaeī pendēbant.

11. Īnstrūmentum quō Isaīās prophēta occīsus est.

12. Īnstrūmentum quod hōrās mōnstrat.

13. = temerārius.

14. = cum quibus.

15. Iīs vescēbantur puerī Iūdaeī in rēgiā Nabūchōdonosōris.

16. Aulicī Dāniēlī parābant.

17. = īnfima pars aedificiī (sub terrā).

Pēnsum IV

Scrībe verba idem aut contrārium significantia.

_____ = ūsque adhūc

_____ = deus

_____ = quī diū manet

_____ = līberī

_____ = occultē, clam

_____ = populus

_____ = pecūnia solūta

_____ = oblītus

_____ = armātōrum numerus

_____ = quod licet (per Deum/deōs)

_____ = nōn agere, neglegere

_____ = minārī

_____ = mors

_____ = altus

_____ = pugnāre

_____ = cibō ūtī, ēsse

_____ = lūcēns

_____ = vincīre

_____ = quod igne relinquitur

_____ = plōrāre

_____ = laetus et iūcundus

_____ ↔ neglegēns

_____ ↔ pietās

_____ ↔ sacer

Pēnsum V

Scrībe verbōrum fōrmās.

- dīgredī _____
- _____ _____ expulsum
- ēvādere _____
- _____ impulisse _____
- _____ _____ restitūtum
- _____ cōnflīxisse _____
- domāre _____ _____
- flōrēre _____
- _____ _____ contūsum
- intendere _____ _____
- _____ _____ percitum
- _____ suffēcisse _____
- _____ _____ dīrutum
- incendere _____ _____
- _____ _____ cōnscissum
- _____ dēvōvisse _____

Pēnsum VI

Verba, quae dēsunt, scrībe.

- accūsātor
- agere
- contundere
- dīruere
- dūrāre
- ēditus
- excidium
- expiāre
- flamma
- flōrēre
- fornāx
- fundāmentum
- honor
- incendere
- īnsidiae
- legūmen
- lētum
- obicere
- obsidiō
- omittere
- quō
- remigrāre
- statua
- tribūtum

Inter variōs Iūdaeae rēgēs dignus vidētur quī memorētur pius Ezechīās. Ille singulārī pietāte _____, rēgnum ā paternīs superstitiōnibus _____, caerimōniāsque restituit quae diū _____. Etiam in bellīs gerendīs virtūtem suam ostendit, nam et Philistaeōs multīs pugnīs _____, et cīvēs suōs ā _____ līberāvit, quae Assyriīs pendēbant.

Diē tamen quōdam Ezechīās in morbum incidit, quī sānārī nōn poterat, ut iam dīxerat prophēta Isaīās, sed Deus, quī omnia potest, adeō commōtus est eius lacrimīs et precibus, ut quīndecim annōrum _____ illī concesserit. Quō tempore Ezechīās Hierosolymam servāvit ab _____ Assyriōrum, quī urbis _____ minitābantur. Deus enim angelum ad eum mīsit quī multōs hostēs _____ dedit. In summā igitur pāce reliquam vītam Ezechīās _____, dīlēctus ā cīvibus omnibus quī eius cadāver in locō _____ inter sepulcra māiōrum collocāvērunt.

Aliī secūtī sunt rēgēs nōn tam piī, dōnec Nabūchōdonosor, Assyriōrum rēx, Hierosolymam prīmum expugnāvit, et posteā, Sedecīā, postrēmō rēge, interfectō, _____ et templum _____. Inter captīvōs Babylōnem trānslātōs Nabūchōdonosor ēlēgit quōsdam puerōs ēgregiā pulchritūdine, ut in rēgiā ēducārentur et ministrī fierent. _____ essent meliōrēs vultū, rēx iīs imperāvit ut iīsdem cibīs _____ quibus ipse ūtēbātur, sed cum iīs Iū- daeōrum lēx id vetāret, _____ tantum comedere māluērunt. Diē vērō quōdam rēx _____ sibi auream posuit, quam adōrārī iussit,

ūsūra
vescī

minitāns mortis poenam iīs quī nōn oboedīvissent. Puerōs, nōlentēs _____ sōlī Deī dēbitum statuae dēferre, in _____ ārdentī inclūsit, unde tamen illī illaesī exiērunt, cum _____ nihil illīs nocuisset.

Dāniēl quoque, puer quem rēx prae cēterīs dīligēbat, ad mortem missus est ob _____ quās eī aulicī quīdam invidentēs parāverant. Illī enim rēgī suāserant ut ēdictō vetāret quemquam colī nisi sē, quod cum nōn fēcisset Dāniēl leōnibus _____, ut lēx ferēbat. Illī vērō Dāniēlī pepercērunt, et rēx ipsōs _____ pūnīvit.

Septuāgintā annōs _____ captīvitās Babylōnica, post quam Cȳrus, Persārum rēx quī intereā Babylōniōs superāverat, Iūdaeīs ut in patriam _____ concessit, ubi illī novī templī _____ iēcērunt, in locō eius quod Nabūchōdonosor dēstrūxerat.

SEXTA AETAS

ANNO LXIII A. CHR. N. IVDAEA PROVINCIA STIPENDIARIA POPVLI ROMANI FIT

a. Chr. n. : ante Chrīstum nātum

stipendiārius -a -um = quī *stipendium* (pecūniam rēgī vel victōrī dandam) solvit
stipendium -ī *n*

189. Reversī in patriam Iūdaeī variīs gentibus multa tribūta solvunt, ab avītā tamen religiōne nōn dēscīscunt

avītus -a -um = antīquus
dē-scīscere = discēdere, dēficere (ab)

Reversī in patriam Iūdaeī, compositō urbis statū, nōn iam Rēgēs habuēre, sed imperium penes pontificēs fuit: tribūta tamen pēnsitārunt prīmum Persīs, deinde Graecīs, post dēvictum ab Alexandrō Dārīum. Nec deinceps ab avītā religiōne umquam dēscīvērunt, quamvīs eā dē causā ā plūribus rēgibus vexātī sint, ac praesertim ab Antiochō rēge Syriae; quae pars historiae Iūdaicae nunc nārranda venit.

com-pōnere = ōrdināre

habuēre = habuērunt; -ēre = -ērunt

pēnsitāre = solvere (identidem)
pēnsitāvērunt
post dēvictum Dārīum = postquam Darīus dē-
victus est
quam-vīs + *coni* = quamquam

Iūdaicus -a -um

190. Antiochus innumerīs malīs Iūdaeōs afficit

in-numerus -a -um = quī numerārī nōn potest

Antiochus, Syriae rēx, sacram Iūdaeōrum lēgem ēvertere aggressus est: ēdīxit ut omnēs, relictīs māiōrum suōrum īnstitūtīs, gentīlium rītū vīverent. Ārās falsīs diīs per ūniversam Iūdaeam exstrūxit; omnia templī Hierosolymitānī ōrnāmenta dētrāxit; librōs sacrōs iussit combūrī; reluctantēs inaudītīs suppliciīs affēcit; urbem innumerā caede vāstāvit: ac nē Iudaeī tot malīs oppressī rebellārent, praesidium in arce collocāvit.

aggressus est : cōnātus est

īnstitūtum -ī *n* = quod statūtum est, mōs

ex-struere -ūxisse -ūctum = aedificāre
Hierosolymitānus -a -um
comb-ūrere = ūrere (multum)
re-luctārī = repugnāre
in-audītus -a -um = nōn prius audītus

op-primere (< ob-)
arx arcis *f*

191. Īnsignis Eleazarī cōnstantia

cōnstantia -ae *f* < cōnstāns

Ex Iūdaeīs multī patriam dēseruērunt, dēclīnandī perīculī causā; multī mortem oppetīvērunt, potius quam ā lēge dīvīnā

dēclīnandī : vītandī

op-petere (mortem) = morī

Alexander -drī *m*, Dārīus -ī *m*, Antiochus -ī *m*, Eleazarus -ī *m*

carō suilla = c. porcī

inter-dīcere + *dat/abl* = vetāre
re-spuere = ex ōre ēicere
suī (: eius) amīcī eum hortābantur

simulāre = mentīrī (rem similem faciendō)

subit : adit

aetātī nostrae : senectūtī

simulātiō -ōnis *f* < simulāre
committam : faciam

satius *adv* = melius
turpitūdō -inis *f* < turpis
nota -ae *f* = signum (vitiī) | in-ūrere + *dat*
ob-sequī + *dat* = pārēre

cōnsecūtus est : habuit

carnifex -ficis *m* = quī hominēs cruciat
torquēre -sisse -tum = cruciāre

prae-clārus -a -um = clārissimus

caedere cecīdisse caesum
ad-igere (< ad + agere) = cōgere
dē-clārāre = (clārē) dīcere

morī : ad moriendum
(culpam) committere = facere
suc-cendere (< sub-) = accendere (ex parte
  īnferiōre)
cutis -is *f* : corpus hūmānum *cute* operītur
truncus -a -um : sectus
torrēre = ūrere
amputārī, dētrahī, praecīdī, torrērī *iussit*

in-vicem : aliī aliōs

ōlla -ae *f*

factūrum *esse*

---

discēderent. Īnsignis fuit Eleazarī senis cōnstantia: is apertō ōre compellēbātur carnem suillam comedere, quā Iūdaeīs lēx interdīcēbat. At vir fortissimus cibum vetitum respuēbat indignāns; quam ob rem cum ad supplicium dūcerētur, suī eum amīcī hortābantur, ut aliam carnem, quam attulerant, comedendō, simulāret sē rēgī pāruisse, sīcque mortem vītāret.

192. Eleazarus mortem fortiter subit

Eleazarus rem prāvam suādentibus nōluit assentīrī: "Aetātī nostrae" inquit, "nōn convenit ista simulātiō: nōn committam ut perīculōsum exemplum adulēscentibus relinquam: multō satius est perīre, quam propter brevem vītae ūsūram turpitūdinis notam meō nōminī inūrere. Sī vestrō obsequar cōnsiliō, hominum quidem suppliciīs ēripiar, sed īram dīvīnam nōn effugiam." Hīs dictīs, mortem fortiter subiit, aeternamque glōriam est cōnsecūtus.

193. Māter eiusque septem līberī ā carnificibus torquentur atque interficiuntur

Praeclārum Eleazarī exemplum secūta est mulier quaedam cum septem fīliīs. Hī omnēs simul comprehēnsī sunt et virgīs caesī, ut ad peccandum adigerentur, sed eōs nūlla vīs potuit ā lēge dīvīnā abdūcere. Illōrum nātū māximus dēclārāvit sē suōsque frātrēs parātōs esse morī, magis quam culpam committere. Īrātus rēx ōllās aereās succendī iussit, tum eī, quī locūtus erat, linguam amputārī, cutem capitis dētrahī, summās manūs ac pedēs praecīdī, et truncum corpus in ōllā torrērī. Aderant trīstī spectāculō cēterī frātrēs cum mātre, sēque invicem hortābantur ad mortem fortiter tolerandam.

Tum comprehēnsus est secundus, et post dētractam capitis cutem cum capillīs, interrogātus num vellet carnem oblātam edere, negāvit sē id factūrum: quāpropter praecīsīs membrīs, in ōllam ārdentem missus est. Cum extrēmum spīritum ageret, ad rēgem conversus: "Tū quidem" ait, "hanc vītam nōbīs ēripis, sed āmissam nōbīs reddet Deus, prō cuius lēge eam profundimus." Post hunc tertius similiter cruciātus est:

linguam postulantī prōtulit amputandam, manūsque prō- *carnificī* postulantī
tendēns, dīxit: "Haec membra, ā Deō accepta, nunc propter
Deum contemnō, quia spērō fore ut ea reciperem." Rēx et aliī   reciperem < reciperāre
circumstantēs admīrābantur animum adulēscentis, quī acer-   acerbus -a -um = molestus
bissimum dolōrem prō nihilō dūcēbat.   prō nihilō dūcere : parvī aestimāre
    nihilō (*abl*) = nihil

Hōc exstīnctō, quārtus eōdem suppliciō necātus est. Cum
iam mortī esset proximus dīxit: "Nōbīs optābile est lētō darī,   optābilis -e < optāre
quoniam mortem prō lēge dīvīnā oppetītam immortālitās   lētō darī = morī, occīdī
cōnsequētur." Cum quīntus ā carnificibus torquērētur, sīc   immortālitās -ātis *f* < immortālis
locūtus est: "Abūteris, ō rēx, potestāte tuā; scīlicet putās nōs   ab-ūtī + *abl* = improbē ūtī
omnīnō dērelictōs esse ā Deō, et omnī ope dēstitūtōs, atque   omnīnō = in omnī rē, plānē
idcircō innumerīs malīs nōs opprimis; sed mox ipse dīvīnae   dē-relinquere -līquisse -lictum = dēserere
potentiae vim expertūrus es." Parī cōnstantiā sextus verbera
et tormenta pertulit, quibus paene cōnfectus, rēgem sīc   tormentum -ī *n* < torquēre
compellāvit: "Nōlī errāre, et malīs nostrīs glōriārī. Nōs   glōriārī = glōriōsē dīcere, superbīre
propter peccāta nostra haec patimur, at brevī cum Deō in
grātiam redībimus; tū vērō superbiae et crūdēlitātis istīus   grātia -ae *f*: amīcitia
poenās dabis gravissimās."   poenās dare = pūnirī

Ex septem frātribus ūnus tantum supererat, nātū minimus.
Quem Antiochus coepit illicere ut lēgem dēsereret, affīrmāns   il-licere = prōmissīs excitāre
eum dīvitem fore et beātum; sed adulēscēns nec minīs
movēbātur, nec prōmissīs. Quārē mātrem rēx hortātus est, ut
fīliō suādēret imperāta facere. Illa irrīdēns crūdēlem tyran-   imperāta : quae imperāverat
num, sīc fīlium allocūta est: "Miserēre, fīlī mī, miserēre mātris   ir-rīdēre = dērīdēre
tuae, quae tē uterō gestāvī, quae tē nātum lacte aluī: nōlī ā
frāternā virtūte dēgenerāre; nōlī timēre carnificem istum.   frāternus -a -um < frāter
Deum ūnum timē, Deum intuēre, ā quō mercēdem recipiēs."   mercēdem : praemium
Hīs verbīs cōnfīrmātus, adulēscēns exclāmāvit: "Nōn rēgī
obsequor, sed lēgī." Tunc conversus ad Antiochum: "Tū
quidem, ō sceleste, Deī omnipotentis īram nōn effugiēs: erit   omni-potēns -entis *adi* = potentissimus
tempus cum, ab eō percussus et dolōre victus, tē hominem
esse cōnfitēberis. Nisi gēns nostra in Deum peccāvisset,
numquam in hās miseriās incidissēmus; sed mox Deus, meō   miseria -ae *f* < miser
frātrumque meōrum sanguine plācātus, gentī nostrae reconci-   re-conciliāre = amīcum iterum facere
liābitur, et nōs post mortem patienter tolerātam aeternā vītā
dōnābit." Tum Antiochus indignē ferēns sē dērīsum esse, in
adulēscentulum crūdēlius etiam quam in cēterōs saeviit, et   adulēscentulus -ī *m* < adulēscēns
    saevīre = saevus esse

exquīsītus -a -um = magnā cum cūrā excō-
gitātus

aspectus -ūs *m* < aspicere

com-miscēre

illum exquīsītō suppliciō necāvit. Dēnique septem fīliōrum caedem mātris nece cumulāvit. Haec mulier plānē admīrābilis, et sempiternā memoriā digna, postquam fīliōs certantēs et aspectū et verbīs adiūverat, postquam morientēs magnō animō cōnspexerat, ipsa dīram mortem subiit, suumque sanguinem cum fīliōrum sanguine commiscuit.

194. Mathathīas eiusque līberī

Erat tunc Hierosolymae sacerdōs, nōmine Mathathīas, cum quīnque fīliīs: Iūdā, Iōnāthā, Simōne, Eleazarō et Iōanne. Hī, relictā urbe, nē vidērent mala, quibus ea cōn-flīctābātur, sēcessērunt in sōlitūdinem. Eō cōnflūxit multitūdō hominum, quibus cordī erant lēgēs dīvīnae, brevīque ad speciem iūstī exercitūs crēvit. Tunc, duce Mathathīā, statuē-runt patriam armīs līberāre, et religiōnem tuērī: itaque ārās passim falsīs nūminibus ērēctās ēvertērunt, neglēctumque vē-rum Deī cultum restituērunt.

cōnflīctāre = percutere et perturbāre

sē-cēdere = discēdere ā cēterīs
cōn-fluere -flūxisse
cordī esse = grātum esse, placēre

ad speciem : ad fōrmam
iūstus : cui nihil deest

passim = ubīque

195. Moritur Mathathīas. Iūdās Machabaeus, eius fīlius, bel-lum ā patre susceptum pergit

Intereā Mathathīas mortuus est, moriēnsque exercituī praefēcit Iūdam fīlium, quī dictus est Machabaeus. Is bellum ā patre susceptum strēnuē persecūtus est. Omnia optimī ducis mūnia ēgregiē implēvit: dīvīnō, quod invocāverat, auxiliō frētus, castella expugnāvit, urbēs praesidiīs mūnīvit; Apol-lōnium, ūnum ex praefectīs Antiochī, vīcit, et ipse suā manū interfēcit, eiusque gladiō, quem illī dētrāxerat, in proeliīs deinceps ūsus est.

bellum suscipere = initium bellī facere

persecūtus est : perrēxit

mūnia -ium *n pl* = officia
implēre = plēnē perficere
castellum -ī *n* = locus mūnītus

196. Iūdās Machabaeus Nīcānorem et Gorgiam, ducēs ā Līsiā missōs, superat

Antiochus, ubi audīvit victum esse Apollōnium, īrā exārsit. Mandātum dedit Līsiae, ut Iūdaeam vāstāret, gentemque

ubi (+ *perf*) = cum prīmum, postquam
ex-ārdēscere -sisse = ūrere incipere

Mathathīas -ae *m*, Iūdās -ae *m*, Iōnāthās -ae *m*, Simon -ōnis *m*, Eleazarus -ī *m*, Iōannēs -is *m*, Machabaeus -ī *m*, Apollōnius -ī *m*, Nīcānor -oris *m*, Gorgia -ae *m*, Līsia -ae *m*

ūniversam dēlēret. Līsia Nīcānorem et Gorgiam adversus
Iūdaeōs mīsit, quibus dedit quadrāgintā peditum et septem
equitum mīlia. Hī castra posuērunt nōn longē ab urbe
Hierosolymā.

Iūdās, cuius spēs omnis in Deō posita erat, nōn dubitāvit
cum tribus hominum mīlibus proelium committere. Tam
exiguā manū cōpiās rēgiās prōstrāvit, et ingentī praedā
potītus est.

197. Exiguā Iūdaeōrum manus, dīvīnō auxiliō, magnum Lī- siae exercitum vincit

Haec clādēs nūntiāta est Līsiae, quī exīstimāns id culpā
imperātōrum accidisse, statuit ipse exercitum dūcere. Vēnit
igitur in Iūdaeam cum sexāgintā quīnque hominum mīlibus.
Habēbat Iūdās decem tantum mīlia hominum; tamen adversus Līsiam prōcessit et, invocātō prius dīvīnō auxiliō, cum
hoste cōnflīxit. Quīnque hominum mīlia dē exercitū cecīdit;
reliquōs adeō perterruit, ut in fugam versī sint.

198. Iūdās Hierosolymam redit et omnēs templī partēs pol- lūtās pūrgat

Pulsīs hostibus, Iūdās restituendō cultuī dīvīno animum
intendit: rediit victor in urbem Hierosolymam, quae foedam
suī speciem praebēbat. Portae templī exustae erant, altāre
pollūtum, virgulta in ātriīs, quasi in saltū, ēnāta. Iūdās omnia
pūrgāvit, portās refēcit, novum altāre ērēxit, cuius dēdicātiō
magnā tōtīus populī frequentiā, clangentibus tubīs, facta est;
dēcrētumque, ad memoriam reī sempiternam, quotannīs diem
sollemnem celebrātum īrī.

199. Iūdās Machabaeus ā Deō adiuvātur

Concitātae ob restitūtum templum, gentēs vīcīnae bellum
Iūdaeīs intulērunt: contrā illās Iūdās Machabaeus dīmicāvit.
Eō in proeliō Deus manifēstum sē praebuit adiūtōrem; nam
inter pugnandum appāruērunt quīnque virī equīs et virtūte
īnsignēs, quōrum duo Iūdam medium habentēs incolumem

dēlēret : perderet

quadrāgintā *mīlia* peditum et septem mīlia
equitum

manus -ūs *f* = armātōrum numerus

per-terrēre = terrēre

polluere -uisse -ūtum = sordidum facere
pūrgāre (↔ polluere) = pūrum facere

virgulta -ōrum *n pl*

speciem : fōrmam

saltus -ūs *m* = mōns silvīs opertus
ē-nāta *erant*
dēdicātiō -ōnis *f* = caerimōnia, quā aliquid
sacrum fit et Deō trāditur
frequentia -ae *f* (< frequēns) = multitūdō
(hominum)
dēcrētumque *est*
sollemnis -e = quī certīs temporibus solet fierī

ad-iūtor -ōris *m* = quī adiuvat

inter pugnandum : inter pugnam

ad vīgintī mīlia = circā vīgintī mīlia

servābant, in hostēs vērō tēla et fulmina iaciēbant: unde illī, oculīs et mente turbātī, ad vīgintī quīnque mīlia interfectī sunt.

200. Deus Antiochum sevērē pūnit

ut cognōvit : cum prīmum cognōvit
ā-mēns -entis = cui mēns abest
citātus -a -um = celer
con-tendere -disse -tum = properāre
ultūrus : ut ulcīscerētur

Antiochus, ut cognōvit suōs ducēs ā Iūdā Machabaeō esse dēvictōs, āmēns furōre, in Iūdaeam citātō cursū contendit, excidiō gentis et urbis acceptam clādem ultūrus.

ac-celerāre (< ad-) = celeriōrem facere

unde = quam ob rem

scatēre + *abl* = plēnus esse

foetor -ōris *m* : quod per nāsum pessimum esse sentītur | in-tolerābilis -e = quī ferrī nōn potest

vermis -is *m*

At illum subitus viscerum dolor corripuit ā Deō immissus; cumque nihilōminus cursum accelerāret, ē currū graviter dēcidit, et cāsus gravis aegrum iam corpus valdē afflīxit: unde factum est, ut membra corrupta scatērent vermibus, et foetōrem lātē ēmitterent, exercituī et aegrō ipsī intolerābilem.

dolōris acerbitās : dolor acerbus, molestus
acerbitās -ātis *f* < acerbus

201. Antiochus morbō cōnfectus perit

Antiochus dolōris acerbitāte victus tandem ad sānam mentem rediit: sē mortālem esse agnōvit, et recordātus malōrum, quibus Iūdaeōs affēcerat, apertē cōnfessus est sē suōrum scelerum poenās luere, ac dēmum prōmīsit sē Iūdaeōs flōrentēs beātōsque factūrum. Sed quia ea omnia metus mortis extorquēbat, nōn vēra paenitentia, dīvīnam misericordiam nōn flexit rēx impius et homicīda, et, morbō in hōrās ingravēscente, miserē interiit.

factūrum *esse*

ex-torquēre = vī capere

miseri-cordia -ae *f* = dolor ob alterīus malam fortūnam | homicīda -ae *m* = quī hominem occīdit

202. Iūdās iterum superat Līsiam

macula -ae *f* = rēs turpis, factum indignum; hanc maculam : quod semel victus erat
ē-luere : dēlēre
cōn-fugere (< cum-) = fugere in locum tūtum

suīs *mīlitibus*

vīsus est : appāruit

vibrāre = celeriter hūc illūc movēre

Antiochō successit fīlius, cui nomen Eupator fuit. Hic paternī in Iūdaeōs odiī hērēs, contrā eōs mīsit Līsiam, quī iam semel victus ā Iūdā, hanc maculam cupiēbat ēluere. Iūdās ad opem dīvīnam cōnfūgit, utī facere solēbat, ōrāvitque Dominum, ut angelum mitteret suī populī adiūtorem. Deinde sūmptīs armīs, obviam hostī cum suīs prōgressus est. Tunc ante aciem Iūdaeōrum vīsus est eques veste candidā, armīs aureīs indūtus, hastam vibrāns. Quō prōdigiō cōnfīrmātī Iūdaeī, leōnum mōre, in hostēs irruērunt, et ūndecim mīlia peditum, equitēs mīlle et sescentōs prōstrāvērunt.

Eupator -oris *m*

203. Rēx Eupator, magnī exercitūs dux, ā Iūdā prōflīgātur

Rēx ipse Eupator, ad opprimendum Iūdam Machabaeum, omnēs rēgnī suī vīrēs collēgit: itaque cum centum mīlibus peditum et vīgintī mīlibus equitum in Iūdaeam ingressus est. Praeībant elephantī vāstā corporis mōle et horrendō strīdōre terribilēs: singulīs bēluīs impositae erant ligneae turrēs, ex quibus pugnābant mīlitēs armātī.

phalerae -ārum *f pl*

elephantus -ī *m*

mōlēs -is *f*: ingēns fōrma
strīdor -ōris *m* = strepitus
bēlua -ae *f* = fera, bēstia

Sed Iūdās, quī potentiae dīvīnae magis quam numerō mīlitum cōnfīdēbat, istō terrificō bellī apparātū nōn est commōtus; in eam castrōrum hostīlium partem irruit, ubi erat tabernāculum rēgis, et, occīsīs quattuor hominum mīlibus, tantās opēs dissipāvit.

ap-parātus -ūs *m* = quod parātur

dis-sipāre = (vī) spargere

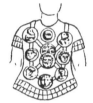

phalerae -ārum *f pl*

204. Memorābilis Eleazarī mors

Memorābilis fuit haec pugna fortitūdine et morte Eleazarī. Is vīderat bēluam ūnam cēterīs māiōrem, ac phalerīs rēgīs circumtēctam; exīstimāns illā rēgem vehī, sē prō commūnī salūte dēvōvit: per mediōs hostēs ad bēluam properāvit, sub illīus ventrem subiit, repetītīs ictibus cōnfossam occīdit, et bēluae lābentis pondere oppressus ipse occubuit.

memorābilis -e = memorandus
fortitūdō -inis *f* (< fortis) = virtūs

circum-tegere -tēxisse -tēctum

repetītīs ictibus : plūribus ictibus datīs
cōn-fodere -fōdisse -fossum
pondus -eris *n* : mōlēs; grave corpus magnum
  pondus habet | occubuit : mortuus est

205. Impius Nīcānor in bellō perit

Dēmētrius, occupātō Syriae rēgnō, adversus Iūdaeōs Nīcānorem mīsit. Hic impius, extēnsā in templum dextrā, ausus est minārī sē Deī aedem solō aequātūrum. Iūdās et mīlitēs eius, quamquam paucī erant, cum illō cōnflīxērunt, manū quidem pugnantēs, sed Dominum animō ōrantēs. Rēgium exercitum ad internecīōnem cecīdērunt. Nīcānor ipse inter hostium cadāvera repertus est, cuius caput āvulsum Iūdās Hierosolymam ferrī iussit, manumque nefāriam templō affīxam suspendī.

aedēs -is *f* = templum | aedem solō aequāre =
  aedem solō aequam facere (: dēlēre)
aequāre = aequum facere | aequātūrum *esse*

internecīō -ōnis *f* = caedēs; ad i.em : omnibus
  interfectīs
āvulsum : sectum, vī scissum

nefārius -a -um = scelestus

Dēmētrius -ī *m*

Eleazari Machabaei mors

206. Iūdae Machabaeī memorābilis mors

Mox secūtum est alterum proelium cum Bacchide, ūnō ex Dēmētriī praefectīs; quod quidem proelium fuit Iūdaeīs fūnestum: nam illī, āmissā quam in Deum habuerant fidūciā, animō concidērunt, et aliī aliō dīlāpsī sunt. Iūdās cum octingentīs tantum hominibus impetum hostium sustinuit, immō oppositam sibi aciēī partem fūdit, sed multitūdine hostium circumventus illōrum tēlīs cōnfossus est. Quam cārus populō fuerit, maerōre fūneris indicātum est: suī eum cīvēs diū lūxērunt.

fūnestus -a -um = trīstissimus

animō concidērunt : animō dēbilēs sunt factī

aliō *adv* = in alium locum; aliī aliō : aliī in ūnum, aliī in alium locum

fūdit : in fugam vertit

circum-venīre -vēnisse -ventum = (inimīcē) circumdare

suī (: eius) cīvēs eum

207. Iūdae succēdit Iōnāthās fīlius, quī posteā per īnsidiās necātur

In locum Iūdae suffectus est Iōnāthās. Is, frāternae virtūtis aemulus, Bacchidem plūribus proeliīs vīcit, illumque ad petendam pācem adēgit. Intereā Dēmētrium rēgem interfēcit Alexander, quī sē Antiochī fīlium dictitābat. Is foedus cum Iōnāthā fēcit, semperque in datā fidē mānsit. Ita quamdiū Alexander rēgnō potītus est, rēs Iūdaeōrum tranquillae fuērunt; sed paulō post Iōnāthās ā Triphōne quōdam per īnsidiās necātus est.

aemulus -ī *m* = quī imitātur

dictitāre = iterum iterumque dīcere

208. Rēgnum prīmum ad Iōnāthae frātrem dēvenit, deinde ad eius successōrēs

Summa rērum ad Simōnem Iōnāthae frātrem dēlāta est. Is fūnus frātris magnificē cūrāvit, nec diū rēgnāvit; nam et ipse generī suī fraude periit.

summa rērum : rēs, imperium

gener -erī *m* = marītus fīliae

Simōnī patrī successit Iōannēs, nōmine Hircānus, quī post trīgintā annōs mortuus hērēdem relīquit fīlium Aristobūlum. Hic, prīmus omnium post captīvitātem, rēgium nōmen sūmpsit, capitīque diadēma imposuit.

diadēma

diadēma -atis *n* = īnsigne rēgis

Bacchis -idis *m*, Alexander -drī *m*, Triphon -ōnis *m*, Iōannēs -is *m*, Hircānus -ī *m*, Aristobūlus -ī *m*

209. Iūdaea annō LXIII a. Chr. n. prōvincia populī Romānī stipendiāria fit

Mortuō Aristobūlō, Alexander eius fīlius rēgnāvit. Is nūllā rē memorābilī gestā dēcessit: duōs relīquit fīliōs, quī ācriter dē rēgnō inter sē dēcertārunt. Huius discidiī occāsiōne, Pompēius, populī Rōmānī dux, in Iūdaeam vēnit, speciē quidem restituendae inter frātrēs concordiae, sed rē vērā ut istam prōvinciam Rōmānō adiungeret imperiō; et vērē Iūdaeam stipendiāriam populī Rōmānī fēcit.

Paulō post rēgnum Iūdae invāsit Hērōdes aliēnigena: hunc prīmum Iūdaeī habuērunt rēgem ex aliā gente ortum, eōque rēgnante nātus est Chrīstus, utī praedīxerant prophētae.

dē-certāre = certāre ūsque ad fīnem
dēcertāvērunt
discidium -ī *n* (< *di-scindere* = scindere)

concordia -ae *f* (↔ discidium) : pāx
rē vērā = vērē

aliēnigena -ae *m* = in aliēnā patriā nātus

Pompēius -ī *m*, Hērōdes -is *m*

148

PENSA (§ 189-209)

Pēnsum I

Vocābula in fōrmā pōne. Litterae, quae in quadrātīs nigriōribus positae erunt, sententiam efficient ex sacrīs librīs prōmptam.

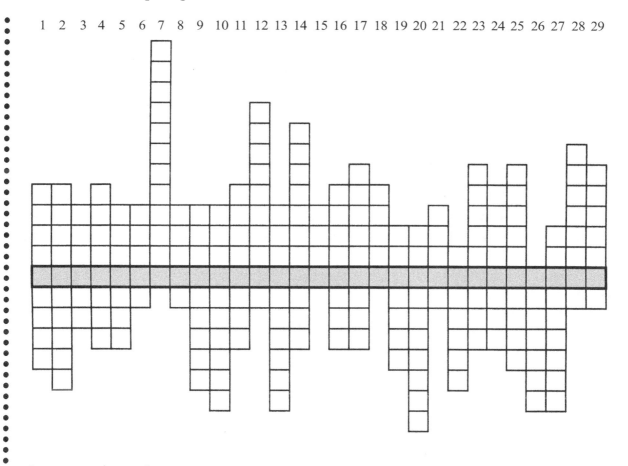

1. = nōn prius audītus.
2. = quod statūtum est, mōs   .
3. Carō quam ut comederet compellēbātur Eleazar.
4. = quī hominēs cruciat.
5. = cōgere.
6. Prīmō ex frātribus rēx eam ex capite dētrahī iussit.
7. < immortālis.
8. In eam ārdentem missus est prīmus ex frātribus.
9. < torquēre.
10. Tālis est Deus tantum.
11. < aspicere.

12. Tāle fuit supplicium quō Antiochus ultimum frātrem necāvit.
13. Miscēre cum.
14. = percutere et perturbāre.
15. Eā exiguā Iūdās rēgiās cōpiās prōstrāvit.
16. Ea in ātriīs templī ēnāta invēnit Iūdās.
17. = quī certīs temporibus solet fierī.
18. Tālis fuit Antiochus cum cognōvit suōs ducēs ā Iūdā esse dēvictōs.
19. = quī adiuvat.
20. = celeriōrem facere.
21. = fera, bēstia.
22. = strepitus.
23. < fortis.

24. Iīs circumtegēbātur bēlua quam Eleazar occīdit.

25. = in aliēnā patriā nātus.

26. Sub eō bēluae lābentis oppressus Eleazar mortuus est.

27. ↔ concordia.

28. Fēcit Iūdaeam stipendiāriam populī Rōmānī.

29. = īnsigne rēgis.

Pēnsum II

Ad interrogāta respondē.

1. Post captīvitātem Babylōnicam quid Iūdaeīs, in patriam reversīs, ēvēnit?
2. Cūr Eleazar carnem suillam respuēbat?
3. Cūr Eleazar obsequī nōluit amīcōrum cōnsiliō, quī aliam carnem attulerant?
4. Quibus tormentīs rēx adigere cōnātus est ad peccandum septem illōs adulēscentēs?
5. Quōmodo vērō eōrum minōrem nātū illicere cōnātus est ut lēgem dīvīnam dēsereret?
6. Quid māter fīliō dīxit ut eius animum cōnfīrmāret?
7. Cūr rēx eum necāvit exquīsītiōre suppliciō?
8. Quis fuit Iūdās Machabaeus?
9. Quōmodo restituit templum Hierosolymitānum?
10. Quibus dolōribus Deus affēcit Antiochum urbis excidium minitantem?
11. Quōmodo periit Eleazar?
12. Quandō Iūdaea prōvincia stipendiāria populī Rōmānī facta est?
13. Quō rēgnante Chrīstus nātus est?

Pēnsum III

Scrībe verba idem aut contrārium significantia.

_____ = antīquus	_____ = terrēre
_____ = discēdere, dēficere (ab)	_____ = celer
_____ = ōrdinare	_____ = properāre
_____ = solvere	_____ = plēnus esse
_____ = quamquam	_____ = vī capere
_____ = repugnāre	_____ = quī hominem occīdit
_____ = melius	_____ = memorandus
_____ = pārēre	_____ = templum
_____ = cruciāre	_____ = scelestus
_____ = ūrere	_____ = in alium locum
_____ = in omnī rē, plānē	_____ = quī imitātur
_____ = glōriōsē dīcere	_____ = marītus fīliae
_____ = dērīdēre	_____ = vērē
_____ = ubīque	_____ = (clārē) dīcere
_____ = officia	_____ ↔ polluere
_____ = locus mūnītus	_____ ↔ concordia

Pēnsum V

Scrībe verbōrum fōrmās.

- _____ _____ tortum
- caedere _____ _____
- _____ _____ dērelictum
- cōnfluere _____
- _____ exārsisse
- polluere _____ _____
- contendere _____ _____
- _____ _____ circumtēctum
- _____ cōnfōdisse _____

Pēnsum VI

Ubi verba crassiōribus litterīs scrīpta vidēs, pōne alia vocābula (singula aut iūncta) idem significantia, quae in indice sunt.

Cavē tamen: nam cum verba in sententiā mūtāveris, fierī poterit ut alia quoque vocābula, ut syntaxis postulat, sint mūtanda.

- acerbus
- adigere
- aedēs
- allicere
- avītus
- combūrere
- concordia
- cordī esse
- dēcertāre
- dēscīscere
- exquīsītus
- frequentia
- implēre
- interdīcere
- irrīdēre
- mūnia
- oppetere (mortem)
- pēnsitāre
- poenās dare
- polluere
- prō nihilō dūcere
- quamvīs
- rē vērā
- saevīre

Reversī in patriam Iūdaeī prīmum Persīs, deinde Graecīs tribūta **solvere** dēbuērunt; neque umquam tamen ab **antīquā** religiōne **dēfēcērunt, quamquam** propter eam multa mala patī sunt coāctī.

Antiochus enim, Syriae rēx, ārās falsīs diīs per ūniversam Iūdaeam exstruī, atque librōs sacrōs **ūrī** iussit, et, nē Iūdaeī sēditiōnem facerent, praesidium in arce collocāvit. Multī igitur eōrum patriam dēserere aut **morī** māluērunt. Inter eōs fuit Eleazar, senex quīdam, quī cum carnem suillam comedere **cōgerētur**, quam lēx Iūdaeōs ēsse **vetābat**, non sōlum vītam sibi **mentiendō** servāre nōluit, sed etiam cōnstantiae exemplum relinquere voluit dīcēns **melius** esse perīre quam lēgem dīvīnam prōdere. Simile fēcit mulier quaedam cum septem fīliīs, quōs nūlla rēgis vīs abdūcere potuit ā fidē servandā. Illī enim omnēs ad trīstissimum supplicium sunt missī quia carnem suillam comedere nōluērunt: prīmum igitur rēx eōs omnibus modīs **cruciārī** iussit, capitis cute dētractā et membrīs praecīsīs; posteā in ōllam ārdentem sunt coniectī, **parvī** ferē **aestimantēs** magnōs et **molestissimōs** dolōrēs quōs patiēbantur ac dīcentēs rēgem **pūnītum īrī** ob eius superbiam et crūdēlitātem. Ex septem frātribus tantum nātū minimus supererat, quem rēx variīs modīs et prōmissīs cōnātus est **excitāre** ad fidem dēserendam. Sed eius māter, tyrannum **dērīdēns**, adulēscentulī animum verbīs ita cōnfīrmāvit ut ille rēgem prōvocāret, quī **saevior fuit** in eum, quem suppliciō **māiōre cum cūrā excōgitātō** necāvit.

Eōdem ferē tempore quīdam virī in sōlitūdinem sēcessērunt nē vidērent mala quibus Hierosolyma cōnflīctābātur. Eōs multī aliī sunt secūtī, quibus **grātae erant** lēgēs dīvīnae, ita ut post breve tempus

satius
simulāre
torquēre

exercitum cōnfēcerint quō patriam līberāvērunt. Iīs praeerat Iūdās Machabaeus, quī ducis **officia** optimē **praestābat**; nam et Antiochī praefectōs et ipsum Antiochum dīvīnō auxiliō saepe superāvit. Quod cum fēcisset, vērum Deī cultum restituendum cūrāvit: templum, quod **sordidum** erat, pūrgāvit; novum altāre ērēxit; **aedificiī** dēnique dēdi-cātiōnem magnā hominum **multitūdine** fēcit.

Antiochī tamen fīlius bellum paternum perrēxit, sed ille quoque ā Iūdā est victus. Multa deinde sunt secūta bella inter Antiochī et Iūdae successōrēs, in quibus Iūdaeī hostēs vīcērunt quamdiū fidem in Deum servāvērunt. Sed annō LXIII, cum duo frātrēs dē rēgnō inter sē ācriter **certārent**, Pompēius, Rōmānōrum dux, in Iūdaeam vēnit speciē qui-dem ut **pācem** inter frātrēs restitueret, sed **vērē** ut eam prōvinciam stipendiāriam populī Rōmānī faceret.

NOVVM
TESTAMENTVM

Iesu nativitas

PARS I

IESV NATIVITAS ET VITA

nātīvitās -ātis *f* = tempus quō aliquis nāscitur

I. In oppidō Bethlehem Iēsūs nāscitur

Exiit ēdictum ā Caesare Augustō ut dēscrīberētur ūniversus orbis. Ascendit Iōseph dē cīvitāte Nazareth in cīvitātem, quae vocātur Bethlehem, cum Marīā, uxōre suā. Cum essent ibi, implētī sunt diēs pariendī, et peperit fīlium, quem pannīs involvit et reclīnāvit in praesēpiō.

praesēpium -ī *n*

ēdictum -ī *n* = quod pūblicē imperātur
ut dēscrīberētur ūniversus orbis : ut omnēs cīvēs numerārentur

implētī sunt diēs pariendī : vēnit diēs quō Marīae pariendum erat
pannus -ī *m* = vestis vetus et vīlis
in-volvere -visse -volūtum = veste circumdare, vestīre | re-clīnāre = facere ut aliquis recumbat

II. Angelus pāstōribus nūntiat Iēsum esse nātum

angelus -ī *m* = nūntius Deī

Pāstōrēs erant in regiōne eādem vigilantēs aut custōdientēs gregem suum. Angelus Dominī stetit iūxtā illōs et clāritās magna circumfulsit illōs ita ut timērent valdē. At angelus dīxit illīs: "Nōlīte timēre: nātus est hodiē Salvātor in cīvitāte Bethlehem. Hōc signō eum cognōscētis: inveniētis īnfantem pannīs involūtum et positum in praesēpiō." Et subitō appāruit multitūdō magna angelōrum laudantium Deum et dīcentium: "Glōria in altissimīs Deō et pāx hominibus bonae voluntātis."

Dominī : Deī
clāritās -ātis *f* < clārus
circum-fulgēre -sisse = subitō lūcendō illūstrāre
salvātor -ōris *m* (< salvāre) = quī salūtem affert

glōria *sit* in altissimīs *caelīs* ... et pāx *sit* ...

III. Iēsum pāstōrēs eunt vīsum

Ut discessērunt ab iīs angelī, pāstōrēs loquēbantur inter sē: "Eāmus et videāmus quod factum est in cīvitāte Bethlehem." Et vēnērunt, et invēnērunt Marīam et Iōseph et īnfantem

ut + *perf* = cum prīmum, postquam

Caesar (-aris) Augustus (-ī) *m*, Iōseph *indēcl*, Nazareth *indēcl*, Salvātor -ōris *m* revertī -tisse/-sum esse

magus -ī *m* = vir sapiēns et doctus, quī arte suā rēs mīrābilēs facit

fūmus -ī *m*

ante-cēdere ↔ sequī

hāc vōce : hīs verbīs, hāc sententiā

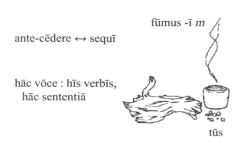

tūs

tūs tūris *n* : ē tūre accēnsō oritur *fūmus* dulcis

myrrha -ae *f* : māteria pretiōsa quae ex quibusdam arboribus fluit; nōn solum in membrīs corporis spargitur, sed etiam accenditur ut ex eā *fūmus* dulcis oriātur

dē-cipere -cēpisse -ceptum = fallere

fīnēs -ium *m pl* = regiō, terra
bīmātus -ūs *m* = aetās duōrum annōrum
īnfrā *adv*

cōn-surgere = surgere

doctor -ōris *m* = quī docet, magister

cōn-suētūdō -inis *f* = quod fierī solet, mōs
fēstus -a -um (diēs) = diēs ōtiōsus quō Deus
adōrātur | trāns-igere -ēgisse -āctum = perficere, ad fīnem agere; trānsāctīs diēbus
fēstīs = post diēs fēstōs

---

positum in praesēpiō. Posteā revertērunt pāstōrēs, laudantēs Deum propter omnia quae audīverant et vīderant.

IV. Magī ab Oriente Hierosolymam veniunt ut Iēsum Chrīstum adōrent

Cum nātus esset Iēsūs in cīvitāte Bethlehem, magī ab Oriente vēnērunt Hierosolymam ut eum adōrārent. Et stēlla antecēdēbat eōs. Et dīcēbant: "Ubi est rēx Iūdaeōrum? Vīdimus enim stēllam eius in Oriente." Hērōdes rēx turbātus est hāc vōce: timēbat enim nē rēgnum āmitteret.

Et cum cognōvissent magī ubi Chrīstus nātus esset, abiērunt, et vēnērunt Bethlehem et invēnērunt puerum cum Marīā mātre eius et adōrāvērunt eum et obtulērunt eī aurum, tūs, et myrrham.

Admonitī in somnīs nē redīrent ad Hērōdem, aliā viā revertērunt in regiōnem suam.

V. Hērōdes imperat ut omnēs īnfantēs occīdantur. Iōseph cum uxōre et puerō in Aegyptum fugit

Hērōdes, vidēns sē ā magīs dēceptum esse, īrātus fuit valdē. Et imperāvit ut occīderentur omnēs īnfantēs quī erant in cīvitāte Bethlehem et in fīnibus, ā bīmātū et īnfrā. Angelus Dominī appāruit Iōseph, dīcēns: "Surge, et accipe puerum et mātrem eius, et fuge in Aegyptum." Quī, cōnsurgēns, accēpit puerum et mātrem eius nocte et fūgit in Aegyptum.

Postquam Hērōdes mortuus est, angelō admonente, Iōseph accēpit puerum et mātrem eius et vēnit in Galilaeam et habitāvit in cīvitāte, quae vocātur Nazareth.

VI. Iēsūs Chrīstus templum petit ibique doctōrēs interrogat

Cum esset Iēsūs annōrum duodecim, secūtus est parentēs suōs ascendentēs Hierosolymam secundum cōnsuētūdinem diēī fēstī. Trānsāctīs diēbus fēstīs, cum redīrent, remānsit Iēsūs Hierosolymae; et nōn cognōvērunt parentēs eius exīstimantēs

---

Hierosolyma -ae *f*, Iūdaeī -ōrum *m pl*, Hērōdes -is *m*, Galilea -ae *f*

Iesus inter doctores

Iesus mercatores et nummularios e templo eicit

eum esse in comitātū. Et regressī sunt Hierosolymam re-
quīrentēs eum. Post trīduum invēnērunt illum in templō seden-
tem in mediō doctōrum, audientem et interrogantem illōs. Et
dēscendit cum iīs, et vēnit Nazareth, et pārēbat illīs, et prōfi-
ciēbat sapientiā et aetāte et grātiā apud Deum et hominēs.

comitātus -ūs *m* = comitum numerus
re-gredī -gressum esse = redīre
trīduum -ī *n* = trēs diēs

prō-ficere = prōgredī, melior fierī

sapientia -ae *f* < sapiēns
grātia -ae *f* : amor

VII. Iēsūs prīmōs discipulōs ad sē vocat

Iōannēs, praecursor Dominī, baptizābat in Iordāne flūmine. Quādam diē vīdit Iōannēs Iēsum venientem ad sē et
ait: "Ecce Agnus Deī, ecce quī tollit peccāta mundī." Et audīvērunt eum duo discipulī loquentem et secūtī sunt Iēsum.
Quī, vidēns eōs sequentēs, dīxit: "Quid quaeritis?" Dīxērunt
eī: "Magister, ubi habitās?" – "Venīte et vidēte" –. Et vēnērunt et vīdērunt et apud eum mānsērunt. Erant autem Andreās
et Iōannēs.

prae-cursor -ōris *m* = quī venit ante
baptizāre : aquā sacrā pūrum facere ā male-
ficiīs

Agnus Deī : Iēsūs
peccātum -ī *n* = maleficium
eum loquentem

VIII. Iēsūs ad nūptiās vocātur in Canā, et aquam in vīnum mūtat

Nūptiae factae sunt in Canā Galilaeae: et erat māter Iēsū
ibi. Vocātus est autem et Iēsūs et discipulī eius ad nūptiās. Et
dēficiente vīnō, dīcit māter Iēsū: "Vīnum nōn habent."
Deinde dīcit māter eius ministrīs: "Quodcumque dīxerit
vōbīs, facite." Erant ibi lapideae hydriae sex, quās aquā implērī iussit Iēsūs. "Haurīte nunc" inquit. Et hausērunt et
tulērunt architriclīnō vīnum melius quam prīstinum.

Hoc fēcit initium signōrum Iēsū.

nūptiae -ārum *f pl* < nūbere

lapis -idis *m*

discipulī *vocātī sunt*

dē-ficere = deesse

hydria -ae *f*

quodcumque = quidquid

lapideus -a -um = ex *lapide* factus

architriclīnus -ī *m* = quī convīviō/convīvīs
praeest | prīstinus -a -um = quī anteā fuit
signōrum : rērum mīrābilium

IX. Iēsūs mercātōrēs et nummulāriōs flagellō ē templō ēicit

Prope erat Pascha Iūdaeōrum,
et ascendit Iēsūs Hierosolymam.
Et invēnit in templō vēndentēs
bovēs, et ovēs et columbās et
nummulāriōs sedentēs. Et cum
fēcisset quasi flagellum dē fūniculīs, omnēs ēiēcit dē templō,

nummulārius -ī *m* (< nummus) = tabernārius
quī pecūniam mūtuam pretiō dat

Pascha -ae *f*: diēs fēstus quō commemorātur
lībertās ā servitūte Aegyptiōrum recepta

flagellum -ī *n*

mercātōrēs vēndentēs

columba -ae *f*

fūniculus -ī *m* = parvus *fūnis*

fūnis -is *m*

Iōannēs -is *m*, Iordānis -is *m*, Andreās -ae *m*, Cana -ae *f*

aes aeris *n* = pecūnia, assēs

sub-vertere

Patris : Deī
negōtiātiō -ōnis *f* = negōtium mercātōris

rēgulus -ī *m* = parvus rēx
febris -is *f* (*acc* -im, *abl* -ī) = nimius calor
  corporis
īnfīrmārī = aegrōtāre

audī*v*isset

vādere = īre
crēdidit in verbō : crēdidit verbīs

con-clūdere -sisse -sum = inclūdere

cum irruerent in Iēsum : cum accurrerent ad
  Iēsum

secus *prp* + *acc* = secundum | stāgnum -ī *n*
  = lacus aquae stantis (: nōn fluentis)
ut cessāvit loquī : cum prīmum fīnem fēcit
  loquendī | dūc *nāviculam*
laxāre rētia = iactāre rētia

praeceptor -ōris *m* = magister

annuere = aliquid manibus mōtōque capite
  significāre
socius -ī *m* = homō quī commūnī fortūnā/ne-
  gōtiō coniungitur cum aliquō
ambō -ae -ō = uterque

īnfīrmitās - ātis *f* = mala valētūdō
Sabbatum -ī *n* = diēs ōtiōsus quō Deus
  adōrātur et ā negōtiīs abstinētur

dē-tinēre -tinuisse -tentum = retinēre, prohibēre; īnfīrmitāte dētentus : quī prae īnfīrmitāte movērī nōn potest

grabātus -ī *m* = lectulus

---

ovēs quoque et bovēs, et nummulāriōrum effūdit aes, et mēn-sās subvertit.

Et hīs quī columbās vēndēbant dīxit: "Auferte ista et nōlīte facere domum Patris meī domum negōtiātiōnis."

X. Iēsūs rēgulī fīlium febrī affectum sānat

Erat quīdam rēgulus, cuius fīlius īnfīrmābātur. Quī cum audīsset Iēsum advēnisse ā Iūdaeā in Galilaeam, abiit ad eum, et rogābat ut dēscenderet Capharnāum et sānāret fīlium. Dīcit eī Iēsūs: "Vāde, fīlius tuus vīvit." Crēdidit vir in verbō quod dīxerat eī Iēsūs et ībat domum. Servī autem occurrērunt eī et nūntiāvērunt fīlium līberātum esse febrī. Et cognōvit pater eum līberātum esse febrī eādem hōrā quā dīxerat Iēsūs: "Fīlius tuus vīvit."

XI. Magna piscium multitūdō rētibus conclūditur

Cum turbae irruerent in Iēsum ut audīrent verbum Deī, ipse ascendit in nāvem quae erat secus stāgnum, et sedēns docēbat dē nāviculā turbās. Ut cessāvit loquī, dīxit Simōnī: "Dūc in altum, et laxāte rētia." Respondit Simon: "Praecep-tor, tōtam noctem labōrāvimus, sed nihil cēpimus; tamen, sīcut dīxistī, laxābō rēte." Et cum hoc fēcissent, conclūsērunt piscium multitūdinem magnam, ita ut rumperētur rēte. Et an-nuērunt sociīs quī erant in aliā nāve, ut venīrent et adiuvārent. Et vēnērunt sociī et implēvērunt ambās nāvēs ita ut paene mergerentur.

XII. Iēsūs virum īnfīrmitāte affectum Sabbatō, Iūdaeīs mīran-tibus, sānat

Erat ibi in grabātō vir quīdam magnā dētentus īnfīrmitāte. Cui Iēsūs dīxit: "Vīs sānus fierī?" – "Utinam, Domine!" – "Surge, tolle grabātum tuum, et ambulā." Et statim sānus fac-tus est ille. Dīcēbant ergō Iūdaeī: "Sabbatum est: nōn licet tibi tollere grabātum tuum." Respondit iīs: "Quī mē sānum fēcit, mihi dīxit: 'Tolle grabātum tuum et ambulā'." Proptereā

Capharnāum -ī *n*, Simon -ōnis *m*

persequēbantur Iūdaeī Iēsum, quia haec faciēbat Sabbatō, et quaerēbant eum ut interficerent.

XIII. Ego autem dīcō vōbīs: "Dīligite inimīcōs vestrōs, et benefacite hīs quī ōdērunt vōs"

bene-facere + *dat*

Vidēns Iēsūs turbās, ascendit in montem et docēbat eās: "Audīstis dictum esse ab antīquīs: 'dīligēs proximum tuum, et odiō habēbis inimīcum tuum.' Ego autem dīcō vōbīs: dīligite inimīcōs vestrōs, et benefacite hīs quī ōdērunt vōs, et ōrāte prō persequentibus et calumniantibus vōs.

antīquīs *hominibus*
proximus -ī *m*
odiō habēre = ōdisse

festūca -ae *f*

calumniārī = accūsāre (falsō)

Estōte misericordēs sīcut et Pater vester misericors est. Nōlīte iūdicāre, et nōn iūdicābiminī: nōlīte condemnāre, et nōn condemnābiminī. Date et dabitur vōbīs. Quid vidēs festūcam in oculō frātris tuī, trabem autem quae in oculō tuō est nōn cōnsīderās? Ēice prīmum trabem dē oculō tuō, et tunc perspiciēs ut ēdūcās festūcam dē oculō frātris tuī."

misericors -rdis *adi* (< miser + cor) = quī dolet ob alterīus malam fortūnam | et : etiam
con-demnāre = aliquem poenam meruisse cōnstituere
quid...? = cūr...?

trabs -bis *f*

cōnsīderāre = mente spectāre, cōgitāre (dē rē)

per-spicere = dīligenter aspicere

XIV. In oppidō Naim Iēsūs puerum dēfūnctum in vītam revocat

(vītā) dē-fungī -fūnctum esse = morī

Iēsūs ībat in cīvitātem quae vocātur Naim, et ībant cum eō discipulī eius et turba cōpiōsa. Cum autem appropinquāret portae cīvitātis ecce dēfūnctus efferēbātur fīlius ūnicus mulieris quae vidua erat. Quam cum vīdisset Iēsūs, misericordiā mōtus, dīxit mulierī: "Nōlī flēre." Et accessit et tetigit loculum. Hī autem quī portābant stetērunt. Et ait: "Adulēscēns, tibi dīcō: surge!" Et resēdit quī erat mortuus, et coepit loquī. Et Iēsūs dedit illum mātrī suae.

cōpiōsus -a -um (< cōpia) = frequēns

ef-ferre (< ex-)
ūnicus -a -um = ūnus et sōlus
vidua -ae *f* = mulier quae marītum āmīsit
miseri-cordia -ae *f* = dolor ob alterīus malam fortūnam

re-sidēre -sēdisse = sedēre

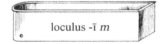

loculus -ī *m*

XV. Iēsūs puellam dēfūnctam, fīliam cuiusdam prīncipis nōmine Iaīrī, in vītam revocat

Ecce prīnceps quīdam accessit ad Iēsum adōrāns eum et dīcēns: "Domine, fīlia mea modo dēfūncta est, sed venī, impōne manum tuam et vīvet." Exsurgēns Iēsūs sequēbātur eum et discipulī eius erant cum illō. Et cum vēnisset domum prīncipis, et vīdisset tībīcinēs et turbam tumultuantem, dīcēbat:

ex-surgere = surgere

Naim *indēcl*

"Recēdite: nōn est enim mortua puella, sed dormit." Et cum ēiecta esset turba, intrāvit, et tenuit manum eius. Et surrēxit puella.

XVI. Parvulō advocātō atque in mediō positō, dīxit Iēsūs: "Nisi efficiēminī sīcut parvulus iste, nōn intrābitis in rēgnum caelōrum"

parvulus -ī *m*

efficiēminī : fīētis

rēgnum -ī *n* = rēgis imperium

statuere = pōnere, facere ut aliquis stet

Advocāns Iēsūs parvulum, statuit eum in mediō. Et dīxit illīs qui eum secūtī erant: "Nisi efficiēminī sīcut parvulus iste, nōn intrābitis in rēgnum caelōrum. Sī quis autem scandalizāverit ūnum dē parvulīs istīs, expedit eī ut suspendātur mola collō eius et dēmergātur in profundum mare. Vae hominī illī, per quem scandalum venit!"

scandalizāre = prāvō exemplō perdere
ex-pedīre + *dat* = prōdesse, melius esse
suspendātur mola collō : mola impōnātur collō | mola -ae *f* = īnstrūmentum quod cum frūmentō vertitur | dē-mergere = submergere
profundus -a -um = altus
vae + *dat* = heu! + *acc*
scandalum -ī *n* = prāvum exemplum

mola

mōtus -ūs *m* < movēre

XVII. Iēsūs imperāvit ventīs et marī, et facta est tranquillitās magna

Ascendit Iēsūs in nāviculam et secūtī sunt eum discipulī. Et mōtus magnus factus est in marī ita ut nāvicula operīrētur flūctibus; ipse vērō dormiēbat. Et accessērunt ad eum discipulī eius, et suscitāvērunt eum dīcentēs: "Domine, salvā nōs: perīmus!" Et dīcit eīs Iēsūs: "Quid timidī estis?"

Tunc surgēns imperāvit ventīs et marī, et facta est tranquillitās magna.

XVIII. Iēsūs Chrīstus hominum multitūdinem panibus et piscibus alit

sub-levāre = tollere | sublevāvisset

Abiit Iēsūs trāns mare Galilaeae, et sequēbātur eum multitūdō magna. Cum sublevāsset ergō oculōs Iēsūs et vīdisset turbam māximam illam, dīxit Philippō: "Unde emēmus pānēs ut mandūcent hī?"

mandūcāre = ēsse

cophinus -ī *m*

Respondit Andreās, ūnus ex discipulīs: "Est puer hīc, quī habet quīnque pānēs et duōs piscēs, sed quid sunt inter tot hominēs?" Accēpit ergō Iēsūs pānēs et, cum grātiās ēgisset, distribuit: similiter et ex piscibus quantum volēbant. Posteā collēgērunt fragmenta, et superfuērunt duodecim cophinī fragmentōrum.

dis-tribuere -uisse -ūtum = dīvidere (inter eōs)

col-ligere -lēgisse -lēctum ↔ spargere
fragmentum -ī *n* = pars frācta (ab rē)

Philippus -ī *m*

PENSA (§ I-XVIII)

Pēnsum I

Coniunge sententiās.

1. Marīa Iēsum pannīs involūtum
2. Deī angelus pāstōribus apparuit,
3. Cum timēret nē rēgnum amitteret,
4. Secundum diēī fēstī cōnsuētūdinem
5. Cum nōn invēnissent Iēsum in comitātū,
6. Nummulāriīs et mercātōribus ēiectīs, Iēsūs dīxit:
7. Crēdēns Iēsū dīcentī fīlium vīvere,
8. Hominī magnā īnfīrmitāte in grabātō dētentō
9. "Prīmum trabem dē oculō tuō ēice", dīxit Iēsūs
10. Cum Iēsūs puellae, Iaīrī fīliae, manum tenēret
11. Discipulīs ob magnum maris mōtum timentibus,
12. Cum pānem nōn habērent quem mandūcārent,

- illa surrēxit.
- in praesēpiō reclīnāvit.
- Iēsūs dīxit ut surgeret et ambulāret.
- parentēs Hierosolymam regressī sunt ut eum quaererent.
- rēgulus domum rediit et fīlium febrī līberātum invēnit.
- Iēsūs cum parentibus Hierosolymam ascendit.
- Iēsūs ventīs et marī imperāvit, et tranquillitās magna facta est.
- ut iīs dīceret Salvātōrem in cīvitāte Bethlehem esse nātum.
- Hērōdes īnfantēs ā bīmātū et īnfrā necārī iussit.
- "et tunc perspiciēs ut ēdūcās festūcam dē oculō frātris tuī".
- Iēsūs, postquam grātiās ēgerat, omnibus pānēs et piscēs distribuit.
- "Nōlīte facere domum Patris meī domum negōtiātiōnis".

Pēnsum II

Interrogā id, quod ad haec respōnsa convenit.

1. In oppidō Bethlehem.
2. Angelus iīs dīxit Salvātōrem nātum esse, pannīs nunc involūtum et in praesēpiō positum.
3. Magī ab Oriente vēnērunt Hierosolymam ut Iēsum adōrārent.
4. Stēlla eōs antecēdēbat.
5. Magī Iēsū dōnāvērunt aurum, tūs et myrrham.
6. Hērōdes, cum sēnsisset sē ā magīs dēceptum esse, imperāvit ut omnēs īnfantēs ā bīmātū et īnfrā necārentur.
7. Iōseph cum Marīā et Iēsū īnfante in Aegyptum aufūgit, unde redīvit post Hērōdis mortem.
8. Cum duodecim habēret annōs.
9. Iēsūs, in templō sedēns in mediō doctōrum, eōs audiēbat atque interrogābat.
10. Iōannēs, quī in Iordāne flūmine baptizābat, Iēsū praecursor fuit.
11. Cum vīnum inter nūptiās dēficeret, Iēsūs aquam in vīnum mūtāvit, quod melius quam prīstinum fuit.
12. Flagellō dē fūniculīs factō, Iēsūs nummulāriōs et mercātōrēs ē templō ēiēcit.

13. Iēsūs Simōnī, quī nihil sē cēpisse dīcēbāt, imperāvit ut rētia laxāret; quod cum fēcisset, magnam piscium multitūdinem conclūsit.

14. Iēsūs dīxit inimīcōs dīligere oportēre atque misericordēs esse. Addidit etiam nēminem esse iūdicandum neque quemquam esse condemnandum.

15. Viduae fīlium ūnicum, quī dēfūnctus erat, in vītam revocāvit.

16. Eī expedit ut collō mola suspendātur ac dēmergātur in mare profundum.

Pēnsum III

Vocābula in fōrmā pōne. Litterae, quae in quadrātīs nigriōribus positae erunt, sententiam efficient ex sacrīs librīs prōmptam.

1. = quidquid.
2. Vestis vīlis quā Iēsūs īnfāns est involūtus.
3. In eō Iēsūs īnfāns est reclīnātus.
4. Appāruit pāstōribus gregēs cūstōdientibus.
5. Circumfulsit pāstōrēs cum Deī angelus apparuit.
6. Facere ut aliquis recumbat.
7. ↔ sequī.
8. Nōmen Iēsū patris.
9. Nōmen urbis ubi Iēsūs nātus est.
10. = fallere.
11. = surgere.
12. Iēsū obtulērunt magī.
13. Īnfantium aetās quōs Hērōdēs necāre iussit.
14. In mediō eōrum sedēbat Iēsūs in templō.
15. Tālis erat diēs quō Iēsūs cum parentibus Hierosolymam ascendit.
16. < sapiēns.
17. = comitum numerus.
18. = quī salūtem affert.
19. Tālis fuit Iōannēs.
20. Vocātur Agnus Deī.
21. Hoc in Iordāne flūmine faciēbat Iōannēs.
22. = redīre.

23. Fīēbant in Canā Galilaeae cum Iēsūs vēnit.
24. = maleficium.
25. Tālēs erant hydriae.
26. Quī convīviō/convīvīs praeest.
27. Domum Deī fēcerant domum ...
28. Eōs ēiēcit Iēsūs ex templō.
29. Avēs quās in templō mercātōrēs vēndēbant.
30. Ex iīs cōnstābat flagellum quō Iēsūs omnēs ēiēcit ex templō.
31. = parvus rēx.
32. = aegrōtāre.
33. Diēs fēstus quō commemorātur lībertās ā servitūte Aegyptiōrum recepta.
34. Eā afficiēbātur rēgulī fīlius quem Iēsūs sānāvit.
35. = inclūdere.
36. Eā dētinēbātur vir quī in grabātō erat
37. Diēs ōtiōsus quō Iūdaeī Deum adōrāre solent.
38. = aliquem poenam meruisse cōnstituere.
39. Tālēs Iēsūs dīcit hominēs esse dēbēre.
40. Ea prīmum dē oculō tuō ēicienda est.
41. Eam posteā dē oculō frātris ēdūcendam esse dīcit Iēsūs.
42. Ea collō suspendātur illīus quī ūnum ex parvulīs scandalizāverit.
43. Tālis erat illīus viduae fīlius.

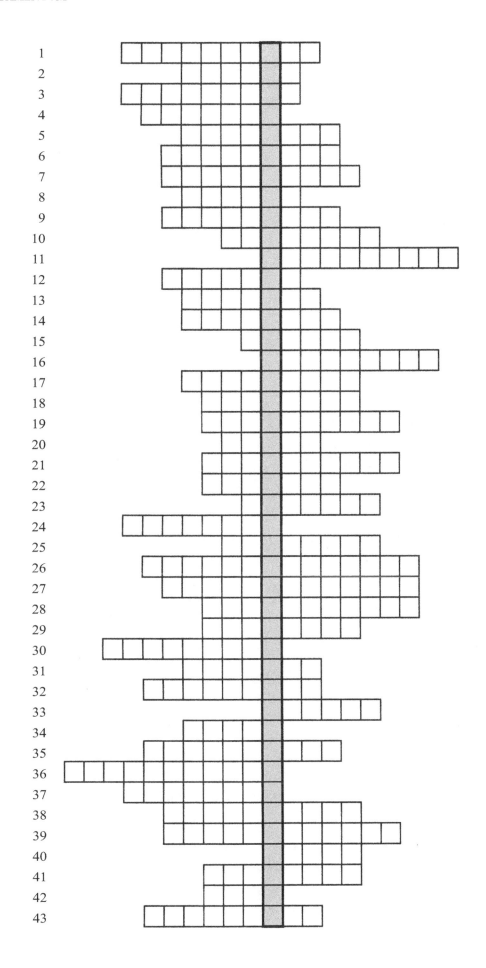

Pēnsum IV

Scrībe verba idem significantia.

- _____ = trēs diēs
- _____ = prōgredī, melior fierī
- _____ = deesse
- _____ = quī anteā fuit
- _____ = parvus fūnis
- _____ = pecūnia, assēs
- _____ = negōtium mercātōris
- _____ = īre

- _____ = secundum
- _____ = magister
- _____ = uterque
- _____ = mala valētūdō
- _____ = accūsāre (falsō)
- _____ = frequēns
- _____ = mulier quae marītum āmīsit
- _____ = tollere

Pēnsum V

Scrībe verbōrum fōrmās.

- involvere _____ _____
- revertī _____ _____
- _____ _____ dēceptum
- trānsigere _____ _____
- _____ regressum esse
- _____ conclūsisse _____
- _____ _____ dētentum
- dēfungī _____
- residēre _____
- _____ _____ distribūtum
- _____ collēgisse _____

Pēnsum VI

Verba, quae dēsunt, scrībe.

- antecēdere
- benefacere
- bīmātus
- condemnāre
- cōnsuētūdō
- dēficere
- dēfungī
- doctor
- expedīre
- febris
- festūca
- flagellum
- īnfirmitās
- mola
- negōtiātiō

In oppidō Bethlehem Marīa Iēsum peperit, quem _____ involūtum in _____ reclīnāvit. Ad eum adōrandum nōn sōlum pāstōrēs, quibus Dominī angelus appāruerat dīcēns '_____ nātum esse', īvērunt, sed etiam magī ab Oriente venientēs, quōs stēlla _____. Illī, cum ad Iēsum pervēnissent, eī aurum, _____ et myrrham obtulērunt. Nōn diū in Iūdaeā mānsērunt Iēsū parentēs cum īnfante: Hērōdes enim, Iūdaeōrum rēx, imperāverat ut omnēs ā _____ et īnfrā occīderentur; quod cum audīvit Iōseph, angelō admonente, migrandum esse putāvit in Aegyptum, unde rediit post Hērōdis mortem.

Ōlim, cum secundum _____ diēī fēstī parentēs cum Iēsū, quī tunc duodecim habēbat annōs, Hierosolymam ascendissent ac, _____ diēbus illīs, regrederentur, accidit ut Iēsūs ibi, _____ interrogāns et audiēns, in templō remanēret, ubi post _____ inventus est.

- nummulārius
- pannus
- praesēpium
- prōficere
- profundus
- rēgnum
- salvātor
- statuere
- trabs
- trānsigere
- trīduum
- tūs

Iam tunc Iēsūs sapientiā et grātiā apud Deum et hominēs _____, sed initium signōrum illud fuit cum, in Canā Galilaeae, Iēsūs vīnum, quod _____, ex aquā effēcit. Multa deinde mīra fēcit: cuiusdam rēgulī fīlium, quī _____ affectus erat, sānāvit; virum quendam, quī magnā dētinēbātur _____, Sabbatō, Iūdaeīs mīrantibus, sānum fēcit; fīlium dēnique ūnicum cuiusdam viduae, quī nūper _____, in vītam revocāvit. Iēsūs vērō nōn modo aegrōs sānābat, sed etiam improbōs hominēs reprehendēbat (sīcut accidit eō diē quō in templō hominēs invēnit quī ovēs et columbās vēndēbant et _____ sedentēs, quōs _____ dē fūniculīs factō ex templō ēiēcit nē domum Deī domum facerent _____) et omnēs docēbat dīcēns: "Dīligite inimīcōs vestrōs et _____ hīs quī ōdērunt vōs. Nōlīte _____, et nōn condemnābiminī. Ēicite prīmum _____ dē oculō vestrō, et tunc perspiciētis ut ēdūcātis _____ dē oculīs frātrum vestrōrum." Quōdam vērō diē, postquam parvulum in mediō _____, dīxit: "Nisi efficiēminī sīcut parvulus iste, nōn intrābitis in _____ caelōrum. Sī quis scandalizāverit ūnum dē parvulīs istīs, _____ eī ut suspendātur _____ collō eius et dēmergātur in _____ mare."

Sīc ille loquēns Iūdeae urbēs et oppida percurrere solēbat.

PARS II

IESV DOCTRINA, MORS ET RESVRRECTIO

doctrīna -ae *f* = quod docētur
resurrectiō -ōnis *f* < *re-surgere* (= iterum
  surgere [ā mortuīs])

XIX. Dē bonō Samarītānō

Samarītānus -a -um; S.us -ī *m* : incola
  Samarīae

Et ecce homō quīdam iūris perītus surrēxit dīcēns: "Magister, quid faciendō vītam aeternam possidēbō?" At Ille dīxit ad eum: "In lēge quid scrīptum est?" Ille respondēns dīxit: "Dīligēs Dominum Deum tuum tōtō corde tuō et tōtā animā tuā et omnibus vīribus tuīs et omnī mente tuā, et proximum tuum sīcut tē ipsum." Dīxitque illī: "Rēctē respondistī: hoc fac et vīvēs." Ille autem dīxit ad Iēsum: "Et quis est meus proximus?" Tum respondēns Iēsūs dīxit: "Homō quīdam dēscendēbat Ierichum, et incidit in latrōnēs, quī dēspoliāvērunt eum, et abiērunt sēmivīvum eum relinquentēs propter plāgās impositās. Sacerdōs quīdam dēscendit eādem viā, et vīdit eum et praeteriit. Similiter Lēvīta quīdam, cum eum vīdisset, pertrānsiit. Samarītānus autem, iter faciēns, vēnit secus eum: et vidēns eum, misericordiā mōtus est. Et appropinquāns alligāvit vulnera eius īnfundēns oleum et vīnum; et impōnēns illum iūmentō suō, dūxit in stabulum, et cūram eius ēgit. Posterā diē prōtulit duōs dēnāriōs, et dedit stabulāriō, et ait: 'Cūram illīus habē: et quodcumque supererogāveris, ego, cum redierō, reddam tibi'. Quis hōrum trium vidētur tibi proximus fuisse illī, quī incidit in latrōnēs?" At ille dīxit: "Quī fēcit misericordiam in illum." Et ait illī Iēsūs: "Vāde, et tū fac similiter."

perītus -a -um ↔ ignārus

aeternus -a -um = perpetuus

ad eum : eī

incidere (< in + cadere); i. in latrōnēs : forte
  occurrit latrōnibus | latrō -ōnis *m* = vir quī
  rēs aliēnās vī rapit, praedō
dē-spoliāre ↔ vestīre | sēmi-vīvus -a -um =
  vix vīvus | plāga -ae *f* : vulnus

fascia -ae *f*

praeter-īre

per-trānsīre = praeter-īre
secus : ad
al-ligāre (< ad-) = *fasciīs* involvere
īn-fundere
oleum -ī *n* : oleum ex *olīvīs* efficitur
iūmentum -ī *n* = bēstia quae vehit, equus
stabulum -ī *n* = locus in quō pecora/hominēs
  ēdunt et dormiunt
cūram agere alicuius = cūrāre aliquem

olīva -ae *f*

oleum

stabulārius -ī *m* = dominus stabulī

super-erogāre = plūs pecūniae solvere

Lēvīta -ae *m*

169

XX. Iēsūs efficit ut homō ā nātīvitāte caecus videat

Praeteriēns Iēsūs vīdit hominem caecum ā nātīvitāte. Exspuit ergō Iēsūs in terram, et fēcit lutum ex spūtō et linīvit oculōs eius. Et dīxit eī: "Vāde, lavā in natātōriā Sīlōe." Abiit ille, et lāvit et vēnit vidēns.

XXI. Nōn crēdidērunt Iūdaeī illum caecum fuisse

Itaque vīcīnī, et quī vīderant eum caecum dīcēbant: "Nōnne hic est quī mendīcābat et caecus erat?" Et aliī dīcēbant: "Hic est." Aliī autem: "Nēquāquam, sed similis est eī." Ille vērō dīcēbat: "Ego sum." Dīcebant ergō eī: "Quōmodo apertī sunt tibi oculī?" Respondit: "Ille homō, quī dīcitur Iēsūs, lutum fēcit et ūnxit oculōs meōs, et dīxit mihi: 'Vāde ad natātōriam Sīlōe, et lavā.' Et abiī, lāvī, et videō." Dīcunt caecō iterum: "Tū quid dīcis dē illō quī aperuit oculōs tuōs?" Ille autem dīxit: "Prophēta est."

XXII. Iūdaeī parentēs illīus quī fuerat caecus interrogant

Nōn crēdidērunt Iūdaeī illum caecum fuisse. Vocāvērunt ergō parentēs eius, et interrogāvērunt eōs: "Hic est fīlius vester, quem vōs dīcitis caecum nātum esse? Quōmodo ergō nunc videt?" Respondērunt iīs parentēs: "Scīmus hunc esse fīlium nostrum et caecum nātum esse. Quōmodo nunc videat, nescīmus. Ipsum interrogāte: aetātem habet, ipse dē sē loquātur."

XXIII. Homō quī fuerat caecus iterum ā Iūdaeīs interrogātur. Chrīstum sequitur

Vocāvērunt ergō rūrsus hominem quī fuerat caecus, et dīxērunt eī: "Dā glōriam Deō: nōs scīmus peccātōrem esse hominem illum." Respondit ille: "Sī peccātor est, nesciō; ūnum sciō: mē, cum caecus fuerim, nunc vidēre."

Dīxērunt illī: "Quid tibi fēcit?" Respondit eīs: "Iam dīxī vōbīs. Numquid et vōs vultis discipulī eius fierī?" Maledī-

---

Sīlōe *indēcl*

Marginal glosses:

ex-spuere -uisse = *spūtum* ex ōre ēicere
spūtum -ī *n* : quod ex ōre ēicitur
lutum -ī *n* = terra mollis et ūmida | linere lēvisse/linīvisse litum = aspergendō ūmidum facere | lavā *tē* | natātōria -ae *f* = locus ubi corpus lavātur

vīcīnus -ī *m* = quī prope habitat

mendīcāre = cibum/pecūniam postulāre

nē-quāquam = nūllō modō

ungere ūnxisse ūnctum = māteriam aspergendō ūmidum facere

prophēta -ae *m* = hōmo quī dīvīnō modō aegrōs sānat et rēs futūrās anteā dīcit

peccātor -ōris *m* = quī prāvē facit, nocēns

sī peccātor est, nesciō : nesciō an peccātor sit

num-quid...? = num...? -nē...?
male-dīcere + *dat*

xērunt ergō eī et ēiēcērunt eum forās. Cum invēnisset eum
Iēsūs, dīxit eī: "Tū crēdis in Fīlium hominis?" Respondit ille:
"Quis est?" Et dīxit Iēsūs: "Quī loquitur tēcum, ipse est." At
ille ait: "Crēdō, domine." Et prōcidēns adōrāvit.

> Fīlium hominis : Chrīstum

> prōcidēns : sē prōiciēns (ad eius pedēs)

XXIV. Fābula dē fīliō perditō, quī tōtam substantiam suam dissipāvit

Iēsūs hanc fābulam nārrāvit: "Homō quīdam habuit duōs
fīliōs. Et dīxit adolēscentior patrī: 'Pater, dā mihi portiōnem
substantiae quae mē contingit.' Et pater dīvīsit illī substantiam. Et post nōn multōs diēs, adolēscentior fīlius dissipāvit
substantiam suam. Et postquam omnia cōnsummāsset, facta
est famēs valida in regiōne illā; et ipse coepit egēre. Et abiit
et adhaesit ūnī cīvium regiōnis illīus quī mīsit illum in vīl-
lam suam ut pāsceret porcōs."

> substantia -ae f = omnia quae aliquis possidet

> dis-sipāre = spargere; largiendō cōnsūmere/ perdere

> adulēscentior -ōris comp : minor
> portiō -ōnis f = pars (dēbita)
> con-tingere = tangere; mē contingit : mihi dēbētur

> cōn-summāre = fīnīre
> postquam cōnsummāvisset : cum c.
> egēre (+ abl) = (rē necessāriā) carēre

> ad-haerēre -sisse -sum + dat = sē adiungere (ad) | ūnī dat < ūnus -a -um (gen -īus, dat -ī)

XXV. Fābula dē fīliō perditō, quī ad patrem redit et sē peccā-visse cōnfitētur

"Et cupiēbat implēre ventrem siliquīs quās porcī mandū-
cābant: et nēmō illī dabat. In sē autem reversus, dīxit: 'Quantī
mercēnnāriī in domō patris meī abundant pānibus, ego autem
hīc fame pereō.

Surgam et ībō ad patrem meum et dīcam eī: pater, peccāvī
in caelum et cōram tē.' Et surgēns vēnit ad patrem suum. Cum
autem adhūc longē esset, vīdit illum pater ipsīus, et, misericordiā mōtus, occurrit eī, et cecidit super collum eius et ōsculātus est eum."

> peccāre = prāvē facere

siliqua -ae f

> in sē : ad sānam mentem
> quantī : quot, quam multī
> mercēnnārius -ī m (< mercēs) = quī prō mercēde labōrat | ab-undāre (rē) = plūs quam satis habēre (reī)

> longē (: procul) abesset
> ipsīus : eius
> cecidit super collum eius : complexus est eum

XXVI. Iēsūs mortem suam discipulīs praedīcit

Assūmpsit autem Iēsūs duodecim discipulōs et ait illīs:
"Ecce, ascendimus Hierosolymam et cōnsummābuntur omnia quae scrīpta sunt dē Fīliō hominis: trādētur enim gentibus,
et illūdētur, et flagellābitur, et cōnspuētur. Et postquam fla-
gellāverint eum, occīdent eum; at tertiā diē resurget."

Et ipsī nihil intellēxērunt, et verbum istum absconditum
erat eīs.

> prae-dīcere = dīcere ante

> as-sūmere (< ad-)
> cōnsummābuntur : fient
> gentēs -ium f pl : quī Iūdaeī nōn sunt, neque Deum ūnum esse crēdunt
> il-lūdere = ēlūdere, dērīdēre
> flagellāre = flagellō percutere
> cōn-spuere (aliquem) = spūtum ex ōre ēicere (in aliquem)

> abs-conditus -a -um = occultātus, obscūrus

vīsitātiō -ōnis *f* < *vīsitāre* (= vīsum īre)

co-angustāre = angustum facere
undique = ex omnibus locīs/partibus
prō-sternere = prōicere (: interficere)

in-gredī -gressum esse = intrāre
ingressus *in*

cognōmināre : cognōmen dare

magistrātus -ūs *m* = quī negōtium pūblicum
  gerit

scrība -ae *m* = quī scrībit; magister lēgum
  apud Iūdaeōs
plēbs -bis *f* = populus

dē (: ex) duodecim *discipulīs* (quī semper
  cum Iēsū erant)
quem-ad-modum = quōmodo

pacīscī pactum esse = condiciōnem statuere
pecūniam illī dare : sē pecūniam illī (: Iūdae)
  datūrōs esse | spondēre spopondisse spōn-
  sum = prōmittere
opportūnitās -ātis *f* = tempus idōneum

com-edere = ēsse; c. Pascha = ad Pascha co-
  medendum (: ad cēnam Paschatis sūmen-
  dam) | Pascha-atis *n* = Pascha -ae *f*

vesper -eris *m* = vesper -ī *m*

dis-cumbere = accumbere

accēpit : sūmpsit
bene-dīcere

calix -icis *m*
ex hōc *calice*

in remissiōnem peccātōrum : ut peccātīs
  ignōscātur
hymnus -ī *m* = cantus quō Deus laudātur
olīvētum -ī *n* = ager olīvārum

XXVII. Iēsūs super Hierosolymam flet, quae nōn cognōvit vīsitātiōnem dominī suī

Et ut appropinquāvit Hierosolymae, vidēns cīvitātem, flēvit super illam, dīcēns: "Veniet diēs quā circumdabunt tē inimīcī tuī vāllō et coangustābunt tē undique. Et ad terram prōsternent tē et fīliōs tuōs, quī sunt in tē, et nōn relinquent in tē lapidem super lapidem: quia nōn cognōvistī tempus vīsitātiōnis dominī tuī." Ingressus cīvitātem docēbat in templō.

XXVIII. Iūdās, cognōminātus Iscariōtēs, Iēsum sacerdōtibus et magistrātibus vēndit interficiendum

Quaerēbant prīncipēs sacerdōtum et scrībae quōmodo Iēsum interficerent, timēbant vērō plēbem.

Intrāvit autem Satanās in Iūdam, quī cognōminābātur Iscariōtēs, ūnum dē duodecim. Et abiit et locūtus est cum prīncipibus sacerdōtum et magistrātibus quemadmodum illum trāderet iīs.

Et gāvīsī sunt, et pactī sunt pecūniam illī dare. Et spopondit ille. Et quaerēbat opportūnitātem ut trāderet illum.

XXIX. Ultima cēna

Accessērunt discipulī ad Iēsum, dīcentēs: "Ubi vīs parēmus tibi comedere Pascha?" Iēsūs dīxit: "Īte in cīvitātem ad quendam et dīcite eī: 'magister dīcit: tempus meum prope est: apud tē faciō Pascha cum discipulīs meīs'." Et fēcērunt discipulī sīcut cōnstituit illīs Iēsūs, et parāvērunt Pascha. Vespere autem factō, discumbēbat Iēsūs cum duodecim discipulīs suīs. Cēnantibus autem iīs, accēpit pānem, benedīxit ac frēgit, deditque discipulīs suīs et ait: "Accipite et comedite: hoc est corpus meum."

Et accipiēns calicem, grātiās ēgit, et dedit illīs, dīcēns: "Bibite ex hōc omnēs. Hic est enim sanguis meus novī testāmentī, quī prō multīs effundētur in remissiōnem peccātōrum." Et hymnō dictō, exiērunt in montem Olīvētī.

Satanās -ae *m*, Iūdās -ae *m*, Iscariōtēs -ae *m*, Pascha -atis *n*, Olīvētum -ī *n*

Ultima cena

Iudae osculum

XXX. Iēsūs ascendit in montem Olīvārum, ibique Patrem ōrat

Ēgressus dē cēnāculō ībat Iēsūs, secundum consuētūdinem, in montem Olīvārum. Secūtī sunt autem illum et discipulī. Et cum pervēnisset eō, dīxit illīs: "Ōrāte nē intrētis in temptātiōnem."

Et ipse āvulsus est ab iīs quantum est iactus lapidis: et positīs genibus, ōrābat dīcēns: "Pater, sī vīs, trānsfer calicem istum ā mē; vērumtamen nōn mea voluntās, sed tua fīat." Et ecce sūdor eius, sīcut guttae sanguinis, dēcurrit in terram. Et prōlixius ōrābat.

cēnāculum -ī n = triclīnium

temptātiō -ōnis f = quod allicit ad mala
āvulsus est : discessit
quantum est iactus lapidis : tantum, quantum lapis quī iacitur | iactus -ūs m < iacere
positīs : flexīs | trānsfer! = removē!
calicem istum : istum dolōrem futūrum
vērum-tamen = sed tamen
dē-currere
sūdor-ōris m
gutta -ae f
prōlixius : diūtius

gutta sūdōris

XXXI. Iēsūs comprehenditur et dūcitur ad Pīlātum

Et ecce turba appāruit: et Iūdās antecēdēbat eōs. Quī appropinquāvit Iēsū ut ōsculārētur eum.

Iēsūs autem dīxit illī: "Iūdās, ōsculō Fīlium hominis trādis?" Conversus ad eōs quī vēnerant cum illō: "Quasi adversus latrōnem" inquit, "Vēnistis, cum gladiīs et fūstibus? Cotīdiē vōbīscum eram in templō: quārē mē nōn tenuistis? Ecce haec est hōra vestra." Comprehendērunt ergō eum, et dūxērunt ad Pīlātum.

com-prehendere
= vī capere

fūstis

trādis inimīcīs

fūstis -is m = baculum grave

vōbīs-cum = cum vōbīs

XXXII. Cum necesse esset Pīlātō ūnum dīmittere in diē fēstō, voluit dīmittere Iēsum; at clāmāvit ūniversa turba: "Tolle hunc, dīmitte Barabbam"

Coepērunt Iūdaeī accūsāre Iēsum dīcentēs: "Hunc invēnimus subvertentem gentem nostram, et dīcentem sē rēgem esse." Pīlātus, cum eum interrogāsset et cognōvisset eum Galilaeum esse, mīsit ad Hērōdem, quī sprēvit Iēsum, induit veste albā et remīsit ad Pīlātum. Erat tunc in carcere latrō, nōmine Barabbās, quī fēcerat sēditiōnem et homicīdium in cīvitāte. Et cum necesse esset Pīlātō ūnum dīmittere in diē fēstō, voluit dīmittere Iēsum. At clāmāvit ūniversa turba: "Tolle hunc, dīmitte Barabbam." Et Pīlātus adiūdicāvit iīs satisfaciendum esse, et trādidit Iēsum voluntātī eōrum.

dī-mittere : līberāre; mōs erat apud Iūdaeōs ūnum ex hominibus quī in carcere essent tempore Paschatis līberāre

tolle! : cape!

sub-vertere; s. gentem : animōs cīvium ad īram in lēgēs excitāre
interrogāvisset
Galilaeus -a -um adi; G.us -ī m : Galilaeae incola | spernere sprēvisse sprētum = dēspicere, contemnere

sēditiō -ōnis f = certāmen cīvium adversus imperantēs | homicīdium -ī n = nex hominis

ad-iūdicāre : cēnsēre

satis-facere + dat = dare quod satis est, grātum facere

Pīlātus -ī m, Barabbās -ae m, Hērōdes -is m

Christo moriente sol tenebris operitur

XXXIII. Iēsūs inter duōs latrōnēs crucifīgitur: spīritū Patrī commendātō moritur

cruci-fīgere = crucī fīgere
spīritus -ūs *m* (< spīrāre) = anima
com-mendāre = trādere, crēdere

Et postquam vēnērunt in locum quī vocātur 'Calvāria', crucifīxērunt eum, et latrōnēs duōs, alterum ā dextrīs et alterum ā sinistrīs. Iēsūs autem dīcēbat: "Pater, dīmitte illīs: nōn enim sciunt quid faciunt." Populus et prīncipēs dērīdēbant eum dīcentēs: "Aliōs salvōs fēcit, sē salvum faciat, sī est Chrīstus."

ā dextrīs/sinistrīs : ad latus dextrum/sinistrum

dīmitte illīs : ignōsce illīs

quid faciunt : quid *sit quod* faciunt

Ūnus autem dē hīs latrōnibus, quī pendēbant, blasphēmābat eum, dīcēns: "Sī tū es Chrīstus, salvā tē ipsum et nōs." Et alter increpābat eum dīcēns: "Neque tū timēs Deum?" Et dīxit illī Iēsūs: "Hodiē mēcum eris in paradīsō." Et obscūrātus est sōl, et vēlum templī scissum est. Et clāmāns Iēsūs vōce magnā ait: "Pater, in manūs tuās commendō spīritum meum." Et haec dīcēns, exspīrāvit.

ūnus : alter
pendēre : in cruce fīxus esse
blasphēmāre = dērīdentibus verbīs reprehendere (Deum)

in-crepāre = magnā vōce reprehendere
paradīsus -ī *m* = rēgnum Deī
obscūrātus -a -um = obscūrus fierī

ex-spīrāre = morī

XXXIV. Iēsūs sindone involūtus in monumentō pōnitur

sindōn -onis *f* = vestis (quā corpus mortuum operītur) | monumentum -ī *n* (< monēre) = locus ubi corpus mortuum pōnitur

Et cum factum esset sērō, vēnit Iōseph ab Ārimāthaeā, nōbilis decuriō, ad Pīlātum et petīvit corpus Iēsū. Pīlātus interrogāvit arcessītum centuriōnem 'sī iam Iēsūs mortuus esset'. Et cum cognōvisset ā centuriōne Iēsum mortuum esse, dōnāvit corpus Iōseph. Quī mercātus est sindonem, et dēpōnēns eum ē cruce, involvit sindone et posuit in monumentō, et advolvit lapidem ad ōstium monumentī.

sērō = tardē (: vesper)

decuriō -ōnis *m* = quī *decuriae* (: X equitibus) praeest
centuriō -ōnis *m* = quī *centuriae* (: C mīlitibus) praeest | sī : an/num

mercārī -ātum esse = emere
dē-pōnere
ad-volvere

XXXV. Iēsūs surgit et discipulīs appāret

Et veniēbant valdē dīlūculō mulierēs portantēs, quae parāverant, arōmata, ut ungerent corpus Iēsū. Et invēnērunt lapidem revolūtum ā monumentō. Et, ingressae, nōn invēnērunt corpus Dominī. Cum cōnsternātae essent dē hāc rē, ecce duo virī stetērunt apud eās veste fulgentī indūtī, quī dīxērunt: "Quid quaeritis vīventem cum mortuīs? Nōn est hīc, sed surrēxit." Paulō post appāruit Iēsūs duōbus discipulīs euntibus ad castellum, nōmine Emmaus. Posteā manifēstāvit sē Iēsūs ad mare Tiberiadis.

dīlūculum -ī *n* = prīma lūx (diēī)

arōma -atis *n* = matēria quā corpus mortuum servandī causā ungitur | a.ta quae parāverant
re-volvere -volvisse -volūtum = vertendō removēre
cōn-sternātus -a -um = dolōre affectus

fulgēns -entis = lūcēns

quid : cūr

castellum -ī *n* = locus mūnītus, oppidum
manifēstāre = nōtum facere

Calvāria -ae *f*, Iōseph *indēcl*, Ārimāthaea -ae *f*, Emmaus *indēcl*, Tiberias -adis *f*

XXXVI. Iēsūs Petrum agnōs suōs pāscere iubet

Appāruit Iēsūs discipulīs suīs et dīxit Petrō: "Simon, dīligis mē plūs hīs?" Dīcit eī Petrus: "Domine, tū scīs quia amō tē." Dīcit eī Dominus: "Pāsce agnōs meōs." Dīcit eī Dominus iterum: "Simon, dīligis mē?" Ait illī Simon: "Etiam, Domine, tū scīs quia amō tē." Dīcit eī Iēsūs: "Pāsce agnōs meōs." Dīcit eī Dominus tertiō: "Simon, amās mē?" Contrīstātus est Petrus, quia dīxit eī tertiō 'amās mē?' Et dīxit illī: "Domine, tu omnia nōstī: tū scīs quia amō tē." Dīxit eī Dominus: "Pāsce ovēs meās."

XXXVII. Iēsūs in caelum fertur

Quādam diē appāruit Iēsūs discipulīs suīs et mandūcāvit cum illīs. Tunc aperuit illīs sēnsum ut intellegerent Scrīptūrās. Et dīxit eīs: "Sīc scrīptum est, et sīc oportēbat Chrīstum patī et resurgere ā mortuīs tertiā diē. Vōs autem testēs estis hārum rērum." Ēdūxit eōs forās in Bēthaniam, et, ēlevātīs manibus, benedīxit iīs. Et dum benedīceret, recessit ab iīs, et ferēbātur in caelum.

plūs hīs : plūs quam hī
scīs quia amō tē : scīs mē amāre tē

etiam : ita, certē

tertiō *adv*
con-trīstāre = trīstem facere

nō*vi*stī
scīs quia amö tē : scīs mē amāre tē

sēnsus -ūs *m* < sentīre
Scrīptūrae -ārum *f pl* : quod scrīptum erat
 (: Vetus Testāmentum)

ē-levāre = tollere

dum : cum
bene-dīcere +*dat*

Petrus -ī *m*, Bēthania -ae *f*

PENSA (§ XIX-XXXVII)

Pēnsum I

Ad interrogāta respondē.

- 1. Quid Iēsūs respondit iūris perītō dē proximō interrogantī?
- 2. Quōmodo Iēsūs sānāvit hominem ā nātīvitāte caecum?
- 3. Crēdidēruntne Iūdaeī eum caecum fuisse?
- 4. Quid dīxit Iūdaeīs interrogantibus homō ille, quī caecus fuerat?
- 5. Fābulam dē fīliō perditō nārrā.
- 6. Quid Iēsūs dē Fīliō hominis praedīcit discipulīs nihil intellegentibus?
- 7. Quis fuit Iūdās Iscariōtēs?
- 8. Quid in ultimā cēnā Iēsūs dīxit, cum pānem et vīnum discipulīs distribueret?
- 9. Quid Iēsūs dīcēbat in monte Olīvārum ōrāns?
- 10. Quō signō Iūdās trādidit Iēsum?
- 11. Cūr Barabbās in carcere cūstōdiēbātur?
- 12. Quid clāmāvit ūniversa turba cum Pīlātus alterum inter Iēsum et Barabbam līberandum obtulit?
- 13. Sōlusne est crucifīxus Iēsūs?
- 14. Quid dīcēbant latrōnēs quī ad dextram et ad laevam Chrīstī erant?
- 15. Quae fuērunt ultima Chrīstī verba?
- 16. Quā rē Iōseph ab Ārimāthaeā Iēsum ē cruce dēpositum involvit?
- 17. Quid vīdērunt mulierēs arōmata portantēs?
- 18. Cūr Petrus est contrīstātus cum Iēsūs tertiō eum interrogāvit?

Pēnsum II

Vocābula in fōrmā pōne. Litterae, quae in quadrātīs nigriōribus positae erunt, sententiam efficient ex sacrīs librīs prōmptam.

- 1. In eōs incidit homō quī Ierichum dēscendēbat.
- 2. Tālem eum relīquērunt latrōnēs.
- 3. Bēstia cui vir ille Samarītānus hominem sēmivīvum imposuit.
- 4. = cibum/pecūniam postulāre.
- 5. Eam, ā patre acceptam, dissipāvit fīlius adolēscentior.
- 6. = fīnīre.
- 7. = plūs quam satis habēre.
- 8. = quī prō mercēde labōrat.
- 9. = dīcere ante.
- 10. Tālis erat sententia quā Iēsūs mortem suam discipulīs praedīxit.
- 11. = accumbere.
- 12. Eam Iūdās Iscariōtēs quaerēbat ut Iēsum inimīcīs trāderet.
- 13. Dictus est antequam cum discipulīs Iēsūs īvit in montem Olīvētī.
- 14. Iēsū, in monte Olīvētī ōrantī, dēcurrēbat ūsque ad terram.
- 15. Cum vōbīs.
- 16. Iēsūs, antequam exspīrāvit, eum Patrī commendāvit.

1 2 3 4 5 6 7 8 9 10 11 12 13 14 15 16

Pēnsum III

Scrībe verba idem aut contrārium significantia.

_____ = perpetuus
_____ = vix vīvus
_____ = terra mollis et ūmida
_____ = quī prope habitat
_____ = nūllō modō
_____ = spargere; largiendō
        cōnsūmere/perdere
_____ = (rē necessāriā) carēre
_____ = ēlūdere, dērīdēre
_____ = flagellō percutere
_____ = occultātus, obscūrus
_____ = quōmodo
_____ = tempus idōneum
_____ = ēsse
_____ = cantus quō Deus laudātur
_____ = triclīnium

_____ = sed tamen
_____ = baculum grave
_____ = dēspicere, contemnere
_____ = nex hominis
_____ = trādere, crēdere
_____ = magnā vōce
        reprehendere
_____ = morī
_____ = tardē
_____ = emere
_____ = prīma lūx (diēī)
_____ = lūcēns
_____ = locus mūnītus / oppidum
_____ = trīstem facere
_____ = tollere
_____ ↔ ignārus

Pēnsum IV

Scrībe verbōrum fōrmās.

_____ _____ ūnctum
linere _____ _____

_____ adhaesisse _____
_____ pactum esse

- _____ spopondisse _____   mercārī _____
  spernere _____ _____   _____ _____ revolūtum

Pēnsum IV

Ubi verba crassiōribus litterīs scrīpta vidēs, pōne alia vocābula (singula aut iūncta) idem significantia, quae in indice sunt. Cavē tamen: nam cum verba in sententiā mūtāveris, fierī poterit ut alia quoque vocābula, ut syntaxis postulat, sint mūtanda.

- absconditus
- aeternus
- alligāre
- cēnāculum
- commendāre
- cōnspuere
- cōnsternātus
- dīlūculum
- dīmittere
- exspīrāre
- flagellāre
- fulgēns
- fūstis
- illūdere
- increpāre
- lutum
- mercārī
- nēquāquam
- opportūnitās
- pertrānsīre
- plāga
- quemadmodum
- sēmivīvus
- spernere
- spīritus
- vīcīnus

Iūris perītō interrogantī quōmodo vītam **perpetuam** habēre posset, Iēsūs respondit proximum esse dīligendum atque haec addidit, ut quis esset proximus explānāret: "Homō quīdam incidit in latrōnēs, quī eum dēspoliātum **vix vīvum** relīquērunt multīs **vulneribus** acceptīs. Sacerdōs quīdam vīdit eum, sed praeteriit; itemque Lēvīta **praeteriit**. Samarītānus autem, misericordiā permōtus, eius vulnera **fasciīs involvit** oleum īnfundēns, atque eum, iūmentō impositum, in stabulum dūxit."

Sīc Iēsūs docēbat, atque aegrōs, quālis fuit caecus ille ā nātīvitāte, sānābat. Eī enim oculōs **terrā mollī et ūmidā** ūnxit, et ille iterum vīdit, quamquam cīvēs et hominēs **quī prope habitābant nūllō modō** vērum esse crēdidērunt.

Prope tamen erat tempus quō cōnsummārentur ea quae de Fīliō hominis erant scrīpta. Iēsūs igitur discipulīs sīc locūtus est: "Fīlius hominis trādētur gentibus, **dērīdēbitur, flagellō percutiētur**, atque **spūtīs operiētur**; sed tertiā diē post mortem resurget." Illī audīvērunt, nihil tamen intellēxērunt, quia haec verba erant iīs **obscūra**. Iūdās intereā, quī cognōminābātur Iscariōtēs, cum scrībīs et magistrātibus pactus erat **quōmodo** iīs trāderet Iēsum, et **tempus idōneum** exspectābat ad id faciendum. Ultimā igitur cēnā cum discipulīs sumptā, Iēsūs, ēgressus ex **triclīniō**, montem Olīvārum petīvit ut Patrem ōrāret. Timēbat Iēsūs: sūdor eī, sīcut guttae sanguinis, in terram dēcurrēbat, sed ille prōlixius ōrābat. Tunc appāruit Iūdās, multīs mīlitibus comitantibus, quī ōsculō Iēsū datō – mīrantī eōs cum gladiīs et **baculīs gravibus** vēnisse, cum cotīdiē eum in templō docentem capere potuissent – Fīlium hominis trādidit.

Ductus ergō est ad Pīlātum, quī, cum cognōvisset eum Galilaeum esse, ad Hērōdem mīsit, quī **dēspexit** Iēsum et remīsit ad Pīlātum. Pīlātus audiēbat Iūdaeōs Iēsum hīs verbīs accūsantēs: "Subvertit gentem nostram et sē rēgem esse dīcit", sed dē eō nōluit ipse statuere quid esset faciendum. Cum diē fēstō mōs esset **līberandī** ūnum ex illīs quī in carcere essent, Pīlātus Iūdaeōs interrogāvit utrum vellent Iēsum līberārī an Barabbam, et illī clāmāvērunt: "Tolle hunc, dīmitte Barabbam."

In locō igitur Calvāriae Iēsūs inter duōs latrōnēs, quōrum alter eum **reprehendēbat** alter vērō verēbātur, crucifīgitur, ubi hōrā tertiā, **animā** Deō **trāditā, mortuus est**. Vesperī vēnit Iōseph ab Ārimātheā, nōbilis decuriō, quī sindone, quam **ēmerat**, Iēsum ē cruce dēpositum involvit et in monumentō posuit.

Prīma lūce mulierēs quaedam Chrīstī monumentum adiērunt, ut eius corpus ungerent, quod vērō nōn invēnērunt. **Dolōre affectae** abitūrae erant, cum duo virī **lūcentī** veste indūtī apud eās stetērunt et dīxērunt: "Cūr quaeritis vīventem cum mortuīs? Nōn est hīc, sed surrēxit."

Pēnsum VI
Errāta invēnī. XXX verba sunt mūtanda.

In oppidō Bethlehem Marīa Iēsum paruit quem pannīs involvitum in praesēpiō reclīnāvit. Ad Iēsum adōrandum nōn sōlum multī pāstōrēs vēnērunt, quōs Deī angelus monuerat, sed etiam magī ab Oriente quī Iēsū dōnāvērunt aurum, tūrem et myrrham. Rēgem vērō illīus regiōnis, quī Hērōdes vocābātur, haec omnia nōn placuērunt; iussit itaque omnēs īnfantēs ā bīmātō et īnfrā interficī; quod ut vītāvissent Iēsū parentēs, cum eō in Aegyptum, angelō admonente, fūgērunt, unde rediērunt post Hērōdis mortem.

Iam cum duodecim annōs habeat Iēsūs mīra facere solēbat: quōdam diē, quō cum parentibus Hierosolymam ascenderat secundum cōnsuētūdum diēī fēstī, in templō mānsit doctōrēs interrogāns et audiēns. Initium vērō signōrum Iēsū in Canā Galilaeae fuit, ubi aquam in vīnum mūtāvit. Ex eō tempore quīdam discipulī eum, Iūdaeae et Galilaeae urbēs oppidaque percurrentem, sequī coepērunt. Hīs in itineribus Iēsūs aegrōs sānābat, dēfūnctēs etiam in vītam revocābat, et magnō cum amōre docēbat. "Inimīcōs dīligātis" dīcēbat, "misericordī sītis, et sī in rēgnum caelōrum intrāre volētis, efficiāminī sīcut parvulus iste." Saepe etiam fābulās nārrābat, ut melius intellēxerint quōmodo vītam aeternam cōnsequī possent. Cuidam igitur iūrī perītō tālia interrogantī dīxit: "Homō quīdam ā latrōnīs, in quōs inciderat, dēspoliātus est et semivīvus relictus. Vīdit eum sacerdōs quīdam, et praeteriit. Idem fēcit Lēvīta quīdam. Samaritānus vērō, quī iter faciēbat, misericordiam mōtus est et prīmum eius vulnera alligāvit oleum īnfundēns, deinde illum imposuit iūmentō suō ut in stabulum dūcat. Nōnne crēdis eum proximum suum dīlēxisse?"

Nōn tamen omnēs Iēsum cārum habēbant: multī enim eum invidēbant, atque tempus quaerēbant idōneum ad eum interficiendum. Ūnus igitur ex discipulīs, nōmine Iūdās Iscariōtēs, quī Iēsum prōdere statuerat, cum prīncipibus sacerdōtum et magistrātibus pecūniam pacescit, spopondēns sē eum illīs datūrum esse. Tempus vērō erat Paschatis, et discipulī Iēsū cēnam parāverant, quam nesciēbant ultimam futūram esse. Inter cēnam ille pāne benedictō ac frāctō distribuit dīcēns: "Accipite et comedite: hoc est corpus meum." Similiter dē vīnī calice fēcit. Post cēnam montem Olīvārum petīvit, ubi diū Deum ōrāvit. Sed ecce: turba appāruit, quam Iūdās ille Iscariōtēs antecēdēbat quī, ōsculō datō, Iēsum inimīcīs trādidit. Comprehēnsum Iēsūs ad Pīlātum dūcitur, quī, cum cognōverit eum Galilaeum esse, ad Hērōdem mīsit, quī eum spernuit et ad Pīlātum remīsit. Cum tamen mōs esset tempore Paschatis ūnum ex hominibus in carcere inclūsibus dīmittere, Pīlātus turbam interrogāvit utrum vellet Iēsum an Barabbam dīmittī. 'Barabbam' illī dīxērunt, et Iēsūs crucifīxus est inter duōs latrōnēs. Hōrā tertiā, sōle obscūrātō, exspīāvit.

Vēnit posteā ad Pīlātum Iōseph ab Ārimāthaeā, nōbilis decuriō, quī Chrīstī corpus postulāvit, ut sindone, quam mercāverat, involūtum in monumentō dēposuisset. Post ūnum diem mulierēs quaedam Chrīstī monumentum petīvērunt ut eius corporem ungerent; ingressae tamen, corpus, mīrantēs, nōn invēnērunt et cōnsternātae abitūrae erant, cum subitō duo virī, veste fulgentī indūtī, cōnstitērunt, quī Iēsum ā mortuīs resurrēctum esse dīxērunt.

TABVLAE REGIONVM, TEMPORVM ORDO ET INDICES VARII

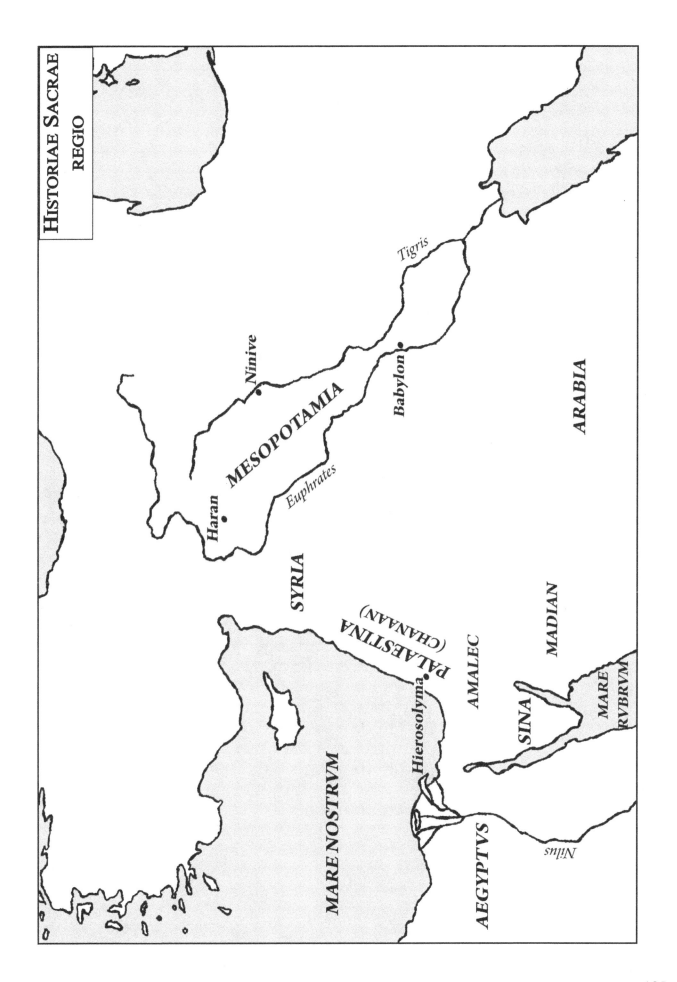

HISTORIAE SACRAE
REGIO

Tigris

Ninive

MESOPOTAMIA

Babylon

Haran

Euphrates

ARABIA

SYRIA

PALAESTINA
(CHANAAN)

AMALEC

MADIAN

Hierosolyma

SINA

MARE
RVBRVM

MARE NOSTRVM

AEGYPTVS

Nilus

REGNVM
ASSYRIORVM
(saec. VIII a. Chr. n.)

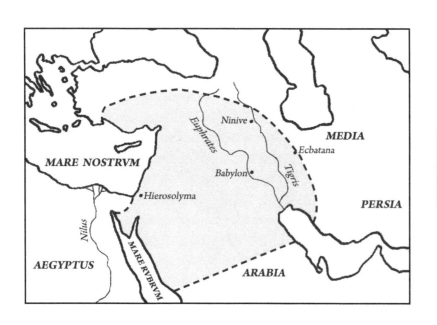

REGNVM
BABYLONIORVM
(saec. VII a. Chr. n.)

REGNVM
PERSARVM
(saec. VI a. Chr. n.)

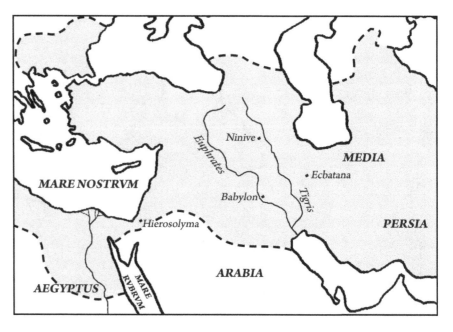

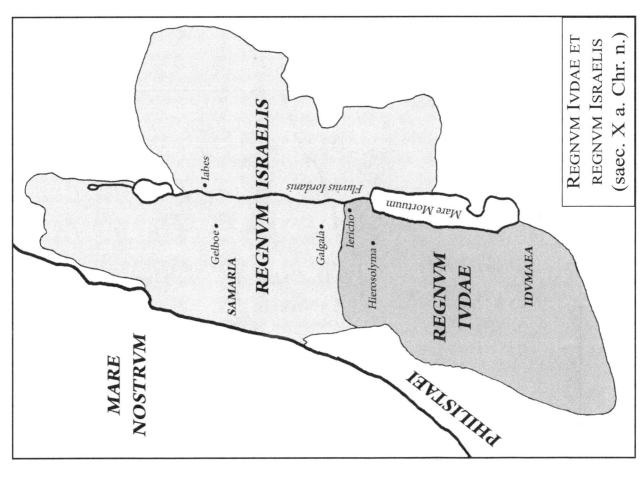

REGNVM IVDAE ET
REGNVM ISRAELIS
(saec. X a. Chr. n.)

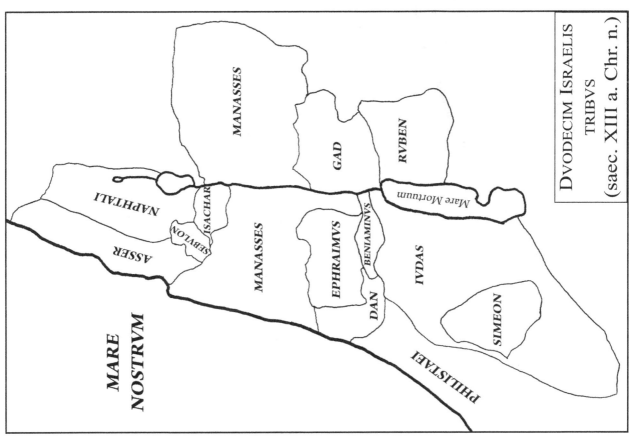

DVODECIM ISRAELIS
TRIBVS
(saec. XIII a. Chr. n.)

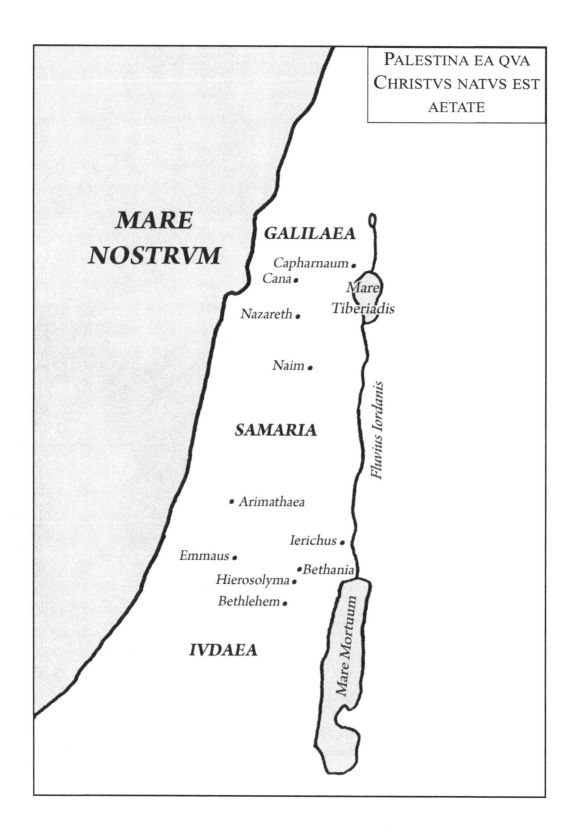

PALESTINA EA QVA CHRISTVS NATVS EST AETATE

MARE NOSTRVM

GALILAEA

Capharnaum

Cana

Mare Tiberiadis

Nazareth

Naim

Fluvius Iordanis

SAMARIA

Arimathaea

Ierichus

Emmaus

Bethania

Hierosolyma

Bethlehem

IVDAEA

Mare Mortuum

ORDO TEMPORVM HISTORIAE SACRAE

Annī īnfrā scrīptī, quibus hominum facta ēgregia virōrum doctōrum sententiā sunt ōrdināta, saepissimē, nōn tamen semper, fide dignī sunt, cum interdum difficile sit quid quōque annō acciderit statuere.

Annō a. Chr. n.

1800	Abrāhāmus		
1700	Isaacus		
1600	Iacōbus (XII fīliōs habuit ex quibus XII tribūs ortae sunt)		
1500	Iōsēphus		
1300	Moisēs (Deus lēgem eī dat; exstruitur arca foederis)		
1250	Hebraeī ex Aegyptō proficīscuntur		
1220 - 1200	Iosūā duce dēvincuntur Chanaan (: Palestīnae) populī		
1200 - 1031	Aetās Iūdicum: Gedeōn, Samsōn, Samuēl		
1030 - 1010	Rēgnum Saūlis		
1010 - 970	Rēgnum Davīdis		
970 - 931	Rēgnum Salomōnis (templum aedificātur)		
931	Exoritur sēditiō: ex ūnō duo rēgna fiunt: alterum Iūdae, alterum Israēlis		
931 - 913	Rēgnum Roboāmī (Iūdae)	931 - 910	Rēgnum Ieroboāmī
913 - 911	Rēgnum Ābīae	(Israēlis)	
911 - 870	Rēgnum Asae		
870 - 848	Rēgnum Iōsāphātī		
848 - 841	Rēgnum Iōrāmī		
841 - 835	Rēgnum Athaliae		
835 - 796	Rēgnum Iōae		
796 - 781	Rēgnum Amasīae		
781 - 740	Rēgnum Osīae		
740 - 736	Rēgnum Iōathae		
735 - 715	Rēgnum Achaz	733 - 722	Israēlītae in Assyriam trānsferuntur (inter captīvōs est Tobīās)
715 - 687	Rēgnum Ezechīae		
687 - 642	Rēgnum Manassis		
642 - 640	Rēgnum Āmōnis		
640 - 609	Rēgnum Iōsīae		
612	Babylōniī armīs Assyriōs superant		
609	Rēgnum Iōāchae		
609 - 598	Rēgnum Iōākim		

597	Nabūchōdonosor, Babylōniōrum rēx, Hierosolymam expugnat
587	Iūdaeī Babylōnem trāsferuntur
539	Cȳrus, Persārum rēx, Babylōnem expugnat
539	Cȳrus Iūdaeōs in patriam redīre sinit
539 - 332	Persārum imperium in Iudaeōs
332	Alexander Magnus Iūdaeam occupat
323 - 200	Ptolomaeī, rēgēs Aegyptiī, Iūdaeam regunt
200	Antiochus III, rēx Syriae, Iūdaeam occupat
187 - 175	Rēgnum Seleucī IV Philopatoris
175 - 164	Rēgnum Antiochī IV Epiphaniī
166	Mathathīas patriam armīs līberāre cōnātur
164 - 161	Rēgnum Antiochī V Eupatoris
160	Iūdās Machabaeus Nīcānorem et Gorgiam vincit
160 - 143	Iōnāthās Iūdaeōs regit
143 - 134	Simon Iūdaeōs regit
134 - 104	Iōannēs Hircānus Iūdaeōs regit
104 - 103	Aristobūlus rēx Iūdaeōrum
103 - 76	Alexander rēx Iūdaeōrum
63	Pompēius Hierosolymam occupat
37 - 4	Rēgnum Hērōdis
6	Bethlehem, in Iūdaeae oppidō, Iēsūs Chrīstus nāscitur

INDEX NOMINVM

Nōmina Hebraica et Graeca saepe sunt ā Carolō Lhomond fōrmā Latīnā dōnāta: e. g.: Nōēmus -ī *m* (prō fōrmā, quae est 'Nōa-ae *m*' aut 'Nōē *indēcl*'); Līsia -ae *m* (prō fōrmā Graecā, quae est 'Lȳsia -ae *m*'); Sīna -ae *f* (prō nōmine indēclīnābilī, quod est 'Sīnaī'), cēt.

   Numerī Arabicī (1, 2, 3...) Veteris Testāmentī, numerī vērō Rōmānī (I, II, III...) Novī Testāmentī capitula significant, in quibus nōmen prīmum appāret.

Abēl -ēlis *m* : fīlius Ādāmī alter, frāter Caīnī; **8**

Ābīa -ae *m* : fīlius et successor Roboāmī rēgis; **167**

Abrāhāmus -ī *m* : marītus Sārae et pater Isaacī; **16**

Absalōn -ōnis *m* : fīlius Davīdis; **130**

Achābus -ī *m* : rēx Isrāēlītārum; **168**

Achaz *indēcl* : fīlius et successor Iōathae rēgis; **174**

Ādāmus -ī *m* : prīmus homō, pater Caīnī et Abēlis; ūnā ex eius costīs Deus fōrmāvit Evam; **2**

Aegyptiī -ōrum *m pl* : Aegyptī incolae; **54**

Aegyptius -a -um *adi*; A.us -ī *m*; **44**

Alexander -drī *m* : rēx Syriae; **207**

Alexander -drī *m* : rēx Graecōrum quī 'Magnus' est appellātus; **189**

Amālēcītae -ārum *m pl* : Amālēc incolae; **99**

Āmān -ānis *m* : aulicus rēgis Assuērī; **185**

Amasīās -ae *m* : fīlius et successor Iōae rēgis; **172**

Āmōn -ōnis *m* : fīlius et successor Manassis rēgis; **180**

Ananīās -ae *m* : ūnus ex puerīs quem Nabūchōdonosor in fornāce ārdentī inclūdī iussit; **182**

Andreās -ae *m* : ūnus ex Chrīstī discipulīs; **VII**

Antiochus -ī *m* : rēx Syriae; **189**

Apollōnius -ī *m* : ūnus ex Antiochī praefectīs; **195**

Arabēs -um *m pl* : Arabiae incolae; **173**

Ārimāthaea -ae *f* : oppidum Iūdaeae nōn procul ā Hierosolymā; **XXXIV**

Aristobūlus -ī *m* : fīlius Iōannis Hircānī, rēx Iūdaeōrum; **208**

Asa -ae *m* : fīlius et successor Ābīae rēgis; **167**

Assuērus -ī *m* : rēx Persārum, marītus Esthēris; **185**

Assyria -ae *f* : regiō Mesopotamiae; **144**

Assyriī -ōrum *m pl* : Assyriae incolae; **144**

Athalia -ae *f* : fīlia Achābī rēgis; **169**

Azarīās -ae *m* : ūnus ex puerīs quem Nabūchōdonosor in fornāce ārdentī inclūdī iussit; **182**

Babylon -ōnis *f* : urbs Mesopotamiae; **181**

Babylōnicus -a -um *adi*; **167**

Babylōniī -ōrum *m pl* : Babylōnis incolae; **181**

Bacchis -idis *m* : ūnus ex Dēmētriī praefectīs; **206**

Barabbās -ae *m* : latrō turbā clamante prō Chrīstō dimissus; **XXXII**

Bathūēl -is *m* : nepōs Abrāhāmī, pater Rebeccae; **22**

Beniāmīnus -ī *m* : Iacōbī et Rāchēlis fīlius nātū mīnimus; **55**

Bēthania -ae *f* : oppidum nōn procul ā Hierosolymā; **XXXVII**

Bethsābe -ēs *f* : nōmen mulieris, Ūrīae uxōris, quam David adamāvit; **126**

Caesar Augustus *m* : Iūlius Caesar Octāviānus, prīnceps Rōmānōrum; **I**

Caīnus -ī *m* : fīlius Ādāmī prīmus, frāter Abēlis; **8**

Calvāria -ae *f* : locus apud Hierosolyma ubi Chrīstus crucī fīxus est; **XXXIII**

Cana -ae *f* : oppidum Galilaeae; **VIII**

Capharnāum -ī *n* : urbs Galilaeae; **X**

Chāmus -ī *m* : Noēmī fīlius; **15**

Chanaan *indēcl* : Palestīnae regiō; **56**

Chaulnes : Galliae oppidum in quō Lhomond nātus est; *praef*

Cȳrus -ī *m* : rēx Persārum; **188**

Dalila -ae *f* : Samsōnis uxor; **104**

Dāniēl -ēlis *m* : puer quem rēx Nabūchōdonosor leōnibus obicī iussit; **182**

Dārīus -ī *m* : rēx Persārum; **189**

David -īdis *m* : rēx quī post Saūlem rēgnāvit; **111**

Dēmētrius -ī *m* : rēx Syriae; **205**

Ecbatana -ōrum *n pl* : nōmen urbis in Mēdiā sitae; **157**

Eleazarus -ī *m* : fīlius Mathathīae; **194**

Eleazarus -ī *m* : vir Iūdaeus quī mortem fortiter subiit; **191**

Eliezer -ēris *m* : Abrāhāmī servus; **20**

Emmaus *indēcl* : oppidum Iūdaeae nōn longē ā Hierosolymā; **XXXV**

Ephraīmus -ī *m* : Iōsēphī fīlius nātū minor, frāter Manassis; **77**

Ēsāus -ī *m* : fīlius Isaacī et Rebeccae, frāter Iacōbī; **27**

Esther -ēris *f* : uxor Assuērī, rēgīna Persārum; **185**

Eupator -oris *m* : fīlius et successor Antiochī; **202**

Eva -ae *f* : prīma fēmina, uxor Ādāmī, mater Caīnī et Abēlis; **2**

Ezechīas -ae *m* : fīlius et successor Achaz rēgis; **175**

Gabēlus -ī *m* : Isrāēlīta cui pecūniam mūtuam Tobīās dedit; **146**

Galgala -ōrum *n pl* : nōmen urbis in Iūdaeā sitae; **111**

Galilaea -ae *f* : regiō Palestīnae; **V**

Galilaeus -a -um *adi;* G.us -ī *m* : Galilaeae incola; **XXXII**

Gedeōn -ōnis *m* : nōmen iūdicis; **97**

Gelbōē *indēcl* : nōmen montis; **125**

Goliathus -ī *m* : fortissimus Philistaeōrum mīles; **116**

Gorgia -ae *m* : dux quem adversus Iūdaeōs Līsia mīsit; **196**

Harān *indēcl* : oppidum Mesopotamiae; **35**

Hebraeī -ōrum *m pl* : Iacōbī posterī; **81**

Hebraeus -a -um *adi;* H.us -ī *m;* **51**

Heli *indēcl* : nōmen sacerdōtis; **106**

Hērōdes -is *m* : fīlius Hērōdis, rēx Iūdaeōrum, quō rēgnante Chrīstus mortuus est; **XXXII**

Hērōdes -is *m* : rēx Iūdaeōrum, quō rēgnante Chrīstus nātus est; **209, IV**

Hierosolyma -ae *f* : urbs Iūdaeōrum; **130, IV**

Hierosolymitānus -a -um *adi;* **190**

Hircānus -ī *m* : nōmen Iōannī, Simōnis fīliō, inditum; **208**

Iābēs *indēcl* : nōmen urbis; **125**

Iacōbus -ī *m* : fīlius Isaacī et Rebeccae, frāter Ēsāī; **27**

Iaphētus -ī *m* : Noēmī fīlius nātū minimus; **15**

Idūmaea -ae *f* : regiō Iūdaeae; **172**

Ierichō *indēcl* : nōmen urbis; **95** / I.us -ī *m* **XIX**

Ieroboāmus -ī *m* : prīmus rēx Isrāēlītārum; **143**

Iōabus -ī *m* : nōmen cuiusdam Davīdis ducis; **132**

Iōāchas -ae *m* : fīlius et successor Iōsīae rēgis; **181**

Iōākim *indēcl* : fīlius Iōsīae rēgis, successor Iōāchae; **181**

Iōannēs -is *m* : Chrīstī praecursor quī eum in Iordāne flūmine baptizāvit; **VII**

Iōannēs -is *m* : fīlius Mathathīae; **194**

Iōannēs -is *m* : fīlius Simōnis, quī post patris mortem Iūdaeam rēxit; **208**

Iōannēs -is *m* : ūnus ex Chrīstī discipulīs; **VII**

Iōās -ae *m* : fīlius Ochosīae rēgis; **170**

Iōathas -ae *m* : fīlius et successor Osīae rēgis; **173**

Iōiādās -ae *m* : summus pontifex Hebraeōrum; **170**

Iōnāthās -ae *m* : fīlius Mathathīae; **194**

Iōnāthās -ae *m* : Saūlis fīlius; **112**

Iōrāmus -ī *m* : fīlius et successor Iōsāphātī rēgis; **169**

Iordānis -is *m* : fluvius māximus Palestīnae; **93, VII**

Iōsāphātus -ī *m* : fīlius et successor Asae rēgis; **168**

Iōseph (ab Ārimāthaeā) *indēcl* : nōbilis decuriō quī Chrīstum, sindone involūtum, in monumentō posuit; **XXXIV**

Iōseph *indēcl* : marītus Marīae, mātris Iēsū; **I**

Iōsēphus -ī *m* : ūndecimus Iacōbī et Rāchēlis fīlius; **38**

Iōsīas -ae *m* : fīlius et successor Āmōnis rēgis; **180**

Iosūe -ae *m* : successor Moisis; **81**

Isaacus -ī *m* : fīlius Sārae et Abrāhāmī, pater Ēsāī et Iacōbī; **17**

Isaīas -ae *m* : nōmen prophētae; **176**

Iscariōtēs -ae *m* : cognōmen Iūdae, quī Chrīstum hostibus trādidit; **XXVIII**

Isrāēl -is *m* : alterum Hebraeōrum rēgnum; **143**

Isrāēlīta -ae *m* : Isrāēlis incola; **147**

Isrāēlīticus -a -um *adi;* **144**

Iūdaeī -ōrum *m pl* : Iūdaeae incolae; **praef, IV**

Iūdaicus -a -um *adi;* **189**

Iūdās -ae *m* : fīlius Mathathīae; **194**

Iūdās -ae *m* : ūnus ex Chrīstī discipulīs, quī eum hostibus trādidit; **XXVIII**

Iūdās -ae *m* : ūnus ex Iacōbī fīliīs; **61**

Lābānus -ī *m* : fīlius Bathūēlis, frāter Rebeccae, socer Iacōbī; **23**

Lēvīta -ae *m* : homō ex tribū quae ā Lēvī, tertiō Iācōbī fīliō, nōmināta est; **XIX**

Lhomond Carolus Franciscus *m* : sacerdōs Gallus (1727 -1794), quī scrīpsit *Epitomēn historiae sacrae* **praef**

Līsia -ae *m* : ūnus ex Antiochī praefectīs; **196**

Machabaeus -ī *m* : nōmen Iūdae, Mathathīae fīliō, inditum; **195**

Madiānītae -ārum *m pl* : Madian incolae; **98**

Magī -ōrum *m pl* : rēgēs quī ex oriente vēnērunt ut Chrīstum adōrārent; **IV**

Manasses -is *m* : fīlius et successor Ezechīae rēgis; **179**

Manasses -is *m* : Iōsēphī fīlius nātū maior, frāter Ephraīmī; **77**

Mardochaeus -ī *m* : Iūdaeus quī Esthērem ēducāvit; **185**

Mathathīas -ae *m* : sacerdōs pater Iūdae, Iōnāthae, Simōnis, Eleazarī et Iōannis; **194**

Mēdī -ōrum *m pl* : Mēdiae incolae; **153**

Mēdia -ae *f* : Asiae regiō; **153**

Mesopotamia -ae *f* : regiō Asiae (inter Euphrātem et Tigrim flūmina); **20**

Misaēl -ēlis *m* : ūnus ex puerīs quem Nabūchōdonosor in fornāce ārdentī inclūdī iussit; **182**

Moisēs -is *m* : ēgregius Hebraeōrum dux; **83**

Nabūchōdonosor -ōris *m* : rēx Babyloniōrum; **167**

Naim *indēcl* : oppidum Galilaeae; **XIV**

Nāthan *indēcl* : nōmen prophētae; **127**

Nazareth *indēcl* : urbs Galilaeae; **I**

Nīcānor -oris *m* : dux quem adversus Iūdaeōs Līsia mīsit; **196**

Nīnivē -ēs *f* : nōbilis Assyriae urbs; **158**

Nōēmus -ī *m* : vir ā Deō dīlēctus quī ante dīluvium arcam exstrūxit; **11**

Ochosīās -ae *m* : fīlius rēgis Iōrāmī et Athalīae; **169**

Olīvētum -ī *n* : mōns prope Hierosolymam, quī etiam mōns Olīvārum vocābātur; **XXIX**

Osīās -ae *m* : fīlius et successor Amasīae rēgis; **173**

Palestīna -ae *f* : regiō Asiae; **97**

Paradīsus -ī *m* : hortus amoenissimus in quō Deus Ādāmum et Evam posuit; **3**

Pascha -ae *f* : Iūdaeōrum diēs fēstus quō commemorātur lībertās ā servitūte Aegyptiōrum recepta; **IX**

Pascha-atis *n*; **XXIX**; v. **Pascha**

Persae -ārum *m pl* : Asiae incolae; **188**

Petrus -ī *m* : ūnus ex Chrīstī discipulīs, quī etiam Simon vocābātur; **XXXVI**

Philippus -ī *m* : ūnus ex Chrīstī discipulīs; **XVIII**

Philistaeī -ōrum *m pl* : gēns quaedam Palestīnae; **101**

Philistaeus -a -um *adi*; Ph.us -ī *m*; **116**

Pīlātus -ī *m* : Iūdaeae praefuit eō tempore quō Chrīstus est crucī fīxus; **XXXI**

Pompēius -ī (Magnus, Cn.) *m* : populī Rōmānī dux; **209**

Pūtiphar -āris *m* : vir Aegyptius Iōsēphī dominus; **44**

Rāchēl -is *f* : fīlia minor Lābānī et uxor Iacōbī; **35**

Rages -is *f* : nōmen urbis in Mēdiā sitae; **153**

Ragūēl -is *m* : Tobīae minōris cognātus; **157**

Raphaēl -is *m* : nōmen angelī quī Tobīam comitātus est; **165**

Rebecca -ae *f* : Bathūēlis fīlia, Isaacī uxor, Ēsāī et Iacōbī māter; **21**

Roboāmus -ī *m* : fīlius et successor Salomōnis; **142**

Rūbēn -is *m* : Iacōbī fīlius nātū māximus, frāter Iōsēphī; **41**

Saba *indēcl* : regiō īnfrā Arabiam sita; **140**

Salomōn -ōnis *m* : Iūdaeōrum rēx sapiēns; **136**

Salvātor -ōris *m* : quī salvōs hominēs facit: Chrīstus etiam hōc nōmine est vocātus; **II**

Samarīa -ae *f* : regiō Palestīnae; **172**

Samarītānus -a -um *adi*; S.us -ī *m* : incola Samarīae; **XIX**

Samsōn -ōnis *m* : nōmen iūdicis, marītus Dalilae; **97**

Samuēl -is *m* : postrēmus Hebraeōrum iūdex; **97**

Sāra -ae *f* : uxor Abrāhāmī, mater Isaacī quem anus peperit; **17**

Satanās -ae *m*; **XXVIII**

Saūl -is *m* : prīmus Hebraeōrum rēx; **110**

Scrīptūrae -ārum *f pl* : quod scrīptum erat, Vetus Testāmentum; **XXXVII**

Sedecīās -ae *m* : fīlius Iōsīae rēgis, successor Iōākim; **181**

Semei *indēcl* : vir quīdam ē genere Saūlis; **131**

Sēmus -ī *m* : Noēmī fīlius; **15**

Sīlōe *indēcl* : fōns Hierosolymae situs; **XX**

Simeōn -ōnis *m* : ūnus ex Iacōbī fīliīs; **58**

Simon -ōnis *m* : fīlius Mathathīae; **194**

Simon -ōnis *m* : ūnus ex Chrīstī discipulīs; **XI**

Sīna -ae *f* : nōmen montis; **90**

Tallien Ioānnes Lambertus *m* : Carolī Franciscī Lhomond discipulus, quī magistrum ex carcere līberāvit ***praef***

Tiberias -adis *f* : lacus Galilaeae; **XXXV**

Tigris -is *m* : flūmen Asiae; **156**

Tobīas -ae *m* : misericordiā et patientiā vir ēgregius, Tobīae pater; **145**

Tobīas -ae *m* : Tobīae fīlius; **154**

Triphon -ōnis *m* : vir quīdam quī Iōnātham interfēcit; **207**

Ūrīas -ae *m* : marītus Bethsābēs; **126**

Zorobabel -ēlis *m* : dux Iūdaeōrum quī eōs post captīvitātem Babylōnicam Hierosolymam dūxit; **188**

INDEX VOCABVLORVM

aula -ae *f* 123
aulicus -ī *m* 115
avī -ōrum *m pl* 75
avītus -a -um 189
avus -ī *m* 22

B

balteus -ī *m* 120
baptizāre VII
bēlua -ae *f* 203
bene-facere + *dat* XIII
beneficentia -ae *f* 151
beneficus -a -um 151
bene-volentia -ae *f* 29
benignus -a -um 44
biennium -ī *n* 50
bīmātus -ūs *m* V
bitūmen -minis *n* 11
blasphēmāre XXXIII
bona -ōrum *n pl* 32
buccina -ae *f* 90

C

cadāver -eris *n* 148
caecitās -ātis *f* 149
caerimōnia -ae *f* 175
calamitās -ātis *f* 147
calix -icis *m* XXIX
callidus -a -um 4
calumniārī XIII
camēlus -ī *m* 20
canistrum -ī *n* 48
capere cōnsilium 40
capra -ae *f* (29)
captāre 103
captīvitās -ātis *f* 146
captīvus -a -um 144
captīvus -ī *m* 145
carduus -ī *m* 7
carnifex -ficis *m* 193
cassis -idis *f* 116
castellum -ī *n* 195, XXXV
cāsus -ūs *m* 102
cēlāre 108
celebrāre 105
cēnāculum -ī *n* 135, XXX
centuria -ae *f* (XXXIV)
centuriō -ōnis *m* 170, XXXIV
cervīx -īcis *f* 109
chīrographus -ī *m* 153
cibāria -ōrum *n pl* 58
cilicium -ī *n* 43

cinis -eris *m* 186
circum-ferre 95
circum-fulgēre -sisse II
circum-īre 161
circum-stāre 39
circum-tegere 118
circum-venīre 206
circum-volitāre 48
citātus -a -um 200
cithara -ae *f* 115
citō 31
clādēs -is *f* 88
clam 150
clanculum 170
clangere 100
clangor -ōris *m* 90
clāritās -ātis *f* II
clipeus -ī *m* 116
co-angustāre XXVII
cōgere 1
co-gnāta -ae *f* 36
co-gnātus -ī *m* 20
cognōmināre XXVIII
cohibēre -uisse -itum 131
co-hortārī 175
colere 11
col-lacrimāre 70
col-laudāre 164
col-līdere 100
col-ligere -lēgisse -lēctum 86,
    XVIII
col-locāre 7
columba -ae *f* 13, IX
coma -ae *f* 101
comb-ūrere 190
com-edere -ēdisse 3, XXIX
comitātus -ūs *m* VI
com-mendāre XXXIII
com-migrāre 70
com-miscēre 193
com-mittere 61, c. sē fugae 112, c.
    pugnam 124, c. scelus 126, c.
    culpam 193
commodāre 146
com-morārī 22, 153
com-movēre -mōvisse -mōtum 63
com-mūtāre 77
com-parāre 132
com-pārēre 165
com-pellāre 23
com-pellere -pulisse -pulsum 55
com-pōnere 136

com-prehendere -disse -ēnsum 100,
    XXXI
com-probāre 49
con-cēdere 27, 138
concitāre 130
conclāve -is *n* 63
con-clūdere -sisse -sum XI
concordia -ae *f* 209
con-cupīscere 91
con-cutere -cussisse -cussum 105
con-demnāre XIII
con-dere 76
condīre 78
con-dōnāre 79
cōn-ferre 99, sē c. 132
cōnfestim 36
cōnficere 81
cōnficī 68
cōn-fīrmāre 98
cōnflīctāre 194
cōn-flīgere -xisse -ctum 172
cōn-fluere -flūxisse 194
cōn-fodere -fōdisse -fossum 122
cōn-fugere 202
con-gerere 54
congeriēs -ēi *f* 94
con-icere -iēcisse -iectum *praef*
coniector -ōris *m* 51
con-iugium -ī *n* 159
cōn-scindere 186
cōn-scius -a -um 104
con-scrīptiō -ōnis *f* 159
cōn-secrāre 110
cōn-serere manum 111
cōnsīderāre 39, XIII
cōnsīdere 115
cōnsōlātiō -ōnis *f* 43
cōn-spergere -sisse -sum 70
cōnspicārī 26
cōn-spuere XXVI
cōnstantia -ae *f* 191
cōn-sternātus -a -um XXXV
cōn-stringere -inxisse -ictum 102
cōn-suēscere -ēvisse 108
cōn-suētūdō -inis *f* 143, VI
cōn-sulere + *dat* 69
cōn-summāre XXIV
cōn-surgere 163, V
contāmināre 15
con-tendere -disse -tum 200
con-terere 6
con-tinēre 19

historia -ae *f praef*
homicīda -ae *m* 201
homicīdium -ī *n* 15, XXXII
honor -ōris *m* 183
hōrologium -ī *n* 176
horreum -ī *n* 52
hospitium -ī *n* 23
hostia -ae *f* 18
hostīlis -e 56
huius-ce 115
hydria -ae *f* VIII
hymnus -ī *m* XXIX

I
iactitāre 125
iactus -ūs *m* XXX
īcere (122)
ictus -ūs *m* 122
id-circō 17
identidem 135
ideō-que 55
iēiūnus -a -um 129
ignāvia -ae *f* 116
ignāvus -a -um (116)
igneus -a -um 7
ignōminia -ae *f* 117
īlicō 95
il-laesus -a -um 121
il-licere 193
il-lūcēscere -ūxisse 51
il-lūdere XXVI
illūstris -e *praef*
im-memor -is + *gen* 171
im-mēnsus -a -um 140
im-minēre + *dat* 76
im-minuere 13
im-mittere 2
im-molāre 18
immortālitās -ātis *f* 193
impedīre 188
impedītus -a -um 118
im-pellere -pulisse -pulsum 169
im-perītus -a -um 130
im-pertīre 137
impetrāre 68
im-pietās -ātis *f* 179
im-pius -a -um 84
im-plācābilis -e 123
implēre 195
im-plōrāre 97
improbitās -ātis *f* 150
impūnē 123

in-ambulāre 135
in-audītus -a -um 190
inauris -is *f* 22
in-cēdere 94
in-cendere -cendisse -cēnsum 181
incendium -ī *n* 102
in-cidere 115, XIX
in-clāmāre 45
in-clīnāre 96
in-commodum -ī *n* 102
in-commodus -a -um 118
in-cōnsīderātus -a -um 180
in-crēdibilis -e 101
in-crepāre 134, XXXIII
in-cubāre 34
in-cumbere + *dat* 149
in-cutere 81
in-dere -didisse -ditum 101
in-dicāre 56
indicium -ī *n* 21
indignārī 128
indignātiō -ōnis *f* 29
indignitās -ātis *f* 65
indolēs -is *f* 106
in-dūcere 11
indulgēre 107
in-esse + *dat* 89
īnfantia -ae *f* 146
īnfantulus -ī *m* 82
īn-ferre 13, ī. bellum 114
īn-fīgere -fīxisse -fīxum 151
īn-fīnītus -a -um 99
īnfīrmārī X
īnfīrmitās - ātis *f* XII
īn-fīrmus -a -um 136
īnfrā *adv* 93, V
īn-fundere XIX
in-gredī -gressum esse 12, XXVII
in-gravēscere 54
in-imīcitia -ae *f* 6
in-īquus -a -um 126
in-īre -iisse -itum 24
in-nītī -nīxum esse + *dat* 34
in-noxius -a -um 128
in-numerus -a -um 190
īn-sequī 87
īn-serere -uisse -tum 53
īn-sidēre + *dat* 133
īnsidiae -ārum *f pl* 184
īnsigne -is *n* 125
īnsignis -e 45
īn-silīre -uisse 37

īn-sōns -ontis 113
īnstar + *gen* 93
īn-stāre -stitisse 30
īn-stituere -uisse -ūtum 2
īnstitūtum -ī *n* 190
īnsultāre + *dat* 105
īn-super 58
in-tendere -disse -tum (animum) 178
inter-clūdere 86
inter-dīcere + *dat/abl* 191
inter-diū 85
inter-esse + *dat* 132
inter-imere -ēmisse -ēmptum 112
interior -ius *comp* 123
inter-mittere 188
interneciō -ōnis *f* 205
interpres -etis *m* 57
interpretārī 46
interpretātiō -ōnis *f* 48
in-tingere -tīnxisse -tīnctum 113
in-tolerābilis -e 200
in-tōnsus -a -um 101
intrō-dūcere 26
in-tumēscere 87
in-ultus -a -um 105
in-ūrere + *dat* 192
in-vādere -sisse 115, 156
in-valēscere -uisse 11
in-vicem 100
invidus -a -um 121
invīsus -a -um 38
in-vītāre 148
in-volvere -visse -volūtum I
ir-rīdēre (116), 193
ir-rigāre 3
ir-rīsus -ūs *m* 116
ir-ruere -ruisse 9
ir-rumpere (111)
irruptiō -ōnis *f* 111
iūdex -icis *m* 97
iūdicāre 127
iūdicium -ī *n* 139
iūmentum -ī *n* XIX
iūrāre 27
iūstus -a -um 194

L
lacessere 119
lagoena -ae *f* 100
lāmenta -ōrum *n pl* 32
lāmentārī 186

lampas -adis *f* 100
lancea -ae *f* 122
lapideus -a -um 96, VIII
lapis -idis *m* 33, VIII
lassitūdō -inis *f* 27
lassus -a -um (27)
latrō -ōnis *m* XIX
laxāre XI
lēgitimus -a -um 180
legūmen -inis *n* 182
lēnīre 26
lēns lentis *f* 27
lepra -ae *f* 173
lētālis -e 122
lētum -ī *n* 177
lēvis -e 27
līberālis -e 151
ligāre 39
līmus -ī *m* 2
linere lēvisse/linīvisse litum 11, XX
loculus -ī *m* XIV
longē + *comp* 55
longinquus -a -um 163
longitūdō -inis *f* (110)
lōrīca -ae *f* 116
lōtus -a -um 64
lūctus -ūs *m* 129
lūdibrium -ī *n*, l.ō habēre 104
luere poenam 8
lūgēre lūxisse 78
lutum -ī *n* XX

M

macilentus -a -um 50
macte (animō) 98
macula -ae *f* 202
maeror -ōris *m* 67
maestitia -ae *f* 46
magistrātus -ūs *m* XXVIII
magnitūdō -inis *f* 38
magus -ī *m* IV
māiestās -ātis *f* 125
māiōrēs -um *m pl* 76
male-dīcere 6
male-dictum -ī *n* 131
male-dicus -a -um 131
male-volus -a -um 120
mandātum -ī *n* 65
mandūcāre XVIII
manifēstāre XXXV
manifēstus -a -um 67
manipulus -ī *m* 39

manna *n indēcl* 89
manus -ūs *f* 172
mātrimōnium -ī *n* 2; in m. dare 36
mātūrēscere 47
maxilla -ae *f* 102
medicāmentum -ī *n* 156
meditārī 56
membrāna -ae *f* 164
memor -oris *adi* 152
memorābilis -e 204
mendācium -ī *n* 15
mendīcāre XXI
mercārī XXXIV
mercēnnārius -ī *m* XXV
meritō *adv* 57
meritum -ī *n* 49
messis -is *f* 102
micāre 90
minister -trī *m* 46
minitārī 177
mīrāculum -ī *n* 98
miserērī + *gen* 83
miseria -ae *f* 193
miseri-cordia -ae *f* 201, XIV
misericors -rdis XIII
mītigāre 37
mītis -e 41
mola -ae *f* XVI
mōlēs -is *f* 203
monita -ōrum *n pl* 144
monumentum -ī *n* 94, XXXIV
morārī 111
morbus -ī *m* 129
mōtus -ūs *m* XVII
movēre bellum 124
multāre 66
mūlus -ī *m* 133
mūnia -ium *n pl* 195
mūnītus -a -um 56
mūnus -eris *n* 49
mussitāre 129
myrrha -ae *f* IV

N

nātālis -e 49
natātōria -ae *f* XX
nātiō -ōnis *f* 16
nātīvitās -ātis *f praef*
nātū māior/māximus 41, nātū minor/minimus 55
nāvāre 126
nec-dum 65

necessitās -ātis *f* 55
nefārius -a -um 205
ne-fās *indēcl* 150
negōtiātiō -ōnis *f* IX
nempe 121
nepōs -ōtis *m* 73
nē-quāquam 67, XXI
ne-quīre -īvisse 104
ne-scius -a -um 113
nihil *adv* 183
nihilō 193
nihilōminus 84
nitēns -entis 182
noctū *adv* 85
nōn/nec dubitō quīn + *coni* 157
nōn/nec ultrā 165
nota -ae *f* 192
novitās -ātis *f* 110
nūmen -inis *n* 167
numerōsus -a -um 16
nummulārius -ī *m* IX
num-quid XXIII
nūptiae -ārum *f pl* 116, VIII
nurus -ūs *f* 12
nūtāre 142
nūtrīre 83
nūtus -ūs *m* 44

O

ob-dormīre 33
ob-dūcere 14
ob-icere 126, 184
ob-īre (diem suprēmum) 80
ob-ligāre 178
ob-rēpere 151
ob-ruere -uisse -utum 88
obscūrātus -a -um XXXIII
ob-secrāre 68
ob-sequī 192
ob-serāre 103
ob-servāns -antis + *gen* 171
ob-servāre 145
obses -idis *m* 57
ob-sidēre 95
obsidiō -ōnis *f* 177
ob-sistere 24
ob-stupēscere -puisse 72
ob-temperāre 160
ob-testārī 80
ob-venīre 46
ob-viam īre/prōgredī + *dat* 21
obvius -a -um 101

occāsiō -ōnis *f* 103

occultus -a -um, *adv* -ē 64

oc-cumbere 105

occupāre 170

ocrea -ae *f* 116

odiōsus -a -um 6

of-fendere -fendisse -fēnsum 114

offēnsus -a -um 11

olea -ae *f* 102

oleum -ī *n* XIX

ōlim 6

olīva -ae *f* 13, (XIX)

olīvētum -ī *n* XXIX

ōlla -ae *f* 193

o-mittere 175

omnīnō 193

omni-potēns -entis 193

onus -eris *n* 98

opem -is -e *acc gen abl f* 98

opīmus -a -um 29

op-petere (mortem) 191

opportūnitās -ātis *f* XXVIII

opportūnus -a -um 123

op-positus -a -um 93

op-primere 59, 190

optābilis -e 193

optiō -ōnis *f* 137

orbāre (rē) 155

orbis -is *m* 16

orbus -a -um 59

ovicula -ae *f* 127

P

pacīscī pactum esse XXVIII

paenitentia -ae *f* 180

paenitēre -uisse 86

palam 122

palātum -ī *n* 30

palea -ae *f* 22

palmes -itis *m* 47

pālus -ī *m* 48

palūs -ūdis *f* 50

pannus -ī *m* I

pār paris *n* 11

paradīsus -ī *m* XXXIII

pariēs -etis *m* 149

pariter 4

partus -ūs *m* 27

parum abest quīn 168

parvulus -a -um, p.us -ī *m* 71, XVI

passim 194

pāstōrālis -e 118

paternus -a -um 16

paulātim 47

peccāre 97, XXV

peccātor -ōris *m* XXIII

peccātum -ī *n* 8, VII

pellis -is *f* 30

pel-licere 45

pendēre 87, XXXIII

penes *prp* + *acc* 133

penitus *adv* 151

pēnsitāre 189

pēra -ae *f* 118

per-agere 64

per-agrāre 89

per-cellere -culisse -culsum 88

per-ciēre -ciisse -citum 179

per-contārī 25

perditus -a -um 106

perennis -e 94

per-ferre 71

pergere perrēxisse 34

per-hūmāniter 146

per-imere 125

perītus -a -um 115, XIX

per-lūstrāre 54

per-noctāre 33

per-obscūrus -a -um 139

per-sevērāre 166

per-solvere 152

per-spectus -a -um 19

per-spicere XIII

per-stāre 84

per-strepere 90

per-terrēre 197

pertinācia -ae *f* 84

pertināx -ācis (84)

per-tinēre 34

per-trahere 141

per-trānsīre XIX

phalerae -ārum *f pl* 204

pharaō -ōnis *m* 46

pharetra -ae *f* 28

phasēlus -ī *m* (182)

pietās -ātis *f* 146

pilōsus -a -um 27

pincerna -ae *f* 46

pinguis -e 50

pistor -ōris *m* 46

pīsum -ī *n* (182)

pius -a-um *praef*

pix picis *f* 82

plācāre 37

placidus -a -um 27

plāga -ae *f* 84, XIX

planctus -ūs *m* 78

plangere (78)

planta -ae *f* 1

plaustrum -ī *n* 72

plēbēcula -ae *f* 181

plēbs -bis *f* 170, XXVIII

plēctī 113

plūrimum 22, 70

pluvia -ae *f* 12

polluere -uisse -ūtum 198

pompa -ae *f* 105

pondus -eris *n* 204

pontifex -icis *m* 170

por-rigere -ēxisse -ēctum 5

porrō 39, 91

portendere 38

portiō -ōnis *f* XXIV

posterī -ōrum *m pl* 16

postis -is *m* 103

postrī-diē 25

postulātiō -ōnis *f* 24

potentia -ae *f* 94

potīrī 81

pōtus -ūs *m* 21

praebēre -uisse -itum 71

praeceps -cipitis 133

praeceptor -ōris *m* XI

praeceptum -ī *n* 136

prae-cīdere -cīdisse -cīsum 119

prae-cipere -cēpisse -ceptum 78

prae-clārus -a -um 193

prae-currere 163

prae-cursor -ōris *m* VII

praeda -ae *f* 114

prae-dīcere 101, XXVI

praeditus -a -um 106

praefātiō -ōnis *f praef*

praefectus -ī *m* 49

prae-ferre 7

prae-ficere 44

prae-īre + *dat* 85

prae-mittere 37

prae-monēre 107

prae-nōscere 46

prae-scīre 60

praesēpium -ī *n* I

praesertim 38

praesidium -ī *n* 80
praeter-īre 133, XIX
prīmō-genitī iūs 27
prīmō-genitus -a -um 27
prīstinus -a -um 47, VIII
probrum -ī *n* 119
prō-cūrātiō -ōnis *f* 173
prō-dere 104
prōdigium -ī *n* 84
prōd-īre 21
prō-dūcere 96, 105, 170
profānus -a -um 182
prōferre (verba) 91
prō-ficere VI
prō-flīgāre 135
pro-fundere 125
profundus -a -um XVI
prōgeniēs -ēī *f* 16
prōlēs -is *f* 16
prōmiscuus -a -um 85
prō-missus -a -um 133
prōnus -a -um 56
propāgāre 15
prophēta -ae *m* 126, XXI
propinquī -ōrum *m pl* 164
propitius -a -um 63
prō-pōnere 121
proprius -a -um 111, 143
propter 35
proptereā quod 107
prosperus -a -um 22
prō-sternere 102, XXVII
prō-tendere 86
prō-venīre 163
prōvidentia -ae *f* 69
prō-vidēre 18, (69)
prō-vocāre 116
proximus -ī *m* 91, XIII
prūdentia -ae *f* 139
puerīlis -e 145
pulmentum -ī *n* 27
pūrgāre 198
puteus -ī *m* 20

Q

quā *adv* 87
quaesō 139
quaestiō -ōnis *f* 139
quam-vīs 189
quā-propter 111
quā-rē 33

quem-ad-modum XXVIII
quercus -ūs *f* 133
questus -ūs *m* 186
quibus-cum 182
quippe 167
quō -ior... + *coni* 182
quō-cumque 34
quodcumque VIII
quōrsum 39

R

rādīx -īcis *f* 90
raptum -ī *n* 150
reāpse 41
re-bellāre 130
recēns *adv* 81
recessus -ūs *m* 123
re-cidere 59
reciperāre 155
re-clīnāre I
re-conciliāre 193
re-condere 52
re-cordārī + *gen/acc* 14
rēctor -ōris *m praef*
re-fluere 88
rēgius -a -um 110
rēgnum -ī *n* 130, XVI
re-gredī 64, VI
rēgulus -ī *m* X
rē-icere -iēcisse -iectum 114
religiō -ōnis *f* 16
religiōsus -a -um 168
re-luctārī 190
re-migrāre 188
re-mūnerāre 19
re-nuere 84
re-nūntiāre 154
re-pendere 65
re-petere 134
reptāre 6
rērī ratum esse 107
re-scīscere -īvisse 104
re-servāre 114
re-sidēre 61, XIV
re-spicere 19
re-spuere 191
re-stituere -uisse -ūtum 47, 170
resurrectiō -ōnis *f* XIX
re-surgere (XIX)
rē vērā 209
re-vocāre 129

re-volvere -volvisse -volūtum
  XXXV
rītus -ūs *m* 141
rōbur -oris *n* 101
rōbustus -a -um 117
ruere 78
ruīna -ae *f* 105
rūpēs -is *f* 89

S

sabbatum -ī *n* 91, XII
sacer -cra -crum *praef*
sacrificium -ī *n* 14
saevīre 193
saltus -ūs *m* 198
salūtāris -e 146
salvātor -ōris *m* II
sānctus -a -um 16, 180
sapientia -ae *f* 92, VI
satelles -itis *m* 122
satis-facere + *dat* 142, XXXII
satius *adv* 192
scālae -ārum *f pl* 34
scandalizāre XVI
scandalum -ī *n* XVI
scatēre + *abl* 200
scientia -ae *f* 3
scīscitārī 25
scrība -ae *m* XXVIII
scrīptor -ōris *m praef*
scrūtārī 66
scyphus -ī *m* 47
sē-cēdere 194
secundō *adv* 61
secūris -is *f* 48
secus *prp* + *acc* XI
sēdēs -is *f* 97
sēditiō -ōnis *f* 143, XXXII
sēdulō 145
seges -etis *f* 102
sēmi-vīvus -a -um XIX
sempiternus -a -um 94
senectūs -ūtis *f* 75
senēscere -nuisse 17
sēnsim 13
sēnsus -ūs *m* XXXVII
sepelīre 76
sē-pōnere 156
septiēs 95
sepulcrum -ī *n* 43
sepultūra -ae *f* 171

sera -ae *f* 103
serpēns -entis *m* 4
serra -ae *f* 179
sērō XXXIV
sīcera -ae *f* 101
siliqua -ae *f* XXV
simila -ae *f* 89
similitūdō -inis *f* 2
simplex -icis 27
simulāre 191
simulātiō -ōnis *f* 192
sincērus -a -um 125
sindōn -onis *f* XXXIV
socer -erī *m* 162
socia -ae *f* 2
societās -ātis *f* 145
socius -ī *m* 148, XI
sōlācium -ī *n* 155
sōlitūdō -inis *f* 89
solitus -a -um 46
solium -ī *n* 81
sollemnis -e 198
sollicitus -a -um 135
somniātor -ōris *m* 40
somnium -ī *n* 34
sonitus -ūs *m* 100
sopor -ōris *m* 2
spatium -ī *n* (temporis) 104
specimen -inis *n* 138
spēlunca -ae *f* 78
spernere sprēvisse sprētum 115, XXXII
spīca -ae *f* 50
spīna -ae *f* 7
spīritus -ūs *m* 115, XXXIII
splendidus -a -um 19
spolia -ōrum *n pl* 114
spoliāre 147
spondēre spopondisse spōnsum 68, XXVIII
sponte 117
spūtum -ī *n* (XX)
stabulārius -ī *m* XIX
stabulum -ī *n* XIX
stāgnum -ī *n* XI
stāre prōmissīs 121
statua -ae *f* 183
statuere 105, XVI
statūra -ae *f* 110
status -ūs (rērum) *m* 177
stercus -oris *n* 149

sterilis -e 17
stimulāre 122
stipendiārius -a -um 189
stipendium -ī *n* (189)
stirps -pis *f* 170
strēnuus -a -um 27
strīdor -ōris *m* 203
struēs -is *f* 19
stupendus -a -um 84
suāvis -e 3
sub-levāre 12, XVIII
sub-nītī 105
subsidium -ī *n* 52
substantia -ae *f* XXIV
subter 133
sub-vertere 88, IX
suc-cēdere -cessisse -cessum 44, 92
suc-cendere 193
successor -ōris *m* 173
suc-crēscere 50
sūdor -ōris *m* XXX
suf-ficere -fēcisse -fectum 181
suillus -a -um 191
supellex -ectilis *f* 71
superāre 97
superbia -ae *f* 151
superbīre 185
super-erogāre XIX
superesse 56
supernē *adv* 93
superstes -stitis 59
superstitiō -ōnis *f* 175
suppeditāre 75
sup-petere 151
supplex -icis 187
suppliciter *adv* 179
sup-pōnere 33
sup-portāre 103
suprēmus -a -um 136
suscēnsēre -uisse + *dat* 29
sus-cipere iter 24, s. onus 98, s. bellum 195
sus-pendere -pendisse -pēnsum 49

T
tabernāculum -ī *n* 26
tantopere 38
tantum abest ut 66
tēla -ae *f* 150
tēlum -ī *n* 102
temere *adv* 91

temptāre 18
temptātiō -ōnis *f* XXX
terrestris -e 3
terrificus -a -um 90
tertiō *adv* 107, XXXVI
testāmentum -ī *n praef*
testimōnium -ī *n* 91
texere -uisse -xtum 38
tingere tīnxisse tīnctum 43
tinnīre 107
tolerāre 142
tondēre totondisse tōnsum 104
tonitrua -um *n pl* 90
tormentum -ī *n* 193
torquēre -sisse -tum 193
torquis -is *m* 53
torrēre 193
tot-idem *indēcl* 12
trabs -bis *f* XIII
trā-icere 89
trāns-fodere 124
trāns-igere -ēgisse -āctum VI
trepidus -a -um 90
tribuere -uisse -ūtum 22
tribus -ūs *f* 97
tribūtum -ī *n* 175
trīduum -ī *n* VI
trīticum -ī *n* 58
trucīdāre 100
truncus -a -um 193
tuba -ae *f* 95
turpitūdō -inis *f* 192
turris -is *f* 95
tūs tūris *n* 173, IV
tūte 66
tympanum -ī *n* 120

U
ūbertās -ātis *f* 52
ubi + *perf* 19,42, 51, 186, 196
ubi-nam 18
ulcīscī 79
ultiō -ōnis *f* 104
ultor -ōris *m* 101
unde 149
undique XXVII
ungere ūnxisse ūnctum 114, XXI
unguentum -ī *n* (114)
ūnicē *adv* 68
ūnicus -a -um 18, XIV
urna -ae *f* 21